民法典时代的
资管业务
——传承、变化及应对

植德结构化融资工作组 著

ASSET MANAGEMENT IN THE ERA
OF
CIVIL CODE
INHERITANCE, CHANGE AND RESPONSE

法律出版社 LAW PRESS·CHINA
北京

图书在版编目(CIP)数据

民法典时代的资管业务:传承、变化及应对 / 植德结构化融资工作组著. -- 北京:法律出版社,2022
ISBN 978-7-5197-6530-9

Ⅰ.①民… Ⅱ.①植… Ⅲ.①资产管理-金融法-研究-中国 Ⅳ.①D922.280.4

中国版本图书馆 CIP 数据核字(2022)第 044129 号

民法典时代的资管业务:传承、变化及应对 **MINFADIAN SHIDAI DE ZIGUAN YEWU:** **CHUANCHENG、BIANHUA JI YINGDUI**	植德结构化融资工作组 著	策划编辑 周 洁 余群化 责任编辑 周 洁 余群化 装帧设计 汪奇峰

出版发行 法律出版社
编辑统筹 司法实务出版分社
责任校对 杨锦华
责任印制 胡晓雅
经　　销 新华书店

开本 710 毫米×1000 毫米 1/16
印张 22.5 **字数** 330 千
版本 2022 年 4 月第 1 版
印次 2022 年 4 月第 1 次印刷
印刷 三河市龙大印装有限公司

地址:北京市丰台区莲花池西里 7 号(100073)
网址:www.lawpress.com.cn
投稿邮箱:info@lawpress.com.cn
举报盗版邮箱:jbwq@lawpress.com.cn

销售电话:010-83938349
客服电话:010-83938350
咨询电话:010-63939796

书号:ISBN 978-7-5197-6530-9
定价:88.00 元
凡购买本社图书,如有印装错误,我社负责退换。电话:010-83938349

前　言

《民法典》是中华人民共和国第一部以“法典”命名的法律，既是“社会生活的百科全书”，也是市场经济的基本法，更是中华人民共和国民事立法的集大成者。关于《民法典》的定位，习近平总书记指出：“民法典在中国特色社会主义法律体系中具有重要地位，是一部固根本、稳预期、利长远的基础性法律。”基于《民法典》的重要地位，其自颁布以来引发了各界人士学习和研究的热潮。

植德结构化融资工作组基于多年深耕于资管业务法律服务领域的从业经验，从资管业务的展业视角就《民法典》及其配套的相关司法解释对资管业务所产生的影响进行了梳理与分析，希望对资管业务从业人员及有意参与资管业务的业界同人有所启发与帮助。

为了便于大家阅读，笔者特对本书的编纂思路说明如下：

结合《民法典》的目录及相关内容对资管业务影响的重要程度，同时亦考虑到近几年基础设施建设项目领域中资管业务蓬勃发展的态势，本书正文分为物权、合同、担保、基建、个人信息保护及其他六章，各章又分为“法条沿袭”与“变化、分析及应对”两个部分。其中，“法条沿袭”部分主要汇集了《民法典》中对资管业务有重要影响但内容相较于《民法典》实施之前的法律法规及司法解释无实质性修改的法律条款，为防止内容过于烦冗，笔者在“法条沿袭”部分只罗列了《民法典》及其配套司法解释的条文，不再罗列《民法典》之前的法律法规中的相关条文。“变化、分析及应对”的部分，笔者主要从新旧法律条文对比、法律条文的变化分析、对资管业务的影响以及对金融机构开展资管业务的建议四个方面进行梳理，力图为《民法典》框架下更好地开展资管业务提供务实的、具有可操作性的参考思路。

本书的物权章与合同章分别对应《民法典》中的物权编与合同编的内容，同时，鉴于担保法律关系在资管业务中的重要性，笔者将《民法典》物权编中担保物权与合同编中保证合同的相关内容单独汇入本书的担保章中。

基础设施建设一直是资管业务的重要业务领域之一。2018 年中央经济工作会议提出加快 5G 商用步伐，加强人工智能、工业互联网、物联网等新型基础设施建设，随后，2019 年的政府工作报告提出加强新一代信息基础设施建设，再之后，在新冠肺炎疫情冲击下，中央多次会议反复提及加快“新基建”，市场也在高度关注“新基建”这个热点，各资管机构也纷纷布局新基建领域并扩大基建业务规模。因此，笔者也将基建业务单独成章。

《民法典》中人格权编部分与资管业务紧密度最高的是第六章隐私权和个人信息保护，《民法典》该章内容的规定相对偏原则性及概括性，内容也较为简练，对个人信息保护更为详尽具体的规范体现在 2021 年 8 月 20 日单独颁布的《个人信息保护法》中。而本书主要是就《民法典》及其配套司法解释对资管业务的影响进行探讨，故本书个人信息保护一章的分析探讨主要针对《民法典》中第四编第六章“隐私权和个人信息保护”部分。

此外，《民法典》中的婚姻家庭编与继承编中关于夫妻共同财产及共同债务的范围、家庭成员的含义、遗嘱信托、遗产管理人制度等也对资管业务有一定影响，笔者将其纳入本书其他章的内容中。

司法解释及最高人民法院文件简称表

全称	简称
最高人民法院《关于适用〈中华人民共和国民法典〉时间效力的若干规定》（法释〔2020〕15号）	《适用民法典时间效力的规定》
最高人民法院《关于贯彻执行〈中华人民共和国民法通则〉若干问题的意见（试行）》［法（办）发〔1988〕6号］（已废止）	《民通意见》
最高人民法院《关于适用〈中华人民共和国合同法〉若干问题的解释（一）》（法释〔1999〕19号）（已废止）	《合同法司法解释一》
最高人民法院《关于适用〈中华人民共和国合同法〉若干问题的解释（二）》（法释〔2009〕5号）（已废止）	《合同法司法解释二》
最高人民法院《关于审理买卖合同纠纷案件适用法律问题的解释》（法释〔2012〕8号）（已废止）	《原买卖合同司法解释》
最高人民法院《关于审理买卖合同纠纷案件适用法律问题的解释》（法释〔2020〕17号）（已废止）	《新买卖合同司法解释》
最高人民法院《关于审理民间借贷案件适用法律若干问题的规定》（2020修正，法释〔2020〕6号；2020第二次修正，法释〔2020〕17号）*	《新民间借贷解释》
最高人民法院《关于审理融资租赁合同纠纷案件适用法律问题的解释》（2020修正，法释〔2020〕17号）	《新融资租赁合同司法解释》
最高人民法院《关于审理融资租赁合同纠纷案件适用法律问题的解释》（法释〔2014〕3号）（已废止）	《原融资租赁合同司法解释》

续表

全称	简称
最高人民法院《印发〈关于进一步加强金融审判工作的若干意见〉的通知》(法发〔2017〕22号)(已废止)	《关于进一步加强金融审判工作的若干意见》
《最高人民法院关于印发〈全国法院民商事审判工作会议纪要〉的通知》(法〔2019〕254号)	《九民纪要》
《最高人民法院关于适用〈中华人民共和国担保法〉若干问题的解释》(法释〔2000〕44号)(已废止)	《担保法司法解释》
《最高人民法院关于适用〈中华人民共和国民法典〉有关担保制度的解释》(法释〔2020〕28号)	《担保制度司法解释》
《最高人民法院关于审理涉及农村土地承包纠纷案件适用法律问题的解释》(法释〔2020〕17号)	《土地承包纠纷司法解释》
《最高人民法院关于审理建设工程施工合同纠纷案件适用法律问题的解释》(法释〔2004〕14号)(已废止)	《原施工合同司法解释一》
《最高人民法院关于审理建设工程施工合同纠纷案件适用法律问题的解释(二)》(法释〔2018〕20号)(已废止)	《原施工合同司法解释二》
《最高人民法院关于审理建设工程施工合同纠纷案件适用法律问题的解释(一)》(法释〔2020〕25号)	《新施工合同司法解释》
《最高人民法院关于审理涉及夫妻债务纠纷案件适用法律有关问题的解释》(法释〔2018〕2号)(已废止)	《夫妻债务司法解释》
《最高人民法院关于适用〈中华人民共和国婚姻法〉若干问题的解释(一)》(法释〔2001〕30号)(已废止)	《原婚姻法司法解释一》

* 因2020年12月29日最高人民法院二次修正的《关于审理民间借贷案件适用法律若干问题的规定》与2020年8月修正版本相比，除将《合同法》《物权法》《民法通则》《担保法》等相关规定改为《民法典》相关规定以外，并无差异，故在此将2020年12月二次修正版与2020年8月修正版统称《新民间借贷解释》。

目　录 CONTENTS

第一章　物　　权

第一节　法条沿袭

一、物权法定原则

与《民法总则》第116条一致，未修改。

《民法典》

第一百一十六条　物权的种类和内容，由法律规定。

二、物权公示原则

与《物权法》第6条一致，未修改。

《民法典》

第二百零八条　不动产物权的设立、变更、转让和消灭，应当依照法律规定登记。动产物权的设立和转让，应当依照法律规定交付。

三、物权变动的生效时间

在《物权法》第9条、第14条、第23条的基础上，部分条款未修改，部分条款仅进行了文字性调整，未作实质性修改。

《民法典》

第二百零九条　不动产物权的设立、变更、转让和消灭，经依法登记，发生效力；未经登记，不发生效力，但是法律另有规定的除外。

依法属于国家所有的自然资源，所有权可以不登记。

第二百一十四条　不动产物权的设立、变更、转让和消灭，依照法律规定应当登记的，自记载于不动产登记簿时发生效力。

第二百二十四条 动产物权的设立和转让，自交付时发生效力，但是法律另有规定的除外。

四、船舶、航空器和机动车等物权变动的登记对抗效力

与《物权法》第24条一致，未修改。

《民法典》

第二百二十五条 船舶、航空器和机动车等的物权的设立、变更、转让和消灭，未经登记，不得对抗善意第三人。

五、法律文书或征收、继承、事实行为等特殊情形下物权变动的生效时间

在《物权法》第28条、第29条、第30条的基础上，部分条款未修改，部分条款仅进行了文字性调整，未作实质性修改。

《民法典》

第二百二十九条 因人民法院、仲裁机构的法律文书或者人民政府的征收决定等，导致物权设立、变更、转让或者消灭的，自法律文书或者征收决定等生效时发生效力。

第二百三十条 因继承取得物权的，自继承开始时发生效力。

第二百三十一条 因合法建造、拆除房屋等事实行为设立或者消灭物权的，自事实行为成就时发生效力。

六、不动产统一登记制度

与《物权法》第10条一致，未修改。

《民法典》

第二百一十条 不动产登记，由不动产所在地的登记机构办理。

国家对不动产实行统一登记制度。统一登记的范围、登记机构和登记办法，由法律、行政法规规定。

七、物权效力与合同效力区分

仅在《物权法》第15条的基础上进行了文字性调整，未作实质性修改。

《民法典》

第二百一十五条 当事人之间订立有关设立、变更、转让和消灭不动产物权的合同，除法律另有规定或者当事人另有约定外，自合同成立时生效；未办理物权登记的，不影响合同效力。

八、更正登记和异议登记

仅在《物权法》第19条的基础上进行了文字性调整，未作实质性修改。

《民法典》

第二百二十条 权利人、利害关系人认为不动产登记簿记载的事项错误的，可以申请更正登记。不动产登记簿记载的权利人书面同意更正或者有证据证明登记确有错误的，登记机构应当予以更正。

不动产登记簿记载的权利人不同意更正的，利害关系人可以申请异议登记。登记机构予以异议登记，申请人自异议登记之日起十五日内不提起诉讼的，异议登记失效。异议登记不当，造成权利人损害的，权利人可以向申请人请求损害赔偿。

九、预告登记

仅在《物权法》第20条的基础上进行了文字性调整，未作实质性修改。

《民法典》

第二百二十一条 当事人签订买卖房屋的协议或者签订其他不动产物权的协议，为保障将来实现物权，按照约定可以向登记机构申请预告登记。

预告登记后，未经预告登记的权利人同意，处分该不动产的，不发生物权效力。

十、所有权的一般规定

在《物权法》相应条文的基础上，部分条款未修改，部分条款仅进行了文字性调整，未作实质性修改。

《民法典》

第二百四十条 所有权人对自己的不动产或者动产，依法享有占有、使用、收益和处分的权利。

第二百四十一条 所有权人有权在自己的不动产或者动产上设立用益物权和担保物权。用益物权人、担保物权人行使权利，不得损害所有权人的权益。

第二百四十二条 法律规定专属于国家所有的不动产和动产，任何组织或者个人不能取得所有权。

第二百四十三条 为了公共利益的需要，依照法律规定的权限和程序可以征收集体所有的土地和组织、个人的房屋以及其他不动产。

征收集体所有的土地，应当依法及时足额支付土地补偿费、安置补助费以及农村村民住宅、其他地上附着物和青苗等的补偿费用，并安排被征地农民的社会保障费用，保障被征地农民的生活，维护被征地农民的合法权益。

征收组织、个人的房屋以及其他不动产，应当依法给予征收补偿，维护被征收人的合法权益；征收个人住宅的，还应当保障被征收人的居住条件。

任何组织或者个人不得贪污、挪用、私分、截留、拖欠征收补偿费等费用。

第二百四十六条 法律规定属于国家所有的财产，属于国家所有即全民所有。

国有财产由国务院代表国家行使所有权。法律另有规定的，依照其规定。

第二百四十七条 矿藏、水流、海域属于国家所有。

第二百四十九条 城市的土地，属于国家所有。法律规定属于国家所有的农村和城市郊区的土地，属于国家所有。

第二百五十条 森林、山岭、草原、荒地、滩涂等自然资源，属于国家所有，但是法律规定属于集体所有的除外。

第二百五十三条 法律规定属于国家所有的文物，属于国家所有。

第二百五十四条 国防资产属于国家所有。

铁路、公路、电力设施、电信设施和油气管道等基础设施，依照法律规定为国家所有的，属于国家所有。

第二百五十五条 国家机关对其直接支配的不动产和动产，享有占有、使用以及依照法律和国务院的有关规定处分的权利。

第二百五十六条 国家举办的事业单位对其直接支配的不动产和动产，享有占有、使用以及依照法律和国务院的有关规定收益、处分的权利。

第二百五十七条 国家出资的企业，由国务院、地方人民政府依照法律、行政法规规定分别代表国家履行出资人职责，享有出资人权益。

第二百五十八条 国家所有的财产受法律保护，禁止任何组织或者个人侵占、哄抢、私分、截留、破坏。

第二百五十九条 履行国有财产管理、监督职责的机构及其工作人员，应当依法加强对国有财产的管理、监督，促进国有财产保值增值，防止国有财产损失；滥用职权，玩忽职守，造成国有财产损失的，应当依法承担法律责任。

违反国有财产管理规定，在企业改制、合并分立、关联交易等过程中，低价转让、合谋私分、擅自担保或者以其他方式造成国有财产损失的，应当依法承担法律责任。

第二百六十条 集体所有的不动产和动产包括：

（一）法律规定属于集体所有的土地和森林、山岭、草原、荒地、滩涂；

（二）集体所有的建筑物、生产设施、农田水利设施；

（三）集体所有的教育、科学、文化、卫生、体育等设施；

（四）集体所有的其他不动产和动产。

第二百六十一条 农民集体所有的不动产和动产，属于本集体成员集体所有。

下列事项应当依照法定程序经本集体成员决定：

（一）土地承包方案以及将土地发包给本集体以外的组织或者个人承包；

（二）个别土地承包经营权人之间承包地的调整；

（三）土地补偿费等费用的使用、分配办法；

（四）集体出资的企业的所有权变动等事项；

（五）法律规定的其他事项。

第二百六十二条 对于集体所有的土地和森林、山岭、草原、荒地、滩涂等，依照下列规定行使所有权：

（一）属于村农民集体所有的，由村集体经济组织或者村民委员会依法代表集体行使所有权；

（二）分别属于村内两个以上农民集体所有的，由村内各该集体经济组织或者村民小组依法代表集体行使所有权；

（三）属于乡镇农民集体所有的，由乡镇集体经济组织代表集体行使所有权。

第二百六十三条 城镇集体所有的不动产和动产，依照法律、行政法规的规定由本集体享有占有、使用、收益和处分的权利。

第二百六十四条 农村集体经济组织或者村民委员会、村民小组应当依照法律、行政法规以及章程、村规民约向本集体成员公布集体财产的状况。集体成员有权查阅、复制相关资料。

第二百六十五条 集体所有的财产受法律保护，禁止任何组织或者个人侵占、哄抢、私分、破坏。

农村集体经济组织、村民委员会或者其负责人作出的决定侵害集体成员合法权益的，受侵害的集体成员可以请求人民法院予以撤销。

第二百六十六条 私人对其合法的收入、房屋、生活用品、生产工具、原材料等不动产和动产享有所有权。

第二百六十七条 私人的合法财产受法律保护，禁止任何组织或者个人侵占、哄抢、破坏。

第二百六十八条 国家、集体和私人依法可以出资设立有限责任公司、股份有限公司或者其他企业。国家、集体和私人所有的不动产或者动产投到企业的，由出资人按照约定或者出资比例享有资产收益、重大决策以及选择经营管理者等权利并履行义务。

第二百六十九条 营利法人对其不动产和动产依照法律、行政法规以及章程享有占有、使用、收益和处分的权利。

营利法人以外的法人，对其不动产和动产的权利，适用有关法律、行政法规以及章程的规定。

第二百七十条 社会团体法人、捐助法人依法所有的不动产和动产，受法律保护。

十一、建筑物区分所有权的一般规定

在《物权法》相应条文的基础上，部分条款未修改，部分条款仅进行了文字性调整，未作实质性修改。

《民法典》

第二百七十一条 业主对建筑物内的住宅、经营性用房等专有部分享有所有权，对专有部分以外的共有部分享有共有和共同管理的权利。

第二百七十二条 业主对其建筑物专有部分享有占有、使用、收益和处分的权利。业主行使权利不得危及建筑物的安全，不得损害其他业主的合法权益。

第二百七十三条 业主对建筑物专有部分以外的共有部分，享有权利，承担义务；不得以放弃权利为由不履行义务。

业主转让建筑物内的住宅、经营性用房，其对共有部分享有的共有和共同管理的权利一并转让。

第二百七十四条 建筑区划内的道路，属于业主共有，但是属于城镇公共道路的除外。建筑区划内的绿地，属于业主共有，但是属于城镇公共绿地或者明示属于个人的除外。建筑区划内的其他公共场所、公用设施和物业服务用房，属于业主共有。

第二百七十五条 建筑区划内，规划用于停放汽车的车位、车库的归属，由当事人通过出售、附赠或者出租等方式约定。

占用业主共有的道路或者其他场地用于停放汽车的车位，属于业主共有。

第二百七十六条 建筑区划内，规划用于停放汽车的车位、车库应当首先满足业主的需要。

十二、共有制度的一般规定

在《物权法》相应条文的基础上，部分条款未修改，部分条款仅进行了文字性调整，未作实质性修改。

《民法典》

第二百九十七条 不动产或者动产可以由两个以上组织、个人共有。共有包括按份共有和共同共有。

第二百九十八条 按份共有人对共有的不动产或者动产按照其份额享有所有权。

第二百九十九条 共同共有人对共有的不动产或者动产共同享有所有权。

第三百条 共有人按照约定管理共有的不动产或者动产；没有约定或者约定不明确的，各共有人都有管理的权利和义务。

第三百零二条 共有人对共有物的管理费用以及其他负担，有约定的，按照其约定；没有约定或者约定不明确的，按份共有人按照其份额负担，共同共有人共同负担。

第三百零三条 共有人约定不得分割共有的不动产或者动产，以维持共有关系的，应当按照约定，但是共有人有重大理由需要分割的，可以请求分割；没有约定或者约定不明确的，按份共有人可以随时请求分割，共同共有人在共有的基础丧失或者有重大理由需要分割时可以请求分割。因分割造成其他共有人损害的，应当给予赔偿。

第三百零四条 共有人可以协商确定分割方式。达不成协议，共有的不动产或者动产可以分割且不会因分割减损价值的，应当对实物予以分割；难以分割或者因分割会减损价值的，应当对折价或者拍卖、变卖取得的价款予以分割。

共有人分割所得的不动产或者动产有瑕疵的，其他共有人应当分担损失。

第三百零五条 按份共有人可以转让其享有的共有的不动产或者动产份额。其他共有人在同等条件下享有优先购买的权利。

两个以上其他共有人主张行使优先购买权的，协商确定各自的购买比例；协商不成的，按照转让时各自的共有份额比例行使优先购买权。

第三百零七条 因共有的不动产或者动产产生的债权债务，在对外关系上，共有人享有连带债权、承担连带债务，但是法律另有规定或者第三人知道共有人不具有连带债权债务关系的除外；在共有人内部关系上，除共有人另有约定外，按份共有人按照份额享有债权、承担债务，共同共有人共同享有债权、承担债务。偿还债务超过自己应当承担份额的按份共有人，有权向其他共有人追偿。

第三百零八条 共有人对共有的不动产或者动产没有约定为按份共有或者共同共有，或者约定不明确的，除共有人具有家庭关系等外，视为按份共有。

第三百零九条 按份共有人对共有的不动产或者动产享有的份额，没有约定或者约定不明确的，按照出资额确定；不能确定出资额的，视为等额享有。

第三百一十条 两个以上组织、个人共同享有用益物权、担保物权的，参照适用本章的有关规定。

十三、善意取得制度

仅在《物权法》第 106 条的基础上进行了文字性调整，未作实质性修改。

《民法典》

第三百一十一条 无处分权人将不动产或者动产转让给受让人的，所有权人有权追回；除法律另有规定外，符合下列情形的，受让人取得该不动产或者动产的所有权：

（一）受让人受让该不动产或者动产时是善意；

（二）以合理的价格转让；

（三）转让的不动产或者动产依照法律规定应当登记的已经登记，不需要登记的已经交付给受让人。

受让人依据前款规定取得不动产或者动产的所有权的，原所有权人有权向无处分权人请求损害赔偿。

当事人善意取得其他物权的，参照适用前两款规定。

十四、从物随主物转让

仅在《物权法》第 115 条的基础上进行了文字性调整，未作实质性修改。

《民法典》

第三百二十条 主物转让的，从物随主物转让，但是当事人另有约定的除外。

十五、用益物权的一般规定

在《物权法》相应条文的基础上，部分条款未修改，部分条款仅进行了文字性调整，未作实质性修改。

《民法典》

第三百二十三条 用益物权人对他人所有的不动产或者动产，依法享有占有、使用和收益的权利。

第三百二十四条 国家所有或者国家所有由集体使用以及法律规定属于集体所有的自然资源，组织、个人依法可以占有、使用和收益。

第三百二十五条 国家实行自然资源有偿使用制度，但是法律另有规定的除外。

第三百二十六条 用益物权人行使权利，应当遵守法律有关保护和合理开发利用资源、保护生态环境的规定。所有权人不得干涉用益物权人行使权利。

第三百二十七条 因不动产或者动产被征收、征用致使用益物权消灭或者影响用益物权行使的，用益物权人有权依据本法第二百四十三条、第二百四十五条①的规定获得相应补偿。

---

① **《民法典》**

第二百四十三条 为了公共利益的需要，依照法律规定的权限和程序可以征收集体所有的土地和组织、个人的房屋以及其他不动产。

征收集体所有的土地，应当依法及时足额支付土地补偿费、安置补助费以及农村村民住宅、其他地上附着物和青苗等的补偿费用，并安排被征地农民的社会保障费用，保障被征地农民的生活，维护被征地农民的合法权益。

征收组织、个人的房屋以及其他不动产，应当依法给予征收补偿，维护被征收人的合法权益；征收个人住宅的，还应当保障被征收人的居住条件。

任何组织或者个人不得贪污、挪用、私分、截留、拖欠征收补偿费等费用。

第二百四十五条 因抢险救灾、疫情防控等紧急需要，依照法律规定的权限和程序可以征用组织、个人的不动产或者动产。被征用的不动产或者动产使用后，应当返还被征用人。组织、个人的不动产或者动产被征用或者征用后毁损、灭失的，应当给予补偿。

第三百二十八条 依法取得的海域使用权受法律保护。

第三百二十九条 依法取得的探矿权、采矿权、取水权和使用水域、滩涂从事养殖、捕捞的权利受法律保护。

十六、农村土地承包经营权的一般规定

在《物权法》《土地承包法》相应条文的基础上，部分条款未修改，部分条款仅进行了文字性调整，未作实质性修改。

第三百三十条 农村集体经济组织实行家庭承包经营为基础、统分结合的双层经营体制。

农民集体所有和国家所有由农民集体使用的耕地、林地、草地以及其他用于农业的土地，依法实行土地承包经营制度。

第三百三十一条 土地承包经营权人依法对其承包经营的耕地、林地、草地等享有占有、使用和收益的权利，有权从事种植业、林业、畜牧业等农业生产。

第三百三十三条 土地承包经营权自土地承包经营权合同生效时设立。

登记机构应当向土地承包经营权人发放土地承包经营权证、林权证等证书，并登记造册，确认土地承包经营权。

第三百三十五条 土地承包经营权互换、转让的，当事人可以向登记机构申请登记；未经登记，不得对抗善意第三人。

第三百三十六条 承包期内发包人不得调整承包地。

因自然灾害严重毁损承包地等特殊情形，需要适当调整承包的耕地和草地的，应当依照农村土地承包的法律规定办理。

第三百三十七条 承包期内发包人不得收回承包地。法律另有规定的，依照其规定。

第三百三十八条 承包地被征收的，土地承包经营权人有权依据本法第二百四十三条的规定获得相应补偿。

第三百三十九条 土地承包经营权人可以自主决定依法采取出租、入股或者其他方式向他人流转土地经营权。

第三百四十一条 流转期限为五年以上的土地经营权，自流转合同生效

时设立。当事人可以向登记机构申请土地经营权登记；未经登记，不得对抗善意第三人。

第三百四十二条 通过招标、拍卖、公开协商等方式承包农村土地，经依法登记取得权属证书的，可以依法采取出租、入股、抵押或者其他方式流转土地经营权。

十七、建设用地使用权制度

在《物权法》相应条文的基础上，部分条款未修改，部分条款仅进行了文字性调整，未作实质性修改。

《民法典》

第三百四十四条 建设用地使用权人依法对国家所有的土地享有占有、使用和收益的权利，有权利用该土地建造建筑物、构筑物及其附属设施。

第三百四十五条 建设用地使用权可以在土地的地表、地上或者地下分别设立。

第三百四十七条 设立建设用地使用权，可以采取出让或者划拨等方式。

工业、商业、旅游、娱乐和商品住宅等经营性用地以及同一土地有两个以上意向用地者的，应当采取招标、拍卖等公开竞价的方式出让。

严格限制以划拨方式设立建设用地使用权。

第三百四十八条 通过招标、拍卖、协议等出让方式设立建设用地使用权的，当事人应当采用书面形式订立建设用地使用权出让合同。

建设用地使用权出让合同一般包括下列条款：

（一）当事人的名称和住所；

（二）土地界址、面积等；

（三）建筑物、构筑物及其附属设施占用的空间；

（四）土地用途、规划条件；

（五）建设用地使用权期限；

（六）出让金等费用及其支付方式；

（七）解决争议的方法。

第三百四十九条 设立建设用地使用权的，应当向登记机构申请建设用地使用权登记。建设用地使用权自登记时设立。登记机构应当向建设用地使用权人发放权属证书。

第三百五十条 建设用地使用权人应当合理利用土地，不得改变土地用途；需要改变土地用途的，应当依法经有关行政主管部门批准。

第三百五十一条 建设用地使用权人应当依照法律规定以及合同约定支付出让金等费用。

第三百五十二条 建设用地使用权人建造的建筑物、构筑物及其附属设施的所有权属于建设用地使用权人，但是有相反证据证明的除外。

第三百五十三条 建设用地使用权人有权将建设用地使用权转让、互换、出资、赠与或者抵押，但是法律另有规定的除外。

第三百五十四条 建设用地使用权转让、互换、出资、赠与或者抵押的，当事人应当采用书面形式订立相应的合同。使用期限由当事人约定，但是不得超过建设用地使用权的剩余期限。

第三百五十五条 建设用地使用权转让、互换、出资或者赠与的，应当向登记机构申请变更登记。

第三百五十六条 建设用地使用权转让、互换、出资或者赠与的，附着于该土地上的建筑物、构筑物及其附属设施一并处分。

第三百五十七条 建筑物、构筑物及其附属设施转让、互换、出资或者赠与的，该建筑物、构筑物及其附属设施占用范围内的建设用地使用权一并处分。

第三百五十八条 建设用地使用权期限届满前，因公共利益需要提前收回该土地的，应当依据本法第二百四十三条的规定对该土地上的房屋以及其他不动产给予补偿，并退还相应的出让金。

第三百五十九条 住宅建设用地使用权期限届满的，自动续期。续期费用的缴纳或者减免，依照法律、行政法规的规定办理。

非住宅建设用地使用权期限届满后的续期，依照法律规定办理。该土地上的房屋以及其他不动产的归属，有约定的，按照约定；没有约定或者约定不明确的，依照法律、行政法规的规定办理。

第三百六十条 建设用地使用权消灭的，出让人应当及时办理注销登记。

登记机构应当收回权属证书。

第三百六十一条 集体所有的土地作为建设用地的，应当依照土地管理的法律规定办理。

十八、宅基地使用权制度

在《物权法》相应条文的基础上，部分条款未修改，部分条款仅进行了文字性调整，未作实质性修改。

《民法典》

第三百六十二条 宅基地使用权人依法对集体所有的土地享有占有和使用的权利，有权依法利用该土地建造住宅及其附属设施。

第三百六十三条 宅基地使用权的取得、行使和转让，适用土地管理的法律和国家有关规定。

第三百六十四条 宅基地因自然灾害等原因灭失的，宅基地使用权消灭。对失去宅基地的村民，应当依法重新分配宅基地。

第三百六十五条 已经登记的宅基地使用权转让或者消灭的，应当及时办理变更登记或者注销登记。

第二节　变化、分析及应对

一、增加利害关系人对不动产登记资料的保密义务和禁止非法使用义务

《物权法》中对权利人、利害关系人仅有权利规定，赋予其查询、复制不动产登记资料的权利，但并未对其设置相关义务，此次《民法典》增加了利害关系人对于不动产登记资料的保密义务及禁止非法使用义务。

资管业务中获取并使用不动产登记资料的情况较为常见，此条对资管业务的尽职调查、交易条款设置等事宜均产生了一定影响；此外，在部分与房抵贷业务相关的资管产品中，也涉及交易参与方查询、复制登记资料的情况，

对于这种交易模式还需要特别关注金融消费者权益保护、个人信息保护的相关规定。

（一）新旧法律条文对比

1. 原规定

《物权法》

第十八条 权利人、利害关系人可以申请查询、复制登记资料，登记机构应当提供。

2. 新规定

《民法典》

第二百一十八条 权利人、利害关系人可以申请查询、复制不动产登记资料，登记机构应当提供。

第二百一十九条 利害关系人不得公开、非法使用权利人的不动产登记资料。

（二）法条对比、影响及建议

1. 法律条文变化分析

基于登记生效主义，不动产物权的设立及变更都需要经公示登记程序方可生效，所以对于权利人及利害关系人而言，查询、复制不动产资料是重要的获取不动产权属、权利负担等基本信息的渠道。实践中多由各地的不动产登记中心负责提供不动产资料的查询，具体查询资料包括但不限于不动产登记簿、不动产登记、转让、变更等信息资料。近年来，我国在不动产登记系统基础设施建设方面不断加快统一步伐，实施、开展了统一登记簿证、建设信息平台等措施，整合并规范了各地不动产登记信息，力求建设更加完善的不动产统一登记制度，为个人及企业等主体提供更加快捷、透明的不动产登记查询服务。但随着技术手段的进步与查询效率的提高，实践中出现了一些不正当泄露及利用不动产登记信息的行为，部分中介机构通过泄露或买卖不动产登记信息获取不正当利益。早在国务院2015年出台的《不动产登记暂行条例》第28条中，就对这一义务作出了规定，即“查询不动产登记资料的单位、个人应当向不动产登记机构说明查询目的，不得将查询获得的不动产登记资料用于其他目的；未经权利人同意，不得泄露查询获得的不动产登记资料”。《不动产登记暂行条例》在 2019 年修订时同样保留了这一条。本次在《民法典》物权编中加入利害关系人的保密义务及禁止非法使用权利人不动产登记资料义务，将原本效力层级为行政法规的《不动产登记暂行条例》中的查询方义务提高到法律层面，不仅显示了我国对于信息安全及信息保护的高度重视，也显示了国家对于建设更加完善高效的不动产统一登记制度的决心，同时对于利害关系人提出了更高的要求，对于不动产权利人加强了保护。

2. 对资管业务的影响

资管业务中以不动产为基础资产或底层资产而设立，以及涉及不动产的产品种类较多，资管产品在设计交易文件时一般会详细地披露底层不动产的信息，或基于实际需要将这些不动产资料信息向第三方中介机构等第三方进行披露，当底层不动产信息出现在交易文件中或资管产品披露信息环节中的时候，投资人即能够获知不动产的相关信息，从广义层面来说，无论是参与交易各环节的金融机构、公证机关、律师事务所、会计师事务所、评估机构、评级机构等，还是购买资管产品的投资者，都可能被认定为是不动产登记资料的利害关系人，都需要按照本条规定遵循保密义务及禁止非法使用义务，这对于参与资管产品业务的各方均提出了更高的注意义务要求。

3. 对金融机构开展资管业务的建议

（1）金融机构在尽职调查中，一般能够掌握到大量土地、厂房、房屋等不动产的权属、权利负担、地籍档案等详细登记情况信息，同时在交易文件中亦会涉及对不动产信息的详细描述。不动产信息可能涉及个人隐私、商业秘密等，金融机构作为不动产登记信息的利害关系人，在查询、获取、使用不动产登记信息时，应取得不动产权利人的充分授权，并应当设置相应的内控制度，要求工作人员、合作第三方机构对查询结果和相关资料保密，严格控制知晓和使用范围，参考适用最小化原则和必要性原则，避免出现通过个人微信、QQ 等终端设备或在不安全环境下的电子化介质、平台上传、保管资料的情形，上述行为可能导致信息泄露、遗失等情况，并可能导致金融机构承担相应责任。

（2）金融机构在设计及审查相关资管业务法律文件（包括产品端文件、交易端文件、推介材料等）时，应当注意设置保密义务以及禁止不当使用义务的条款，一方面，要求各参与机构及投资者严格遵循保密义务，不得以不正当方式利用交易合同信息，如因泄密或不当使用而导致不利后果的，则应由过错方承担相应责任及后果；另一方面，与交易对手签订的交易文件中亦应明确豁免金融机构向监管部门、投资者及相关第三方机构合理披露信息的条款，确保金融机构合理使用这些资料信息而不被视为违约。

（3）金融机构在与不动产权利人以外的第三方机构进行业务合作或选任相关中介机构时，除设置保密义务条款之外，还应当注意避免不动产登记资料在各机构之间传送的过程之中出现意外泄露或公开的情形。此外，可特别关注这些机构是否存在泄露或不正当使用不动产信息、客户信息等舆情或负面记录，尽量避免与可能会存在泄露及不正当使用信息风险的机构合作，降低违反本条规定的可能性，在涉及房屋抵押的消费金融类、小额信贷类资管产品中应尤为关注该等情况。

二、修改业主共同决定事项及表决比例

对于资管业务中涉及城市更新、老旧小区改造等项目，需要特别关注经业主共同表决的事项及表决比例在《民法典》中已经发生变化，应根据《民法典》的规定取得有效决议文件。

（一）新旧法律条文对比

1. 原规定

《物权法》

第七十六条 下列事项由业主共同决定：

（一）制定和修改业主大会议事规则；

（二）制定和修改建筑物及其附属设施的管理规约；

（三）选举业主委员会或者更换业主委员会成员；

（四）选聘和解聘物业服务企业或者其他管理人；

（五）筹集和使用建筑物及其附属设施的维修资金；

（六）改建、重建建筑物及其附属设施；

（七）有关共有和共同管理权利的其他重大事项。

决定前款第五项和第六项规定的事项，应当经专有部分占建筑物总面积三分之二以上的业主且占总人数三分之二以上的业主同意。决定前款其他事项，应当经专有部分占建筑物总面积过半数的业主且占总人数过半数的业主同意。

最高人民法院《关于审理建筑物区分所有权纠纷案件具体应用法律若干问题的解释》

第七条 改变共有部分的用途、利用共有部分从事经营性活动、处分共有部分，以及业主大会依法决定或者管理规约依法确定应由业主共同决定的事项，应当认定为物权法第七十六条第一款第（七）项规定的有关共有和共同管理权利的“其他重大事项”。

2. 新规定

《民法典》

第二百七十八条 下列事项由业主共同决定：

（一）制定和修改业主大会议事规则；

（二）制定和修改管理规约；

（三）选举业主委员会或者更换业主委员会成员；

（四）选聘和解聘物业服务企业或者其他管理人；

（五）使用建筑物及其附属设施的维修资金；

（六）筹集建筑物及其附属设施的维修资金；

（七）改建、重建建筑物及其附属设施；

（八）改变共有部分的用途或者利用共有部分从事经营活动；

（九）有关共有和共同管理权利的其他重大事项。

业主共同决定事项，应当由专有部分面积占比三分之二以上的业主且人数占比三分之二以上的业主参与表决。决定前款第六项至第八项规定的事项，应当经参与表决专有部分面积四分之三以上的业主且参与表决人数四分之三以上的业主同意。决定前款其他事项，应当经参与表决专有部分面积过半数的业主且参与表决人数过半数的业主同意。

（二）法条对比、影响及建议

1. 法律条文变化分析

（1）本条调整了业主共同决定的范围。首先，不再将业主所共同决定的管理规约的范围限制于“建筑物及其附属设施”，业主能够对所有的管理规约进行共同决定；其次，吸收最高人民法院《关于审理建筑物区分所有权纠纷案件具体应用法律若干问题的解释》第7条将“改变共有部分的用途或者利用共有部分从事经营活动”在《民法典》中明确规定为需要由业主共同决定的情形；此外，将《物权法》项下“筹集和使用建筑物及其附属设施的维修资金”的“筹集”和“使用”进行拆分，并设置了不同的表决机制。

（2）修改了共同决定事项表决的人数和规则：明确对于业主共同决定事项参与表决的业主对应的建筑物专有部分面积及人数要求，并在此基础上以参与表决的业主为基数，将需要共同决议的事项按重要程度进一步分为两类：重要、一般，重要事项包括第278条第6项至第8项，其余事项为一般事项。重要事项需要经“双3/4”决议通过，即经专有部分面积3/4以上的业主且参与表决人数3/4以上的业主同意；一般事项需要“双过半”决议通过，即专有部分面积过半数的业主且参与表决人数过半数的业主同意。

2. 对资管业务的影响

如果资管业务在交易中涉及住宅相关的事项，如涉及城市更新、老楼改造、物业升级改造等，则需要提前了解该物业业主是否已经成立了相应的业主委员会，并在涉及相关事项时应取得符合《民法典》规定的、经业主共同表决后达成的有效决议。如未取得有效的业主决议，不仅可能会导致合规风险，这些事项亦将可能面临相关交易文件效力瑕疵或被要求恢复建筑物原状的风险，从而影响交易确定性、稳定性，以及资管业务的正常开展。

3. 对金融机构开展相关资管业务的建议

（1）在一些交易对手为物业服务公司的资管业务中，需要格外注意其提供物业服务的程序是否合法合规（包括但不限于是否取得相应资质，相关事项是否已经业主表决，表决程序是否合法等）以及物业服务公司的相关权利限制，如涉及需业主共同决议的事项，物业服务公司并无权利单独决定，必须取得经业主共同表决的有效决议后才能开展相关业务。

（2）金融机构在审查资管业务涉及的相关物业服务合同时，需要注意其中关于共有部分的利用及收益使用安排，关注物业服务合同是否明确约定了由业主事先进行决策的事项，是否存在未来因此产生争议的可能性。

（3）金融机构在就相关资管业务进行尽职调查时，应当格外关注业务是否涉及建筑物区分所有权，以及此前是否发生过集体性诉讼、群体事件等，避免与存在严重负面舆情的物业服务企业合作，同时避免将资金投向集体性诉讼、群体事件较多的标的，此类房屋由于利益协调的复杂程度较高，且通常涉及人数众多、涉及人员构成复杂（如涉及老年人等弱势群体），加之《民法典》对于业主共同决策事项提出了严格的要求，在相关业务中出现合规风险或舆情风险的可能性较高，且《民法典》对于金融机构的审慎注意义务要求亦相对严格。

三、新增业主大会或业主委员会对维修基金有紧急使用申请权

《物权法》时期，在老旧小区改造或者共有财产的维修时往往难以实际动用公共维修资金，且存在表决难、耗时长等问题。《民法典》颁行后，遇到前述问题后即可动用维修基金，利用存量资金，优化相应交易安排，亦为经营性物业抵押贷款、涉及房屋抵押的资产证券化等相关交易结构的设置提供了更多支持和保障。

（一）新旧法律条文对比

1. 原规定

《物权法》

第七十九条 建筑物及其附属设施的维修资金，属于业主共有。经业主共同决定，可以用于电梯、水箱等共有部分的维修。维修资金的筹集、使用情况应当公布。

2. 新规定

《民法典》

第二百八十一条 建筑物及其附属设施的维修资金，属于业主共有。经

业主共同决定，可以用于电梯、屋顶、外墙、无障碍设施等共有部分的维修、更新和改造。建筑物及其附属设施的维修资金的筹集、使用情况应当定期公布。

紧急情况下需要维修建筑物及其附属设施的，业主大会或者业主委员会可以依法申请使用建筑物及其附属设施的维修资金。

（二）法条对比、影响及建议

1. 法律条文变化分析

住宅专项维修资金一般是指由业主按照比例分摊缴纳，用于住宅共用部位、共用设施设备的维修、更新和改造的费用，在使用维修资金时需要根据共有的性质确定如何分摊使用。此前《物权法》中仅明确了其归属于业主共有，且规定较为原则化，无法满足实践中紧急使用的规范性需求，《民法典》新增了业主大会或业主委员会在紧急情况下申请使用的权利，紧急情况一般是指危及安全情况、意外情况等，如电梯故障、消防设施故障、墙面脱落、水管爆裂，此种情形下如仍按原规定通过业主共同决定的方式来动用维修资金的话，那么就难以在流程结束前起到利用维修资金满足现实需要的目的，《民法典》对相关规定的修改完善了这一制度。同时，第281条第1款强调维修资金的筹集、使用情况需要定期进行公布，进一步维护了业主的知情权。

2. 对资管业务的影响

本次修改后增加了紧急情况下的申请使用权，在经营性物业抵押贷款等项目中，遇到特殊情况时，能够在一定程度上解决因设置贷款用途审批流程而导致的资金投放进度问题，对融资标的起到保障作用。金融机构在相关交易中应当关注到，在紧急情况下，业主大会或者业主委员会依法申请使用住宅专项维修资金的权利。

3. 对金融机构开展资管业务的建议

对于资管业务而言，在资管产品基础资产或底层资产涉及房屋等不动产时，金融机构需要关注该业主大会及业主管理委员会设立情况，了解其对于紧急情况的定义及处理措施。此外，对申请维修金及申请后款项实际运用情况也需要予以关注，如物业服务公司与施工企业之间订立施工合同的价款等是否公允，并将资金筹集及使用情况予以公布。

金融机构应当了解相关物业在紧急情况下的应急处理措施以及是否会经过相应表决程序，避免出现紧急情况时无法处理，而导致群体性事件发生，进而对资管产品基础资产、底层资产造成不利影响。

四、明确建筑物共有部分收入归业主所有

《民法典》首次明确规定共有部分收益归全体业主所有，从法律层面禁止开发商及物业公司把持共有部分收入，资管业务中应核查开发商或物业公司还款来源是否来自物业共有部分，避免合规风险。

（一）新旧法律条文对比

1. 原规定

最高人民法院《关于审理建筑物区分所有权纠纷案件具体应用法律若干问题的解释》

第十四条 建设单位或者其他行为人擅自占用、处分业主共有部分、改变其使用功能或者进行经营性活动，权利人请求排除妨害、恢复原状、确认处分行为无效或者赔偿损失的，人民法院应予支持。

属于前款所称擅自进行经营性活动的情形，权利人请求行为人将扣除合理成本之后的收益用于补充专项维修资金或者业主共同决定的其他用途的，人民法院应予支持。行为人对成本的支出及其合理性承担举证责任。

2. 新规定

《民法典》

第二百八十二条 建设单位、物业服务企业或者其他管理人等利用业主的共有部分产生的收入，在扣除合理成本之后，属于业主共有。

（二）法条对比、影响及建议

1. 法律条文变化分析

此前对于建筑物共有部分的收入，《物权法》并未明确规定归属，仅在司法解释中规定了“权利人请求行为人将扣除合理成本之后的收益用于补充

专项维修资金或者业主共同决定的其他用途的，人民法院应予支持。行为人对成本的支出及其合理性承担举证责任”。其未明确约定共有部分的权属，仅对权利人的使用权作出规定。《民法典》对业主共有部分的收入归属予以明确，现实中，由于物业服务企业及开发商未经业主同意通过利用建筑物共有部分获取收益的情形大量存在，产生了大量的物业纠纷，本次明确建筑物共有部分收入，有望减少此部分纠纷，规范开发商及物业服务企业行为。

2. 对资管业务的影响

对于资管业务而言，这一变化意味着建筑物共有部分的租赁等经营性收入不属于开发商或物业服务公司等主体，在未经业主同意的情况下，不得作为资管业务的交易对象或者还款来源，此前对于建筑物共有部分收入的归属尚未明确时，部分物业服务企业或开发商会将此部分收入纳入财务报表，作为收入的一部分，并可能将其用于融资。在《民法典》明确了此部分收益归属后，一方面，由开发商或物业服务企业主导并自行决定利用建筑物共有部分收入的相关合同约定可能会因为违反法律规定而无效；另一方面，其也对相关开发商及物业服务企业提出了新的要求，要求其不得在未取得业主同意的情况下擅自将共有部分收入进行利用或处置。

3. 对金融机构开展资管业务的建议

一方面，金融机构在与物业服务企业或开发商进行合作时，无论是对其提供融资或是进行投资，都应当关注其是否将建筑物共有部分收入纳为企业收入，以明确其真实财务收入情况，并且要求其不得将该部分收入作为还款来源；另一方面，金融机构在对开发商或物业服务企业进行尽职调查时，也应当关注到其如何处理建筑物共有部分收入，是否依照业主意愿进行利用并将所获收入归于业主所有，是否存在违法利用建筑物共有部分收入的情形。

五、新增按份共有人优先购买权通知义务及行使

对于资管业务项下基础资产中涉及按份共有的不动产或动产份额在转让时应按照规定对其他共有人履行通知义务，避免转让行为存在效力瑕疵。

(一)新旧法律条文对比

1. 原规定

最高人民法院《关于适用〈中华人民共和国物权法〉若干问题的解释(一)》

第十一条 优先购买权的行使期间，按份共有人之间有约定的，按照约定处理；没有约定或者约定不明的，按照下列情形确定：

(一)转让人向其他按份共有人发出的包含同等条件内容的通知中载明行使期间的，以该期间为准；

(二)通知中未载明行使期间，或者载明的期间短于通知送达之日起十五日的，为十五日；

(三)转让人未通知的，为其他按份共有人知道或者应当知道最终确定的同等条件之日起十五日；

(四)转让人未通知，且无法确定其他按份共有人知道或者应当知道最终确定的同等条件的，为共有份额权属转移之日起六个月。

第十四条 两个以上按份共有人主张优先购买且协商不成时，请求按照转让时各自份额比例行使优先购买权的，应予支持。

2. 新规定

《民法典》

第三百零六条 按份共有人转让其享有的共有的不动产或者动产份额的，应当将转让条件及时通知其他共有人。其他共有人应当在合理期限内行使优先购买权。

两个以上其他共有人主张行使优先购买权的，协商确定各自的购买比例；协商不成的，按照转让时各自的共有份额比例行使优先购买权。

(二)法条对比、影响及建议

1. 法律条文变化分析

《民法典》此次将原规定于司法解释的按份共有人行使优先购买权的通知义务、权利行使事项等正式纳入法律层面，将按份共有人转让份额时的通知义务正式设定为一种法定义务，对于按份共有人提出了更高的注意要求，加强了对于按份共有人优先购买权的保护。

2. 对资管业务的影响

对于资管业务而言，主要涉及交易文件相关条款的修改。此前在涉及按份共有的动产或不动产转让事宜时，相关交易文件可能会提前对按份共有物转让事项作出约定，比如出于交易安排考虑且依据当时有效的《物权法》规定，往往约定按份共有物在转移时不再另行通知其他共有人等条款。但本次《民法典》对这一规定进行修改后，相关条款也应当予以修改，并将按份共有人的优先购买权设定为法定权利，从而能够排除共有不动产或动产份额受让方关于其善意第三人地位的抗辩。

3. 对金融机构开展资管业务的建议

首先，在金融机构或相关交易主体参与按份共有人的物业产权转让时，应当注意在相关资管业务项下的交易合同的附件中加入《转让事项通知书》，在进行相关产权转让时注意履行及时通知义务，以保证转让行为在法律上不存在未履行通知义务的程序性瑕疵，并在中后期管理中实际有效履行这一通知义务。考虑到优先购买权行使涉及的要件，有效的通知中应包括购买价款金额、支付方式等内容，而其他共有人亦应在合理期限内提出优先购买权主张。基于此，除非实际交易中通过签署交易文件能达到通知义务有效履行的效果，均不建议直接在交易文件中约定“本协议签署即视为转让人履行了通知义务，后续若进行转让不再另行通知”等类似条款。

若根据相关交易安排需约定其他共有人放弃优先购买权等条款时，则应将所有共有人作为相关交易文件签署主体或取得其他按份共有人放弃优先购买权的书面申明，明确约定其他按份共有人自愿无条件放弃优先购买权、转让人转让标的时不再另行通知且其充分知悉相应的法律后果等内容。

其次，在金融机构拟作为按份共有物或者相应份额的收购方时，也应当注意审查转让方是否已对其他共有人均履行了通知义务，是否已经取得按份共有人的同意并申明放弃优先购买权，以确保所购买产权的过程中不会因其他按份共有人行使优先购买权而导致交易无法达成或影响交易的效力和稳定性，或使相关交易方需要承担相应的赔偿责任。

六、新增添附制度

《民法典》新增添附制度，使交易中涉及添附物的安排以及添附物的归属等事宜有了明确法律依据，金融机构可据此对相关交易安排进行调整。

（一）新旧法律条文对比

1. 原规定

添附制度为新增内容，无原规定。

2. 新规定

《民法典》

第三百二十二条 因加工、附合、混合而产生的物的归属，有约定的，按照约定；没有约定或者约定不明确的，依照法律规定；法律没有规定的，按照充分发挥物的效用以及保护无过错当事人的原则确定。因一方当事人的过错或者确定物的归属造成另一方当事人损害的，应当给予赔偿或者补偿。

（二）法条对比、影响及建议

1. 法律条文变化分析

此前，《物权法》未明确规定添附制度，仅有《担保法司法解释》第62条的规定：“抵押物因附合、混合或者加工使抵押物的所有权为第三人所有的，抵押权的效力及于补偿金；抵押物所有人为附合物、混合物或者加工物的所有人的，抵押权的效力及于附合物、混合物或者加工物；第三人与抵押物所有人为附合物、混合物或者加工物的共有人的，抵押权的效力及于抵押人对共有物享有的份额。”以及《民通意见》第86条规定：“非产权人在使用他人的财产上增添附属物，财产所有人同意增添，并就财产返还时附属物如何处理有约定的，按约定办理；没有约定又协商不成，能够拆除的，可以责令拆除；不能拆除的，也可以折价归财产所有人；造成财产所有人损失的，应当负赔偿责任。”

《担保法解释》并非对添附的物权归属作出规定，仅仅是规定在抵押情形下，抵押效力是否能够及于附合物、混合物或者加工物的问题；《民通意见》亦未完整规定添附制度。《民法典》对于添附进行了明确定义，填补了法律空缺，强化了一物一权原则，将在罗马法中即已明确的“添附取得”原则在法律层面予以体现。下面结合一个案例，进一步了解法律实务中是如何适用这些规定的。

案例：广西快菱电梯有限公司、广西奥斯玛电梯有限公司破产债权确认纠纷［（2021）桂民终84号］

2015年1月1日，广西快菱电梯有限公司（以下简称快菱公司）与梁某明签订了《承租合同》，约定双方合作快菱公司位于广西桂平龙门工业园快菱公司内面积约100亩及地上建筑物，合作期限自2015年1月1日起至2045年1月1日止，共计30年，期间租金为10万元/年。梁某明实际投入该场地的建设费用（包括场地内基础设施、路面硬化、办公楼完善、厂房完善等）作为梁某明承租该场地30年租期的租金。在此租赁期间，梁某明不再向快菱公司支付任何租金。租赁期满，快菱公司便无偿取得该场地内所有装饰装修和附属设施，梁某明不得擅自拆除和搬离。

2016年3月28日，广西金田木业有限公司、梁某明、肇庆广奥电梯工程有限公司签订《合作经营合同书》，约定共同设立经营广西奥斯玛电梯有限公司（以下简称奥斯玛公司），其中梁某明以位于桂平市龙门工业园区内办公楼、厂房（原快菱电梯公司已建而未完全完工），租期为20年，约11,000平方米厂房及其三层办公大楼（以下简称该场地）作为广西奥斯玛电梯有限公司的办公场所，该场地的租金梁某明已经支付，折算为投资款600万元，梁某明主导促成奥斯玛公司与出租人签订免费使用20年的租赁合同，视为梁某明履行出资义务。

2019年4月12日，贵港市中级人民法院裁定受理申请人覃某胜对被申请人快菱公司提出的破产清算申请。奥斯玛公司向快菱公司破产管理人申报债权，申报18项债权，均是因完善办公楼、厂房及其他基础设施投入的资金造成的损失，债权金额合计为3,261,617.9元。

对于奥斯玛公司是否享有对快菱公司的债权问题，二审法院认为，根据《合作经营合同书》的约定，梁某明以快菱公司厂房、办公楼使用权出资，持有奥斯玛公司部分股权。奥斯玛公司成立后，已实际投入资金对快菱公司厂房、办公楼进行了装修建设。根据《民法典》第322条及《民法总则》第122条“因他人没有法律根据，取得不当利益，受损失的人有请求其返还不当利益”的规定，奥斯玛公司对快菱公司厂房、办公楼进行了装修建设，投入资金，而快菱公司破产管理人已将快菱公司厂房、办公楼等财产予以拍卖，取得利益，奥斯玛公司受到损失。因此，奥斯玛公司以完善办公楼、厂房等设施建设投入造成资金损失为由申报债权有事实和法律依据。

在上述案例中，法院正是基于《民法典》第322条的规定，认为奥斯玛公司因对快菱公司的厂房、办公楼进行装修建设而取得了相应添附物的相关权益，并因此可向快菱公司的破产管理人主张不当得利返还。

2. 对资管业务的影响

对于资管业务而言，添附制度最大的影响是认可了通过约定确认添附物权属的合法性。资管业务项下基础资产在建设或改造中不可避免会出现添附的情况，如对不动产进行装修、翻新，对动产进行加工等情形都可能出现在资管业务的开展过程中。此前在尚未对添附物权属作出明确规定时，可能会就相关事项产生一定争议，在城市更新、城中村改造、宅基地建设等投融资项目中，还可能因添附物确权影响补偿金额的计算，进而影响投融资资金规模的确定，在本条加以明确规定以后，资管业务中与添附物有关的条款效力能够得到认可，且相关添附物权属得到了进一步明确。

3. 对金融机构开展资管业务的建议

首先，在金融机构拟通过资管业务持有动产/不动产或因其产生的收益权时，建议根据交易安排，在相关交易合同中明确约定“合同履行期间内，该动产/不动产之上有因附合、混合、加工、改建、新建、续建等原因形成的新增物、添附物的，交易对手方承诺该部分新增物、添附物属于合同项下的标的物，且交易对手方通过经营、管理、处置或以其他形式使用和处分该部分新增物、添附物所获得的全部现金收益均属于合同项下约定的动产/不动产收益”等有利于金融机构的条款。

其次，在金融机构审查需要签署的涉及动产/不动产的资管业务交易合同时，应当注意审查其中是否存在关于添附的特殊约定，以判断该约定是否会对资管业务的开展产生不利影响，或降低资管业务的收益率，如有必要可与交易对手协商修改其中关于添附的相关条款；在对不动产等基础资产进行尽职调查时，可重点核实是否存在添附情况以及权属是否清晰等情况，借助第三方评估机构报告审慎评估交易标的价值，以维护金融机构在资管业务中的实际权益。

七、新增土地承包经营权届满继续承包规定并同步删去土地承包经营权流转期限不得超过承包期剩余期限的规定

《民法典》规定土地承包期限届满，由土地承包经营权人依照农村土地承包的法律规定继续承包，加强了对承包经营权人的权益保护、增强了承包经营权的稳定性，也使资管业务中涉及土地承包经营的相关交易期限安排有了较为明确的预期，提升了交易稳定性和确定性。

（一）新旧法律条文对比

1. 原规定

《物权法》

第一百二十六条　耕地的承包期为三十年。草地的承包期为三十年至五十年。林地的承包期为三十年至七十年；特殊林木的林地承包期，经国务院林业行政主管部门批准可以延长。

2. 新规定

《民法典》

第三百三十二条　耕地的承包期为三十年。草地的承包期为三十年至五十年。林地的承包期为三十年至七十年。

前款规定的承包期限届满，由土地承包经营权人依照农村土地承包的法律规定继续承包。

（二）法条对比、影响及建议

1. 法律条文变化分析

本条一方面新增了土地承包经营权届满继续承包的规定，另一方面删去土地承包经营权流转期限不得超过承包期剩余期限的规定，在明确土地承包经营权期限的基础上，在基本法地位层面，强化了对土地承包经营权的长期

保障。一方面，就土地承包到期后的延期问题可衔接《土地承包法》等特殊法规定；另一方面，就期限届满之后的法律后果有了明确规定，减少了相关纠纷的发生。

2. 对资管业务的影响

资管业务对于期限的稳定性要求较高，《民法典》第332条的规定有助于资管业务在土地承包经营权方面加强投入，为资管业务在包括但不限于惠农金融、普惠金融、新农村建设等领域的开展拓宽了渠道。一方面，在与土地承包经营权相关的业务中，土地承包经营权届满对于资金使用期限提供了更多灵活设置的可能；土地承包经营权的继续承包也不必然全部需要经过行政机关审核，使其具备了更强的经济价值和流转价值。另一方面，该项立法使交易当事方权利预期加强，有利于增加此类交易的稳定性，也使由承包经营权衍生的收益权、应收账款债权更适宜作为底层资产或基础资产的权利基础来开展资管业务。

3. 对金融机构开展资管业务的建议

基于《民法典》就土地承包经营权届满继续承包的规定，并同步删去土地承包经营权流转期限不得超过承包期剩余期限的规定，金融机构可进一步拓宽融资对象范围，充分发挥其在致力于实现共同富裕中的价值，并可在相关资管产品中设置包括期间赎回、提前终止等更为灵活的资金使用期限条款。

八、以招标、拍卖、公开协商等方式承包取得的土地经营权流转前应经依法登记取得权属证书

《民法典》新增权属证书的要求，突出了土地经营权的物权属性，使对以招标、拍卖、公开协商等方式承包取得的土地经营权的核查有了具体、明确、可量化的标准。

（一）新旧法律条文对比

1. 原规定

《物权法》

第一百三十三条 通过招标、拍卖、公开协商等方式承包荒地等农村土

地，依照农村土地承包法等法律和国务院的有关规定，其土地承包经营权可以转让、入股、抵押或者以其他方式流转。

2. **新规定**

《民法典》

第三百四十二条 通过招标、拍卖、公开协商等方式承包农村土地，经依法登记取得权属证书的，可以依法采取出租、入股、抵押或者其他方式流转土地经营权。

（二）法条对比、影响及建议

1. 法律条文变化分析

首先，本条删去了“荒地等”的表述，扩大了农村土地的内涵；其次，将流转方式由“转让”改为“出租”；最后，明确要求流转前已登记并取得权属证书。该条规定与《土地承包法》第53条①一致，并与《民法典》第339条②共同构建了“家庭承包模式”和“其他承包模式”两种承包模式下产生的土地经营权规范。

2. 对资管业务的影响

《民法典》生效后开展的与农村土地经营权流转相关的资管业务可能会受到影响，若未取得权属证书或者未将登记的农村土地以入股、抵押等方式进行流转，则该土地承包经营权的流转在效力上可能会出现瑕疵。后续对于通过招标、拍卖、公开协商等方式承包农村土地，需要核查是否已经经依法登记取得权属证书，否则不得采取出租、入股、抵押或者其他方式流转土地经营权。土地经营权流转登记制度使其具备了第三方信赖的形式外观，亦为后续融资担保的设置提供了可能。其有利于农村土地的集约化管理，以及土地及资金等资源的优化配置。此外，《民法典》明确了出租是一种正式的流

---

① **《土地承包法》**

第五十三条 通过招标、拍卖、公开协商等方式承包农村土地，经依法登记取得权属证书的，可以依法采取出租、入股、抵押或者其他方式流转土地经营权。

② **《民法典》**

第三百三十九条 土地承包经营权人可以自主决定依法采取出租、入股或者其他方式向他人流转土地经营权。

转方式，对于今后开展与农村土地承包经营权出租相关的资管业务带来正面影响，也为农村土地承包经营权的市场化流转提供了多元化路径。

3. **对金融机构开展资管业务的建议**

（1）建议金融机构在开展相关资管业务（包括尽职调查）时，应注意核查土地承包经营权的权属证书及登记情况，将该土地承包经营权已登记并取得相应权属证书作为资管业务开展的必要前提条件。此外，金融机构应当及时了解和管理此前已开展的涉土地承包经营权的资管业务，结合当地登记部门的相关政策规定，要求相关交易当事方在可能的条件下补充完成登记手续并取得相关权属证书。

（2）土地承包经营权明确能够以出租等方式得到运用和实现流转，且在基本法层面明确了招标、拍卖、公开协商等市场化交易方式。金融机构可关注以相关交易形成基础资产开展资管业务的可能性，在新农村建设等领域开展各类创新业务模式。

九、设立建设用地使用权应当符合节约资源、保护生态环境的要求

建设用地使用权是资管业务中占比较大的资产类型，应当关注《民法典》对于建设用地使用权的新要求，在前期尽职调查当中应当注意排查作为底层资产的建设用地使用权是否符合《民法典》对于绿色环保的要求。

（一）新旧法律条文对比

1. **原规定**

节约资源、保护生态环境为新增内容，无原规定。

2. **新规定**

《民法典》

第三百四十六条 设立建设用地使用权，应当符合节约资源、保护生态环境的要求，遵守法律、行政法规关于土地用途的规定，不得损害已经设立的用益物权。

（二）法条对比、影响及建议

1. 法律条文变化分析

本次立法增加了对于建设用地使用权设立的绿色原则，要求建设用地使用权的设立符合节约资源及保护生态环境的要求。

2. 对资管业务的影响

本条的变化对于资管业务的尽职调查工作提出了更高的要求，在金融机构或其聘请的其他机构对建设用地使用权设立情况进行调查时，除了要关注其权属的清晰性和合法合规性外，还应当关注其是否存在污染环境的行为，该条规定与禁止金融机构将资金流向“两高一剩”领域以及“限塑令”等政策要求是一致的。由于该项规定的内容是建设用地使用权的设立，因此在涉及土地储备或存在历史遗留问题的地块开发项目中，需要金融机构予以关注。此外，已开展的资管业务在开展的过程中，如出现违反上述原则的行为，则可能会对相关资管业务项下资产的后续审批流程（如规划调整、建设审批）造成更大的不利影响，不排除出现缴纳罚款、责令停工或受到其他处罚的情形。

3. 对金融机构开展资管业务的建议

（1）建议金融机构在进行有关建设用地使用权设立情况的尽职调查的过程中，重点关注有关项目及其地籍档案中获得环境保护部门、规划审批部门批复的情况，同时了解当地环保政策、规划政策，避免因项目不符合环保或规划要求而造成项目无法成立或受到相关部门的罚款、要求停工等处罚。此外，对于资产所在位置特殊（如河流、湖泊或其他生态保护区附近），项目本身可能产生污染（如化工项目、污水处理项目等）等特殊情况，还需要关注有关环境保护相关的法律法规以及当地特殊政策规定。

（2）对于因建设用地使用权设立违反该条规定而产生的纠纷是属于行政纠纷还是民事争议的问题，需要结合项目的实际情况进行判断，进而选择适当的争议解决方式，但针对这种情形，应与交易对手预先设置避险条款，保证在极端情况下能够实现资金退出。

（3）对于可能涉及土地储备的项目，或存在土地使用权设立特殊历史情况的项目，应提前与相关主管部门沟通，充分了解项目实际情况，包括但不限于土地用途、设置在先的用益物权等信息，评估地块价值及可能存在的商业风险。

十、新增居住权制度

《民法典》新增一种用益物权——居住权，设立有居住权的房屋在交易中会存在一定障碍，对资管业务中抵押物的法律尽职调查、抵押物的选择与处置时效、资管合同条款的设置以及资管业务投后管理等方面均产生了较大影响。

（一）新旧法律条文对比

1. 原规定

居住权为新增内容，无原规定。

2. 新规定

《民法典》

第三百六十六条　居住权人有权按照合同约定，对他人的住宅享有占有、使用的用益物权，以满足生活居住的需要。

第三百六十七条　设立居住权，当事人应当采用书面形式订立居住权合同。

居住权合同一般包括下列条款：

（一）当事人的姓名或者名称和住所；

（二）住宅的位置；

（三）居住的条件和要求；

（四）居住权期限；

（五）解决争议的方法。

第三百六十八条　居住权无偿设立，但是当事人另有约定的除外。设立居住权的，应当向登记机构申请居住权登记。居住权自登记时设立。

第三百六十九条　居住权不得转让、继承。设立居住权的住宅不得出租，但是当事人另有约定的除外。

第三百七十条 居住权期限届满或者居住权人死亡的，居住权消灭。居住权消灭的，应当及时办理注销登记。

第三百七十一条 以遗嘱方式设立居住权的，参照适用本章的有关规定。

（二）法条对比、影响及建议

1. 法律条文变化分析

居住权制度作为大陆法系传统的物权形态，最早起源于罗马法，最早产生于古罗马的婚姻家庭关系中，是人役权的一种形式。该制度的设立初衷，是为解决家庭成员的居住和供养问题，但我国此前的法律法规对此没有规定。当年在《物权法》的立法过程中，《物权法》草案四次审议稿专章规定了居住权，但是五次审议稿时因各方认为这一制度适用范围不大而删去了这一章。随着我国社会经济的发展、人口老龄化程度的加深及离婚率的增长，近年来住房保障问题（尤其是老年人及离婚后妇女等弱势群体的住房保障问题）受到广泛关注，实践中也出现了较多的相关案例。例如下列案例：

案例：唐某三人诉俞某某返还原物纠纷案（最高人民法院2021年2月24日公布“人民法院老年人权益保护十大典型案例”之一）

唐某三人在其母亲去世后通过继承遗产及其父亲唐某某的房屋产权赠与，取得案涉房屋所有权，唐某三人出具承诺书，承诺父亲唐某某及其续弦未离世前，有终身无偿居住该房屋的权利，但此房只能由唐某某及其续弦居住，其无权处置（出租、出售、出借等），唐某三人无权自行处置该房产。后俞某某与唐某某登记结婚，共同居住案涉房屋。2016年1月，唐某某去世，64岁的俞某某仍居住在内。同年6月，唐某离婚，其以无房居住为由要求入住该房屋，遭俞某某拒绝。唐某三人提起本案诉讼，要求判令俞某某立即返还唐某三人名下的案涉房屋。安徽省合肥市庐阳区人民法院认为，唐某三人在取得案涉房屋所有权时作出的承诺系其真实意思表示，且不违反法律强制性规定，俞某某依据该承诺享有继续在案涉房屋居住的权利，唐某三人应按承诺履行其义务。同时，俞某某不存在违反承诺书中对案涉房屋出租、出售、出借的行为，故对唐某三人要求俞某某立即返还其名下案涉房屋的请求，不予支持，判决驳回唐某三人的诉讼请求。

最高人民法院认为该案纠纷发生时我国法律并未直接对居住权作出规定，在此情况下，应充分尊重当事人的意思自治，本案的裁判结果不仅符合情理，也与新颁布实施的《民法典》关于居住权规定的相关精神一致，即不动产过户后，原物权人继续使用不动产，该种保留房屋居住使用权的赠与，可视为设立居住权的合同，新产权人亦无权单方撤销该合同。

由上述案例可知，在《民法典》颁布之前，由于就居住权制度尚无专门法律条文规定，法院在此类案件审理中一般是根据《合同法》的相关规则进行审判。

此次《民法典》首次在我国确立居住权制度，明确居住权是对他人的住宅享有占有、使用的用益物权，属于用益物权的一种，设立居住权应采取书面形式订立居住权合同，并且应向登记机构申请居住权登记，居住权自登记时设立。在《民法典》颁布之前，即使当事人之间存在关于居住权的协议，法院可以根据《合同法》相关规定及原则进行审判，但是根据合同的相对性原则，此类协议只能约束协议双方当事人。《民法典》颁布后，依法设立的居住权具有物权效力，不仅可以对抗协议相对方，也可以对抗协议之外的其他人（如新的产权人）。

需要特别注意的是，根据《民法典》第366条对于居住权的定义，居住权设立的客体限于住宅，并不包括商铺、写字楼等经营性用房。此外，实际生活中当事人之间可能因存在抚养、赡养、租赁、借用等关系，也同样可能享有居住他人住宅的权利，但并非都能构成居住权，只有满足了《民法典》所规定的设立形式和设立要件才能构成《民法典》意义上的居住权，才能产生物权的排他效力。

2. 对资管业务的影响

在资管业务中尤其是融资属性的项目中通常会设置抵押、质押等增信措施，而房屋由于其高价值及高保值的特性一般属于融资人或者担保人重要的财产构成，也是最常见的抵押物。

居住权作为一种物权，具有排他效力，不仅可以约束居住权合同的双方当事人，也可以对抗居住权合同之外的其他人。例如，产权人为居住权人设立居住权之后，即使第三方通过房屋交易或者继承、遗赠等途径成为房屋的新产权人，其所有权依然受到设立在先的居住权的限制，不得要求居住权人搬离。因此，存在居住权的房屋在交易及处置过程中可能会存在障碍，影响处置周期甚至导致房屋无法处置，从而影响债务人或担保人的资产价值或者影响金融机构抵押权的顺利及足额实现。

3. 对金融机构开展资管业务的建议

（1）在对抵押物的尽职调查中新增尽调范围——对是否设立居住权的调查。在进行交易结构设计和开展法律尽职调查的时候，需要审查相关房产状况时，除常规查询权属、司法查封、抵押等情况，还应注意查询房屋是否登记居住权，原则上不建议接受已登记居住权的房屋作为担保物。因为居住权的设立可能成为抵押人逃避债务的又一“法宝”，同时，居住权的设立也将影响抵押房产的变现能力和变现价值。

（2）在交易端的交易文件中应相应设置常规的避险条款（要求交易对手承诺不存在居住权等情形），在抵押合同中增加了诸如“未经我司同意不可设定居住权”的限制规定，并设置相应的加速到期条款和违约条款。同时，建议金融机构加强对于个人抵押房屋的贷后管理，定期核查房屋的居住权登记情况。同时，在开展资管业务的中后期管理过程中，时刻关注抵押房产的情况，如发现新设居住权等情形时，应按照合同约定追究交易对手违约责任，宣布融资款项提前到期，或要求交易对手提供新的增信措施。

（3）在开展资管业务的过程中，金融机构对于居住权的处理，可以比照租赁权进行操作。特别是在设立抵押权的问题上，虽然《民法典》对居住权与抵押权的关系没有明确规定，但是有观点认为：两者均属于物权，均自登记时设立，根据“时间在先，权利在先”的一般原则，拟在后设立权利的权利人应充分考虑在先设立的权利对其自身的可能影响，从而决定是否在后设立权利，如仍决定在后设立权利的，应该推定其愿意承受相应风险，在后设立的权利不得对抗在先设立的权利。此外，基于居住权与租赁权的共同特征（权利人不享有所有权，仅拥有使用权，不可以转让、继承等），有观点认为居住权与抵押权之关系的处理方式可以参照《民法典》关于“抵押不破租赁”的规定执行。《民法典》第405条规定：“抵押权设立前，抵押财产已经出租并转移占有的，原租赁关系不受该抵押权的影响。”参照上述规定与观点，笔者理解根据居住权与抵押权设立的先后顺序，分为两种情形：

第一种情形：居住权设立在前，抵押权设立在后。抵押权的设立不影响原居住权的存续，居住人仍可基于居住权继续占有和使用原房屋；但是在抵押权实现时，只要居住权未消灭，原居住权对抵押物受让人继续有效，受让人取得的是有居住权负担的抵押物。

第二种情形：抵押权设立在先，居住权设立在后。居住权不得对抗已经登记的抵押权，抵押权人或抵押财产受让人有权在抵押权实现时请求解除居住关系，并涂销登记。

但鉴于居住权制度的设立在一定程度上是为了保护社会弱势群体的基本生存权，实践中法院最终如何认定存在不确定性，从稳妥的角度出发，建议即使金融机构的抵押权设立在先，如发现其后有新设立居住权等情形时，亦应要求交易对手提供新的增信措施或考虑根据交易文件宣布加速到期及/或追究交易对手的相应违约责任。

（4）在家族信托、服务信托等产品设立过程中，若涉及设定居住权的，则受托人应注意相关居住权条款设置应满足《民法典》关于居住权合同要件的约定要求，关注居住权登记设立的时点安排以及居住权设立的限制性要求等内容，避免在实际操作中导致居住权不能有效设立的情况出现。

第二章　合　　同

第一节　法条沿袭

一、要约的一般性规定

仅在《合同法》第14条、第17条、第18条、第19条、第20条的基础上进行了文字性调整，未作实质性修改。

《民法典》

第四百七十二条　要约是希望与他人订立合同的意思表示，该意思表示应当符合下列条件：

（一）内容具体确定；

（二）表明经受要约人承诺，要约人即受该意思表示约束。

第四百七十五条　要约可以撤回。要约的撤回适用本法第一百四十一条[①]的规定。

第四百七十六条　要约可以撤销，但是有下列情形之一的除外：

（一）要约人以确定承诺期限或者其他形式明示要约不可撤销；

（二）受要约人有理由认为要约是不可撤销的，并已经为履行合同做了合理准备工作。

第四百七十八条　有下列情形之一的，要约失效：

（一）要约被拒绝；

---

① **《民法典》**

第一百四十一条　行为人可以撤回意思表示。撤回意思表示的通知应当在意思表示到达相对人前或者与意思表示同时到达相对人。

（二）要约被依法撤销；

（三）承诺期限届满，受要约人未作出承诺；

（四）受要约人对要约的内容作出实质性变更。

二、承诺的一般性规定

在《合同法》相应条款的基础上，部分规定未修改，部分规定仅进行了文字性调整，未作实质性修改。

《民法典》

第四百七十九条 承诺是受要约人同意要约的意思表示。

第四百八十条 承诺应当以通知的方式作出；但是，根据交易习惯或者要约表明可以通过行为作出承诺的除外。

第四百八十一条 承诺应当在要约确定的期限内到达要约人。

要约没有确定承诺期限的，承诺应当依照下列规定到达：

（一）要约以对话方式作出的，应当即时作出承诺；

（二）要约以非对话方式作出的，承诺应当在合理期限内到达。

第四百八十五条 承诺可以撤回。承诺的撤回适用本法第一百四十一条的规定。

第四百八十六条 受要约人超过承诺期限发出承诺，或者在承诺期限内发出承诺，按照通常情形不能及时到达要约人的，为新要约；但是，要约人及时通知受要约人该承诺有效的除外。

第四百八十七条 受要约人在承诺期限内发出承诺，按照通常情形能够及时到达要约人，但是因其他原因致使承诺到达要约人时超过承诺期限的，除要约人及时通知受要约人因承诺超过期限不接受该承诺外，该承诺有效。

第四百八十八条 承诺的内容应当与要约的内容一致。受要约人对要约的内容作出实质性变更的，为新要约。有关合同标的、数量、质量、价款或者报酬、履行期限、履行地点和方式、违约责任和解决争议方法等的变更，是对要约内容的实质性变更。

第四百八十九条 承诺对要约的内容作出非实质性变更的，除要约人及时表示反对或者要约表明承诺不得对要约的内容作出任何变更外，该承诺有效，合同的内容以承诺的内容为准。

三、格式条款的解释规则

与《合同法》第41条一致，未修改。

《民法典》

第四百九十八条 对格式条款的理解发生争议的，应当按照通常理解予以解释。对格式条款有两种以上解释的，应当作出不利于提供格式条款一方的解释。格式条款和非格式条款不一致的，应当采用非格式条款。

四、缔约过失责任

仅在《合同法》第42条的基础上进行了文字性调整，未作实质性修改。

《民法典》

第五百条 当事人在订立合同过程中有下列情形之一，造成对方损失的，应当承担赔偿责任：

（一）假借订立合同，恶意进行磋商；

（二）故意隐瞒与订立合同有关的重要事实或者提供虚假情况；

（三）有其他违背诚信原则的行为。

五、订立合同过程中当事人的保密义务

仅在《合同法》第43条的基础上进行了文字性调整，未作实质性修改。

《民法典》

第五百零一条 当事人在订立合同过程中知悉的商业秘密或者其他应当保密的信息，无论合同是否成立，不得泄露或者不正当地使用；泄露、不正当地使用该商业秘密或者信息，造成对方损失的，应当承担赔偿责任。

六、法定代表人/负责人越权订立的合同的效力

仅在《合同法》第50条的基础上进行了文字性调整，未作实质性修改。

《民法典》

第五百零四条 法人的法定代表人或者非法人组织的负责人超越权限订

立的合同，除相对人知道或者应当知道其超越权限外，该代表行为有效，订立的合同对法人或者非法人组织发生效力。

七、免责条款的无效情形

仅在《合同法》第53条的基础上进行了文字性调整，未作实质性修改。

《民法典》

第五百零六条 合同中的下列免责条款无效：

（一）造成对方人身损害的；

（二）因故意或者重大过失造成对方财产损失的。

八、约定不明时合同内容的确定

仅在《合同法》第61条的基础上进行了文字性调整，未作实质性修改。

《民法典》

第五百一十条 合同生效后，当事人就质量、价款或者报酬、履行地点等内容没有约定或者约定不明确的，可以协议补充；不能达成补充协议的，按照合同相关条款或者交易习惯确定。

九、第三人代为履行债务

仅在《合同法》第65条的基础上进行了文字性调整，未作实质性修改。

《民法典》

第五百二十三条 当事人约定由第三人向债权人履行债务，第三人不履行债务或者履行债务不符合约定的，债务人应当向债权人承担违约责任。

十、同时履行抗辩权

仅在《合同法》第66条的基础上进行了文字性调整，未作实质性修改。

《民法典》

第五百二十五条 当事人互负债务，没有先后履行顺序的，应当同时履行。一方在对方履行之前有权拒绝其履行请求。一方在对方履行债务不符合约定时，有权拒绝其相应的履行请求。

十一、后履行抗辩权

仅在《合同法》第67条的基础上进行了文字性调整，未作实质性修改。

《民法典》

第五百二十六条 当事人互负债务，有先后履行顺序，应当先履行债务一方未履行的，后履行一方有权拒绝其履行请求。先履行一方履行债务不符合约定的，后履行一方有权拒绝其相应的履行请求。

十二、不安抗辩权

与《合同法》第68条一致，未修改。

《民法典》

第五百二十七条 应当先履行债务的当事人，有确切证据证明对方有下列情形之一的，可以中止履行：

（一）经营状况严重恶化；

（二）转移财产、抽逃资金，以逃避债务；

（三）丧失商业信誉；

（四）有丧失或者可能丧失履行债务能力的其他情形。

当事人没有确切证据中止履行的，应当承担违约责任。

十三、履行过程中债权人发生重大事项时的通知义务

与《合同法》第70条一致，未修改。

《民法典》

第五百二十九条 债权人分立、合并或者变更住所没有通知债务人，致使履行债务发生困难的，债务人可以中止履行或者将标的物提存。

十四、提前履行

仅在《合同法》第71条的基础上进行了文字性调整，未作实质性修改。

《民法典》

第五百三十条 债权人可以拒绝债务人提前履行债务，但是提前履行不

损害债权人利益的除外。

债务人提前履行债务给债权人增加的费用，由债务人负担。

十五、部分履行

仅在《合同法》第72条的基础上进行了文字性调整，未作实质性修改。

《民法典》

第五百三十一条 债权人可以拒绝债务人部分履行债务，但是部分履行不损害债权人利益的除外。

债务人部分履行债务给债权人增加的费用，由债务人负担。

十六、债务转移中新债务人对从债务的承担

仅在《合同法》第86条的基础上进行了文字性调整，未作实质性修改。

《民法典》

第五百五十四条 债务人转移债务的，新债务人应当承担与主债务有关的从债务，但是该从债务专属于原债务人自身的除外。

十七、合同权利义务的一并转让

在《合同法》第88条、第89条的基础上，部分条款未修改，部分条款仅进行了文字性调整，未作实质性修改。

《民法典》

第五百五十五条 当事人一方经对方同意，可以将自己在合同中的权利和义务一并转让给第三人。

第五百五十六条 合同的权利和义务一并转让的，适用债权转让、债务转移的有关规定。

十八、合同债权债务终止的法定情形

仅在《合同法》第91条的基础上进行了文字性调整，未作实质性修改。

《民法典》

第五百五十七条 有下列情形之一的，债权债务终止：

（一）债务已经履行；

（二）债务相互抵销；

（三）债务人依法将标的物提存；

（四）债权人免除债务；

（五）债权债务同归于一人；

（六）法律规定或者当事人约定终止的其他情形。

合同解除的，该合同的权利义务关系终止。

十九、费用、利息和主债务的清偿抵充顺序

仅在《合同法司法解释二》第 21 条的基础上进行了文字性调整，未作实质性修改。

《民法典》

第五百六十一条 债务人在履行主债务外还应当支付利息和实现债权的有关费用，其给付不足以清偿全部债务的，除当事人另有约定外，应当按照下列顺序履行：

（一）实现债权的有关费用；

（二）利息；

（三）主债务。

二十、合同的约定解除权

仅在《合同法》第 93 条的基础上进行了文字性调整，未作实质性修改。

《民法典》

第五百六十二条 当事人协商一致，可以解除合同。

当事人可以约定一方解除合同的事由。解除合同的事由发生时，解除权人可以解除合同。

二十一、合同解除的法律后果

在《合同法》第 97 条、《原买卖合同司法解释》第 26 条、《担保法司法解释》第 10 条的基础上进行了文字性调整，未作实质性修改。

《民法典》

第五百六十六条 合同解除后，尚未履行的，终止履行；已经履行的，根据履行情况和合同性质，当事人可以请求恢复原状或者采取其他补救措施，并有权请求赔偿损失。

合同因违约解除的，解除权人可以请求违约方承担违约责任，但是当事人另有约定的除外。

主合同解除后，担保人对债务人应当承担的民事责任仍应当承担担保责任，但是担保合同另有约定的除外。

二十二、违约责任的一般规定

与《合同法》第107条一致，未修改。

《民法典》

第五百七十七条 当事人一方不履行合同义务或者履行合同义务不符合约定的，应当承担继续履行、采取补救措施或者赔偿损失等违约责任。

二十三、预期违约

仅在《合同法》第108条的基础上进行了文字性调整，未作实质性修改。

《民法典》

第五百七十八条 当事人一方明确表示或者以自己的行为表明不履行合同义务的，对方可以在履行期限届满前请求其承担违约责任。

二十四、瑕疵履行的补救措施

仅在《合同法》第111条的基础上进行了文字性调整，未作实质性修改。

《民法典》

第五百八十二条 履行不符合约定的，应当按照当事人的约定承担违约责任。对违约责任没有约定或者约定不明确，依据本法第五百一十条的规定仍不能确定的，受损害方根据标的的性质以及损失的大小，可以合理选择请求对方承担修理、重作、更换、退货、减少价款或者报酬等违约责任。

二十五、违约损害赔偿责任及赔偿范围

在《合同法》第112条、第113条的基础上，部分条款未修改，部分条款仅进行了文字性调整，未作实质性修改。

《民法典》

第五百八十三条 当事人一方不履行合同义务或者履行合同义务不符合约定的，在履行义务或者采取补救措施后，对方还有其他损失的，应当赔偿损失。

第五百八十四条 当事人一方不履行合同义务或者履行合同义务不符合约定，造成对方损失的，损失赔偿额应当相当于因违约所造成的损失，包括合同履行后可以获得的利益；但是，不得超过违约一方订立合同时预见到或者应当预见到的因违约可能造成的损失。

二十六、违约金和损害赔偿计算方法

仅在《合同法》第114条的基础上进行了文字性调整，未作实质性修改。

《民法典》

第五百八十五条 当事人可以约定一方违约时应当根据违约情况向对方支付一定数额的违约金，也可以约定因违约产生的损失赔偿额的计算方法。

约定的违约金低于造成的损失的，人民法院或者仲裁机构可以根据当事人的请求予以增加；约定的违约金过分高于造成的损失的，人民法院或者仲裁机构可以根据当事人的请求予以适当减少。

当事人就迟延履行约定违约金的，违约方支付违约金后，还应当履行债务。

二十七、定金制度

仅在《合同法》第115条，《担保法》第89条、第91条，《担保法司法解释》第119条的基础上进行了文字性调整，未作实质性修改。

《民法典》

第五百八十六条 当事人可以约定一方向对方给付定金作为债权的担保。

定金合同自实际交付定金时成立。

定金的数额由当事人约定；但是，不得超过主合同标的额的百分之二十，超过部分不产生定金的效力。实际交付的定金数额多于或者少于约定数额的，视为变更约定的定金数额。

第五百八十七条 债务人履行债务的，定金应当抵作价款或者收回。给付定金的一方不履行债务或者履行债务不符合约定，致使不能实现合同目的的，无权请求返还定金；收受定金的一方不履行债务或者履行债务不符合约定，致使不能实现合同目的的，应当双倍返还定金。

二十八、不可抗力与违约责任的关系

仅在《合同法》第 117 条、第 118 条的基础上进行了文字性调整，未作实质性修改。

《民法典》

第五百九十条 当事人一方因不可抗力不能履行合同的，根据不可抗力的影响，部分或者全部免除责任，但是法律另有规定的除外。因不可抗力不能履行合同的，应当及时通知对方，以减轻可能给对方造成的损失，并应当在合理期限内提供证明。

当事人迟延履行后发生不可抗力的，不免除其违约责任。

二十九、非违约方防止损失扩大义务

仅在《合同法》第 119 条的基础上进行了文字性调整，未作实质性修改。

《民法典》

第五百九十一条 当事人一方违约后，对方应当采取适当措施防止损失的扩大；没有采取适当措施致使损失扩大的，不得就扩大的损失请求赔偿。

当事人因防止损失扩大而支出的合理费用，由违约方负担。

三十、买卖合同的基本规定

在《合同法》《原买卖合同司法解释》的相应条文基础上，部分条款未修改，部分条款仅进行了文字性调整，未作实质性修改。

《民法典》

第五百九十五条 买卖合同是出卖人转移标的物的所有权于买受人，买受人支付价款的合同。

第五百九十六条 买卖合同的内容一般包括标的物的名称、数量、质量、价款、履行期限、履行地点和方式、包装方式、检验标准和方法、结算方式、合同使用的文字及其效力等条款。

第五百九十八条 出卖人应当履行向买受人交付标的物或者交付提取标的物的单证，并转移标的物所有权的义务。

第五百九十九条 出卖人应当按照约定或者交易习惯向买受人交付提取标的物单证以外的有关单证和资料。

第六百条 出卖具有知识产权的标的物的，除法律另有规定或者当事人另有约定外，该标的物的知识产权不属于买受人。

第六百零一条 出卖人应当按照约定的时间交付标的物。约定交付期限的，出卖人可以在该交付期限内的任何时间交付。

第六百零二条 当事人没有约定标的物的交付期限或者约定不明确的，适用本法第五百一十条、第五百一十一条[①]第四项的规定。

---

① **《民法典》**

第五百一十条 合同生效后，当事人就质量、价款或者报酬、履行地点等内容没有约定或者约定不明确的，可以协议补充；不能达成补充协议的，按照合同相关条款或者交易习惯确定。

第五百一十一条 当事人就有关合同内容约定不明确，依据前条规定仍不能确定的，适用下列规定：

（一）质量要求不明确的，按照强制性国家标准履行；没有强制性国家标准的，按照推荐性国家标准履行；没有推荐性国家标准的，按照行业标准履行；没有国家标准、行业标准的，按照通常标准或者符合合同目的的特定标准履行。

（二）价款或者报酬不明确的，按照订立合同时履行地的市场价格履行；依法应当执行政府定价或者政府指导价的，依照规定履行。

（三）履行地点不明确，给付货币的，在接受货币一方所在地履行；交付不动产的，在不动产所在地履行；其他标的，在履行义务一方所在地履行。

（四）履行期限不明确的，债务人可以随时履行，债权人也可以随时请求履行，但是应当给对方必要的准备时间。

（五）履行方式不明确的，按照有利于实现合同目的的方式履行。

（六）履行费用的负担不明确的，由履行义务一方负担；因债权人原因增加的履行费用，由债权人负担。

第六百零三条 出卖人应当按照约定的地点交付标的物。

当事人没有约定交付地点或者约定不明确，依据本法第五百一十条的规定仍不能确定的，适用下列规定：

（一）标的物需要运输的，出卖人应当将标的物交付给第一承运人以运交给买受人；

（二）标的物不需要运输，出卖人和买受人订立合同时知道标的物在某一地点的，出卖人应当在该地点交付标的物；不知道标的物在某一地点的，应当在出卖人订立合同时的营业地交付标的物。

第六百零四条 标的物毁损、灭失的风险，在标的物交付之前由出卖人承担，交付之后由买受人承担，但是法律另有规定或者当事人另有约定的除外。

第六百零五条 因买受人的原因致使标的物未按照约定的期限交付的，买受人应当自违反约定时起承担标的物毁损、灭失的风险。

第六百零六条 出卖人出卖交由承运人运输的在途标的物，除当事人另有约定外，毁损、灭失的风险自合同成立时起由买受人承担。

第六百零七条 出卖人按照约定将标的物运送至买受人指定地点并交付给承运人后，标的物毁损、灭失的风险由买受人承担。

当事人没有约定交付地点或者约定不明确，依据本法第六百零三条第二款第一项的规定标的物需要运输的，出卖人将标的物交付给第一承运人后，标的物毁损、灭失的风险由买受人承担。

第六百零八条 出卖人按照约定或者依据本法第六百零三条第二款第二项的规定将标的物置于交付地点，买受人违反约定没有收取的，标的物毁损、灭失的风险自违反约定时起由买受人承担。

第六百零九条 出卖人按照约定未交付有关标的物的单证和资料的，不影响标的物毁损、灭失风险的转移。

第六百一十条 因标的物不符合质量要求，致使不能实现合同目的的，买受人可以拒绝接受标的物或者解除合同。买受人拒绝接受标的物或者解除合同的，标的物毁损、灭失的风险由出卖人承担。

第六百一十一条 标的物毁损、灭失的风险由买受人承担的，不影响因出卖人履行义务不符合约定，买受人请求其承担违约责任的权利。

第六百一十二条 出卖人就交付的标的物，负有保证第三人对该标的物不享有任何权利的义务，但是法律另有规定的除外。

第六百一十三条 买受人订立合同时知道或者应当知道第三人对买卖的标的物享有权利的，出卖人不承担前条规定的义务。

第六百一十四条 买受人有确切证据证明第三人对标的物享有权利的，可以中止支付相应的价款，但是出卖人提供适当担保的除外。

第六百一十五条 出卖人应当按照约定的质量要求交付标的物。出卖人提供有关标的物质量说明的，交付的标的物应当符合该说明的质量要求。

第六百一十六条 当事人对标的物的质量要求没有约定或者约定不明确，依据本法第五百一十条的规定仍不能确定的，适用本法第五百一十一条第一项的规定。

第六百一十七条 出卖人交付的标的物不符合质量要求的，买受人可以依据本法第五百八十二条至第五百八十四条的规定请求承担违约责任。

第六百一十八条 当事人约定减轻或者免除出卖人对标的物瑕疵承担的责任，因出卖人故意或者重大过失不告知买受人标的物瑕疵的，出卖人无权主张减轻或者免除责任。

第六百二十条 买受人收到标的物时应当在约定的检验期限内检验。没有约定检验期限的，应当及时检验。

第六百二十一条 当事人约定检验期限的，买受人应当在检验期限内将标的物的数量或者质量不符合约定的情形通知出卖人。买受人怠于通知的，视为标的物的数量或者质量符合约定。

当事人没有约定检验期限的，买受人应当在发现或者应当发现标的物的数量或者质量不符合约定的合理期限内通知出卖人。买受人在合理期限内未通知或者自收到标的物之日起二年内未通知出卖人的，视为标的物的数量或者质量符合约定；但是，对标的物有质量保证期的，适用质量保证期，不适用该二年的规定。

出卖人知道或者应当知道提供的标的物不符合约定的，买受人不受前两款规定的通知时间的限制。

第六百二十二条 当事人约定的检验期限过短，根据标的物的性质和交易习惯，买受人在检验期限内难以完成全面检验的，该期限仅视为买受人对标的物的外观瑕疵提出异议的期限。

约定的检验期限或者质量保证期短于法律、行政法规规定期限的，应当以法律、行政法规规定的期限为准。

第六百二十三条 当事人对检验期限未作约定，买受人签收的送货单、确认单等载明标的物数量、型号、规格的，推定买受人已经对数量和外观瑕疵进行检验，但是有相关证据足以推翻的除外。

第六百二十四条 出卖人依照买受人的指示向第三人交付标的物，出卖人和买受人约定的检验标准与买受人和第三人约定的检验标准不一致的，以出卖人和买受人约定的检验标准为准。

第六百二十六条 买受人应当按照约定的数额和支付方式支付价款。对价款的数额和支付方式没有约定或者约定不明确的，适用本法第五百一十条、第五百一十一条第二项和第五项的规定。

第六百二十七条 买受人应当按照约定的地点支付价款。对支付地点没有约定或者约定不明确，依据本法第五百一十条的规定仍不能确定的，买受人应当在出卖人的营业地支付；但是，约定支付价款以交付标的物或者交付提取标的物单证为条件的，在交付标的物或者交付提取标的物单证的所在地支付。

第六百二十八条 买受人应当按照约定的时间支付价款。对支付时间没有约定或者约定不明确，依据本法第五百一十条的规定仍不能确定的，买受人应当在收到标的物或者提取标的物单证的同时支付。

第六百二十九条 出卖人多交标的物的，买受人可以接收或者拒绝接收多交的部分。买受人接收多交部分的，按照约定的价格支付价款；买受人拒绝接收多交部分的，应当及时通知出卖人。

第六百三十条 标的物在交付之前产生的孳息，归出卖人所有；交付之后产生的孳息，归买受人所有。但是，当事人另有约定的除外。

第六百三十一条 因标的物的主物不符合约定而解除合同的，解除合同的效力及于从物。因标的物的从物不符合约定被解除的，解除的效力不及于主物。

第六百三十二条 标的物为数物，其中一物不符合约定的，买受人可以就该物解除。但是，该物与他物分离使标的物的价值显受损害的，买受人可以就数物解除合同。

第六百三十三条 出卖人分批交付标的物的，出卖人对其中一批标的物不交付或者交付不符合约定，致使该批标的物不能实现合同目的的，买受人可以就该批标的物解除。

出卖人不交付其中一批标的物或者交付不符合约定，致使之后其他各批标的物的交付不能实现合同目的的，买受人可以就该批以及之后其他各批标的物解除。

买受人如果就其中一批标的物解除，该批标的物与其他各批标的物相互依存的，可以就已经交付和未交付的各批标的物解除。

三十一、招投标买卖及拍卖适用有关法律、行政法规的规定

与《合同法》第172条、第173条一致，未修改。

《民法典》

第六百四十四条 招标投标买卖的当事人的权利和义务以及招标投标程序等，依照有关法律、行政法规的规定。

第六百四十五条 拍卖的当事人的权利和义务以及拍卖程序等，依照有关法律、行政法规的规定。

三十二、易货交易及无特别规定的其他有偿合同准用买卖合同规则的规定

仅在《合同法》第174条、第175条的基础上进行了文字性调整，未作实质性修改。

《民法典》

第六百四十六条 法律对其他有偿合同有规定的，依照其规定；没有规定的，参照适用买卖合同的有关规定。

第六百四十七条 当事人约定易货交易，转移标的物的所有权的，参照

适用买卖合同的有关规定。

三十三、赠与合同的概念

与《合同法》第185条一致，未修改。

《民法典》

第六百五十七条 赠与合同是赠与人将自己的财产无偿给予受赠人，受赠人表示接受赠与的合同。

三十四、赠与的任意撤销及限制

仅在《合同法》第186条的基础上进行了文字性调整，未作实质性修改。

《民法典》

第六百五十八条 赠与人在赠与财产的权利转移之前可以撤销赠与。

经过公证的赠与合同或者依法不得撤销的具有救灾、扶贫、助残等公益、道德义务性质的赠与合同，不适用前款规定。

三十五、受赠人的交付请求权及赠与人的责任

仅在《合同法》第188条、第189条的基础上进行了文字性调整，未作实质性修改。

《民法典》

第六百六十条 经过公证的赠与合同或者依法不得撤销的具有救灾、扶贫、助残等公益、道德义务性质的赠与合同，赠与人不交付赠与财产的，受赠人可以请求交付。

依据前款规定应当交付的赠与财产因赠与人故意或者重大过失致使毁损、灭失的，赠与人应当承担赔偿责任。

三十六、借款合同的概念、形式和内容

在《合同法》第196条及第197条的基础上，部分条款未修改，部分条款仅进行了文字性调整，未作实质性修改。

《民法典》

第六百六十七条 借款合同是借款人向贷款人借款，到期返还借款并支付利息的合同。

第六百六十八条 借款合同应当采用书面形式，但是自然人之间借款另有约定的除外。

借款合同的内容一般包括借款种类、币种、用途、数额、利率、期限和还款方式等条款。

三十七、借款合同不得预先扣除利息

与《合同法》第200条一致，未修改。

《民法典》

第六百七十条 借款的利息不得预先在本金中扣除。利息预先在本金中扣除的，应当按照实际借款数额返还借款并计算利息。

三十八、提供及收取借款的迟延责任

与《合同法》第201条一致，未修改。

《民法典》

第六百七十一条 贷款人未按照约定的日期、数额提供借款，造成借款人损失的，应当赔偿损失。

借款人未按照约定的日期、数额收取借款的，应当按照约定的日期、数额支付利息。

三十九、贷款人有权检查、监督借款使用情况

仅在《合同法》第202条的基础上进行了文字性调整，未作实质性修改。

《民法典》

第六百七十二条 贷款人按照约定可以检查、监督借款的使用情况。借款人应当按照约定向贷款人定期提供有关财务会计报表或者其他资料。

四十、借款人未按照约定用途使用借款的违约责任

与《合同法》第203条一致，未修改。

《民法典》

第六百七十三条 借款人未按照约定的借款用途使用借款的，贷款人可以停止发放借款、提前收回借款或者解除合同。

四十一、借款人支付利息的期限

与《合同法》第205条一致，未修改。

《民法典》

第六百七十四条 借款人应当按照约定的期限支付利息。对支付利息的期限没有约定或者约定不明确，依据本法第五百一十条[①]的规定仍不能确定，借款期间不满一年的，应当在返还借款时一并支付；借款期间一年以上的，应当在每届满一年时支付，剩余期间不满一年的，应当在返还借款时一并支付。

四十二、还款期限的确定及逾期还款违约责任

与《合同法》第206条、第207条一致，未修改。

《民法典》

第六百七十五条 借款人应当按照约定的期限返还借款。对借款期限没有约定或者约定不明确，依据本法第五百一十条的规定仍不能确定的，借款人可以随时返还；贷款人可以催告借款人在合理期限内返还。

第六百七十六条 借款人未按照约定的期限返还借款的，应当按照约定或者国家有关规定支付逾期利息。

---

① **《民法典》**

第五百一十条 合同生效后，当事人就质量、价款或者报酬、履行地点等内容没有约定或者约定不明确的，可以协议补充；不能达成补充协议的，按照合同相关条款或者交易习惯确定。

四十三、提前还款时利息的计算期间

仅在《合同法》第 208 条的基础上进行了文字性调整，未作实质性修改。

《民法典》

第六百七十七条 借款人提前返还借款的，除当事人另有约定外，应当按照实际借款的期间计算利息。

四十四、借款展期

与《合同法》第 209 条一致，未修改。

《民法典》

第六百七十八条 借款人可以在还款期限届满前向贷款人申请展期；贷款人同意的，可以展期。

四十五、租赁合同的一般规定

仅在《合同法》第 212 条、第 213 条及第 214 条的基础上进行了文字性调整，未作实质性修改。

《民法典》

第七百零三条 租赁合同是出租人将租赁物交付承租人使用、收益，承租人支付租金的合同。

第七百零四条 租赁合同的内容一般包括租赁物的名称、数量、用途、租赁期限、租金及其支付期限和方式、租赁物维修等条款。

第七百零五条 租赁期限不得超过二十年。超过二十年的，超过部分无效。

租赁期限届满，当事人可以续订租赁合同；但是，约定的租赁期限自续订之日起不得超过二十年。

四十六、融资租赁合同的概念、主要内容和形式

在《合同法》第 237 条、第 238 条的基础上，部分条款无修改，部分条

款仅进行了文字性调整，未作实质性修改。

《民法典》

第七百三十五条 融资租赁合同是出租人根据承租人对出卖人、租赁物的选择，向出卖人购买租赁物，提供给承租人使用，承租人支付租金的合同。

第七百三十六条 融资租赁合同的内容一般包括租赁物的名称、数量、规格、技术性能、检验方法，租赁期限，租金构成及其支付期限和方式、币种，租赁期限届满租赁物的归属等条款。

融资租赁合同应当采用书面形式。

四十七、融资租赁标的物的交付规则

仅在《原融资租赁合同司法解释》第 5 条的基础上进行了文字性调整，未作实质性修改。

《民法典》

第七百四十条 出卖人违反向承租人交付标的物的义务，有下列情形之一的，承租人可以拒绝受领出卖人向其交付的标的物：

（一）标的物严重不符合约定；

（二）未按照约定交付标的物，经承租人或者出租人催告后在合理期限内仍未交付。

承租人拒绝受领标的物的，应当及时通知出租人。

四十八、承租人的索赔权及索赔不能时的责任承担

在《合同法》第 240 条及《原融资租赁合同司法解释》第 6 条、第 18 条的基础上，部分条款未修改，部分条款仅进行了文字性调整，未作实质性修改。

《民法典》

第七百四十一条 出租人、出卖人、承租人可以约定，出卖人不履行买卖合同义务的，由承租人行使索赔的权利。承租人行使索赔权利的，出租人应当协助。

第七百四十二条 承租人对出卖人行使索赔权利，不影响其履行支付租

金的义务。但是，承租人依赖出租人的技能确定租赁物或者出租人干预选择租赁物的，承租人可以请求减免相应租金。

第七百四十三条 出租人有下列情形之一，致使承租人对出卖人行使索赔权利失败的，承租人有权请求出租人承担相应的责任：

（一）明知租赁物有质量瑕疵而不告知承租人；

（二）承租人行使索赔权利时，未及时提供必要协助。

出租人怠于行使只能由其对出卖人行使的索赔权利，造成承租人损失的，承租人有权请求出租人承担赔偿责任。

四十九、出租人不得擅自变更买卖合同内容

与《合同法》第241条一致，未修改。

《民法典》

第七百四十四条 出租人根据承租人对出卖人、租赁物的选择订立的买卖合同，未经承租人同意，出租人不得变更与承租人有关的合同内容。

五十、出租人保证承租人占有和使用租赁物

仅在《合同法》第245条、《原融资租赁合同司法解释》第17条的基础上进行了文字性调整，未作实质性修改。

《民法典》

第七百四十八条 出租人应当保证承租人对租赁物的占有和使用。

出租人有下列情形之一的，承租人有权请求其赔偿损失：

（一）无正当理由收回租赁物；

（二）无正当理由妨碍、干扰承租人对租赁物的占有和使用；

（三）因出租人的原因致使第三人对租赁物主张权利；

（四）不当影响承租人对租赁物占有和使用的其他情形。

五十一、租赁物的保管、使用、维修、风险负担及致人损害的赔偿责任

在《合同法》第246条、第247条及《原融资租赁合同司法解释》第7

条的基础上，部分条款未修改，部分条款仅进行了文字性调整，未作实质性修改。

《民法典》

第七百四十九条 承租人占有租赁物期间，租赁物造成第三人人身损害或者财产损失的，出租人不承担责任。

第七百五十条 承租人应当妥善保管、使用租赁物。

承租人应当履行占有租赁物期间的维修义务。

第七百五十一条 承租人占有租赁物期间，租赁物毁损、灭失的，出租人有权请求承租人继续支付租金，但是法律另有规定或者当事人另有约定的除外。

五十二、对承租人支付租金义务的规定

仅在《合同法》第 248 条的基础上进行了文字性调整，未作实质性修改。

《民法典》

第七百五十二条 承租人应当按照约定支付租金。承租人经催告后在合理期限内仍不支付租金的，出租人可以请求支付全部租金；也可以解除合同，收回租赁物。

五十三、租赁期满租赁物的归属

仅在《合同法》第 250 条的基础上进行了文字性调整，未作实质性修改。

《民法典》

第七百五十七条 出租人和承租人可以约定租赁期限届满租赁物的归属；对租赁物的归属没有约定或者约定不明确，依据本法第五百一十条的规定仍不能确定的，租赁物的所有权归出租人。

第二节　变化、分析及应对

一、电子数据交换、电子邮件可视为订立合同的书面形式

《民法典》第 469 条就合同订立的形式进行了规定，其中第 3 款结合《电子签名法》等相关法律法规对电子数据交换、电子邮件等电子化方式作为书面形式的条件进行了明确。目前，在资管业务中，金融机构与投资者通过电子化方式订立合同的情况已较为普遍，应注意规范确保符合法律要求。

（一）新旧法律条文对比

1. 原规定

《民法通则》

第五十六条　民事法律行为可以采取书面形式、口头形式或者其他形式。法律规定用特定形式的，应当依照法律规定。

《民法总则》

第一百三十五条　民事法律行为可以采用书面形式、口头形式或者其他形式；法律、行政法规规定或者当事人约定采用特定形式的，应当采用特定形式。

《合同法》

第十条　当事人订立合同，有书面形式、口头形式和其他形式。

法律、行政法规规定采用书面形式的，应当采用书面形式。当事人约定采用书面形式的，应当采用书面形式。

第十一条　书面形式是指合同书、信件和数据电文（包括电报、电传、传真、电子数据交换和电子邮件）等可以有形地表现所载内容的形式。

《电子签名法》

第四条　能够有形地表现所载内容，并可以随时调取查用的数据电文，视为符合法律、法规要求的书面形式。

第五条 符合下列条件的数据电文，视为满足法律、法规规定的原件形式要求：

（一）能够有效地表现所载内容并可供随时调取查用；

（二）能够可靠地保证自最终形成时起，内容保持完整、未被更改。但是，在数据电文上增加背书以及数据交换、储存和显示过程中发生的形式变化不影响数据电文的完整性。

2. 新规定

《民法典》

第四百六十九条 当事人订立合同，可以采用书面形式、口头形式或者其他形式。

书面形式是合同书、信件、电报、电传、传真等可以有形地表现所载内容的形式。

以电子数据交换、电子邮件等方式能够有形地表现所载内容，并可以随时调取查用的数据电文，视为书面形式。

（二）法条对比、影响及建议

1. 法律条文变化分析

《民法典》第469条为对合同形式的规定。其中，本条第3款结合了《电子签名法》的相关规定，对电子数据交换、电子邮件等电子化方式作为书面形式订立合同的条件进行了明确规定。《合同法》第11条直接规定将数据电文作为书面形式并列举了电子数据交换和电子邮件作为数据电文的相应形式，《民法典》对此在体例上进行了调整，单独设置一款对电子数据交换、电子邮件方式作为书面形式的条件进行了规定。近些年来，随着科技的迅猛发展，电子数据已经得到普遍应用，以电子化（如微信、电子邮件）方式订立合同也已较为普遍。但是，并非所有电子数据交换、电子邮件都可以作为订立合同的方式，数据电文并不当然属于书面形式，只有符合法律规定的条件，才能被视为书面形式，故《民法典》通过对条文体例上的调整，明确了电子数据交换和电子邮件作为书面形式的条件（有形地表现所载内容以及可以随时调取查用），以避免对《合同法》原规定可能产生的误读。

案例：山东神雨能源发展有限公司与本溪溪源实业有限公司等公路货物运输合同纠纷案［（2021）鲁01民辖终42号］

本案上诉人法定代表人段某亮与被上诉人王某学以微信的方式订立了《货物运输协议》，协议约定："1. 承运方：本溪溪源实业有限公司；2. 承运驾驶员：王某学；3. 托运方：山东神雨能源发展有限公司……7. 运输车号：辽E51×××……25. 争议解决，本合同未尽事宜及履约过程中发生的纠纷争议，由双方平等协商解决；协商不成向济南市历下区法院起诉。"并微信提供了王某学的驾驶证、身份证、行车证、营运证、从业资格证等。

二审法院经审查认为，《民法典》第469条第3款规定："以电子数据交换、电子邮件等方式能够有形地表现所载内容，并可以随时调取查用的数据电文，视为书面形式。"本案双方当事人微信签订的《货物运输协议》应视为以书面形式订立。

2. 对资管业务的影响

目前，在资管业务中，金融机构与投资者通过电子化方式订立合同的情况已较为普遍，《民法典》吸收了此前散见于相关法律法规（《电子签名法》）、司法解释中关于电子方式订立合同的相关规定并在此基础上确立了电子合同订立与履行的一般规则，适应了时代的需要，有利于促进电子商务的发展。此外，《民法典》规定了电子数据交换、电子邮件等方式能够被视为书面形式的条件，进而规范电子化方式订立合同。

3. 对金融机构开展资管业务的建议

尽管《民法典》再次肯定了电子数据交换、电子邮件可作为书面形式订立合同，但并非凡是采用数据电文形式均构成书面形式订立合同，电子数据交换、电子邮件等方式能够被视为书面形式，须满足如下两个条件：（1）有形地表现所载内容；（2）可以随时调取查用。金融机构在与投资者或相关交易对手通过电子化方式订立合同时，应切实按照《民法典》的规定满足上述两项要求，采取相应措施及技术手段（如通过相应的认证机构）有效保管和保存电子数据信息，否则将可能无法达到法律承认其作为书面形式的要求并就合同已有效签署产生相应争议。

二、补充完善合同签订方式的相关规则

《民法典》第490条补充完善了书面合同签订方式的相关规则，将书面合同的签署方式由《合同法》规定的“签字或者盖章”，调整为“签名、盖章或者按指印”。此外，《合同法》中关于签订书面合同的规定，系基于两方签订书面合同的情形，未考虑书面合同由多方签署的情况，本次《民法典》对此进行了相应补充完善，不再限定在当事人仅为双方的情形。

（一）新旧法律条文对比

1. 原规定

《合同法》

第三十二条　当事人采用合同书形式订立合同的，自双方当事人签字或者盖章时合同成立。

第三十六条　法律、行政法规规定或者当事人约定采用书面形式订立合同，当事人未采用书面形式但一方已经履行主要义务，对方接受的，该合同成立。

第三十七条　采用合同书形式订立合同，在签字或者盖章之前，当事人一方已经履行主要义务，对方接受的，该合同成立。

《合同法司法解释二》

第五条　当事人采用合同书形式订立合同的，应当签字或者盖章。当事人在合同书上摁手印的，人民法院应当认定其具有与签字或者盖章同等的法律效力。

2. 新规定

《民法典》

第四百九十条　当事人采用合同书形式订立合同的，自当事人均签名、盖章或者按指印时合同成立。在签名、盖章或者按指印之前，当事人一方已经履行主要义务，对方接受时，该合同成立。

法律、行政法规规定或者当事人约定合同应当采用书面形式订立，当事人未采用书面形式但是一方已经履行主要义务，对方接受时，该合同成立。

（二）法条对比、影响及建议

1．法律条文变化分析

《民法典》第490条是关于采用书面形式订立合同的相关规则，包括合同成立时间、当事人签订书面合同的方式以及确定以实际履行方式订立合同时合同成立时间的相应规则。其中：

（1）《合同法》关于书面合同订立的规定，系基于两方签订书面合同的情形，未考虑书面合同由多方签署的情况，本次民法典对此进行了相应补充完善，不再限定在当事人仅为双方的情形，并规定“自当事人均签名、盖章或者按指印时合同成立”。对于多方签订的书面合同而言，此处对于“当事人均签名、盖章或者按指印”可能存在不同理解，即涉及在仅部分当事人签名、盖章或者按指印的情形下，合同是否成立的问题。一种理解认为，应当严格按照《民法典》条文的表述来认定，只有全部当事人均签订，书面合同才成立；另一种理解认为，若仅部分当事人签署的，并不当然被认定为该书面合同尚未成立，应当区分合同签订各方及其在该合同项下的权利义务内容的具体情况加以判断：

①若因为部分当事人未有效签署导致其他当事人之间的权利义务无法履行，或合同项下主要的法律关系无法成立的，则原则上该合同不成立。比如在设置了担保的贷款业务中，有时各方会选择不再单独签署担保合同，而是在贷款合同中将担保人加入作为贷款合同的签署主体，并在贷款合同中以设置相应的保证担保条款的方式就担保事宜进行约定。在此类合同中，若仅有贷款人及担保人签署的，或仅有借款人及担保人签署的，则贷款人与借款人之间的借贷关系无法成立，相应的担保权利亦无法成立，所以该合同不成立。

②若部分当事人未有效签署并不影响其他已有效签署的当事人之间的权利义务关系，且合同中并未明确约定将全体签署方均签署作为合同成立条件的，则这种情况不影响合同的成立，该合同对已经有效签署的当事人产生法律效力，但未签署的主体不再作为该合同的当事人。同样以前文所述贷款合同为例，若贷款人与借款人均有效签署了该贷款合同，而担保人未签署，且

合同中未明确约定该合同自贷款人、借款人及保证人均签署才成立的，则贷款人与借款人之间的借贷关系即已形成，该合同在贷款人与借款人之间有效，但关于担保的条款因担保人未签署而不对担保人发生法律效力。

③当然，此处还应结合未签署主体是否已实际履行加以判断，即若未签署主体已经履行主要义务的，对方接受时，该合同成立。

（2）《民法典》吸收了《合同法司法解释二》中关于“摁手印”作为书面合同签订方式的规则，并进一步将表述规范为“按指印”，即“按指印”亦是书面合同的有效签署方式，但要注意的是，按指印应当是当事人真实意思的表示，如果该当事人被迫按指印（如处于昏迷状态），则按指印将不能发挥与签字或盖章同等的法律效力。

（3）《民法典》将《合同法》中的“签字”调整为“签名”，尽管在常规理解中，“签字”与“签名”看似并无本质区别，但在实践中，由于电子化签约方式的兴起及普遍适用，当事人通过电子化方式订立合同时，并非直接在合同书中写上自己的名字，而是采用电子印鉴等方式“署名”，故将“签字”调整为“签名”，在表述上更为准确，充分体现了《民法典》作为我国民商事领域的第一部法典，在立法上的规范、严谨及与时俱进。

2. 对资管业务的影响

在资管业务中，所涉及的交易文件及各项法律文件，绝大多数均采用书面形式签署，书面合同作为交易的基石，合同何时订立、是否有效订立、签署方式是否符合法律的要求，对于交易的顺利开展、交易的稳定性、各方权利义务关系的确立都有至关重要的影响。《民法典》结合时代发展对书面合同订立规则的补充与完善，可以更准确地规范书面合同签订的相关规则并提供明确的法律依据。

3. 对金融机构开展资管业务的建议

根据《民法典》对合同签订时间、签订方式的相关规定，在金融机构开展资管业务过程中，在合同条款层面，建议按照《民法典》第490条的规定规范合同中的合同成立、生效条款的表述，将之前普遍采用的“签字”相应调整为“签名”。对于多方签署的书面合同，建议金融机构在合同签署过程中注意核查各当事方的实际签署情况，确保其签署符合《民法典》的规定及合同的约定，此外，若部分签署主体在合同中仅起到辅助作用，或其签署该合同的作用仅为对合同项下某些事项的确认，并不承担与合同项下主要法律关系相关的权利义务的，则不建议在合同中约定该合同由各方均签署才生效，以避免因该等当事人未有效签署，导致合同未能有效订立。

三、新增预约合同及相应违约责任的相关规则

《民法典》第495条是关于预约合同的规定。《合同法》中并未就预约合同作出规定，但《原买卖合同司法解释》就买卖合同所涉及的预约合同进行了相关规定。在资管业务中，金融机构与投资者在正式签署所涉资管合同之前，往往会签署相关的认购协议或文件，就投资者认购资管产品的金额等相关事项进行意向性的约定，根据《民法典》的最新规定，此类认购协议或文件从法律性质上看，可能构成预约合同，若一方违反该文件项下约定，如后续未能认购相应资管产品或相关资管产品未能最终发行或成立的，则该认购协议或文件项下各方责任的认定与承担，值得金融机构予以关注。

（一）新旧法律条文对比

1. 原规定

《原买卖合同司法解释》

第二条 当事人签订认购书、订购书、预订书、意向书、备忘录等预约合同，约定在将来一定期限内订立买卖合同，一方不履行订立买卖合同的义务，对方请求其承担预约合同违约责任或者要求解除预约合同并主张损害赔偿的，人民法院应予支持。

2. 新规定

《民法典》

第四百九十五条 当事人约定在将来一定期限内订立合同的认购书、订购书、预订书等，构成预约合同。

当事人一方不履行预约合同约定的订立合同义务的，对方可以请求其承担预约合同的违约责任。

（二）法条对比、影响及建议

1. 法律条文变化分析

《民法典》第495条系在《原买卖合同司法解释》的基础上对各领域预约合同的原则性规定。《合同法》中对预约合同并未进行规定，后续颁布的《原买卖合同司法解释》第2条首次提到了预约合同的概念，但仅适用于买卖法律关系中。《民法典》吸纳了《原买卖合同司法解释》关于预约合同的内容，将预约合同的规则上升到了法律层面，且扩大了适用范围，不再仅局限于买卖合同范畴。其中：

（1）第495条第1款是对预约合同的定义，即当事人约定在将来一定期限内订立合同的认购书、订购书、预订书等构成预约合同。根据该规定，构成预约合同需要满足“约定在将来一定期限内订立合同”这一条件，即在预约合同中需要当事人具有订立本约合同的意图。

（2）《民法典》第495条第2款是对不履行预约合同的法律后果的规定，并明确将其认定为违约责任。《民法典》明确使用了“预约合同”这一表述，即赋予了第495条第1款所述认购书、订购书、预订书等构成预约合同的文件以独立合同的法律地位，故若一方当事人违反预约合同的约定后续未能订立本约合同的，则需要承担相应的违约责任，而非未能订立本约合同的缔约过失责任。

2. 对资管业务的影响

目前在资管业务中，金融机构与投资者在正式签署所涉资管合同之前，往往会签署相关的认购协议或文件，就投资者认购资管产品的金额等相关事项进行意向性的约定，若此类认购协议/文件符合《民法典》第495条的规定，即当事人约定在将来一定期限内订立相应资管合同，具有订立本约合同（相关资管合同）的意图的，则将构成预约合同，一方违反认购协议或文件约定的订立资管合同义务的，则将相应承担违约责任，如前述认购协议或文件约定了明确的违约责任的，一旦产生争议，后续将成为一方当事人的主张依据。此外，部分资管业务中，也存在金融机构与资产端交易相对方签署合作意向协议或合作备忘录等文件（以下简称合作意向文件）就未来进行合作等相关事项进行意向性约定的情形，该等合作意向文件同样可能构成预约合同。

3. 对金融机构开展资管业务的建议

建议金融机构在拟订与投资者或资产端交易相对方签署具有预约性质的资管产品认购协议/文件或合作意向文件时，对于其内容，特别是关于违约责任条款的设置应更为谨慎，并根据实际情况，对所涉资管产品的性质、该资管产品的设立及发行情况（如是否为已经设立的存续产品或为后续拟设立的新设产品）等，充分予以考量，以避免后续因投资者或资产端交易相对方原因未能订立作为本约合同的资管合同或合作意向文件时，由于认购协议/文件或合作意向文件项下对违约责任的约定不明导致无法向投资者或资产端交易相对方主张明确的违约责任，或后续相关资管产品未能最终发行或成立的，由于认购协议/文件或合作意向文件约定了明确的违约责任而需要向投资者或资产端交易相对方承担相应责任等，进而导致金融机构遭受相应损失。

四、完善格式条款的相关规则

《民法典》第496条、第497条系在《合同法》及相关司法解释的基础上对格式条款相关规定的进一步修改与完善。在资管业务中，无论是资金端所涉及的交易文件如资管合同、信托合同中，还是在交易端所涉及的交易文件中，均大量存在免除或减轻金融机构责任的合同条款，此类条款均存在被认定为格式条款的可能，进而可能因为金融机构未充分履行提示或者说明义务或存在《民法典》规定的情形，而可能无法成为合同的内容或有关内容被认定为无效。故金融机构在与相关主体签订合同时对前述条款的提示或说明义务，以及在条款设置上避免构成《民法典》规定的无效情形，值得金融机构着重予以关注。

（一）新旧法律条文对比

1. 原规定

《合同法》

第三十九条 采用格式条款订立合同的，提供格式条款的一方应当遵循公平原则确定当事人之间的权利和义务，并采取合理的方式提请对方注意免除或者限制其责任的条款，按照对方的要求，对该条款予以说明。

格式条款是当事人为了重复使用而预先拟定，并在订立合同时未与对方协商的条款。

第四十条 格式条款具有本法第五十二条①和第五十三条②规定情形的，或者提供格式条款一方免除其责任、加重对方责任、排除对方主要权利的，该条款无效。

《合同法司法解释二》

第六条 提供格式条款的一方对格式条款中免除或者限制其责任的内容，在合同订立时采用足以引起对方注意的文字、符号、字体等特别标识，并按照对方的要求对该格式条款予以说明的，人民法院应当认定符合合同法第三十九条所称“采取合理的方式”。

提供格式条款一方对已尽合理提示及说明义务承担举证责任。

第九条 提供格式条款的一方当事人违反合同法第三十九条第一款关于提示和说明义务的规定，导致对方没有注意免除或者限制其责任的条款，对方当事人申请撤销该格式条款的，人民法院应当支持。

第十条 提供格式条款的一方当事人违反合同法第三十九条第一款的规定，并具有合同法第四十条规定的情形之一的，人民法院应当认定该格式条款无效。

2. 新规定

《民法典》

第四百九十六条 格式条款是当事人为了重复使用而预先拟定，并在订

---

① **《合同法》**

第五十二条 有下列情形之一的，合同无效：

（一）一方以欺诈、胁迫的手段订立合同，损害国家利益；

（二）恶意串通，损害国家、集体或者第三人利益；

（三）以合法形式掩盖非法目的；

（四）损害社会公共利益；

（五）违反法律、行政法规的强制性规定。

② **《合同法》**

第五十三条 合同中的下列免责条款无效：

（一）造成对方人身伤害的；

（二）因故意或者重大过失造成对方财产损失的。

立合同时未与对方协商的条款。

采用格式条款订立合同的，提供格式条款的一方应当遵循公平原则确定当事人之间的权利和义务，并采取合理的方式提示对方注意免除或者减轻其责任等与对方有重大利害关系的条款，按照对方的要求，对该条款予以说明。提供格式条款的一方未履行提示或者说明义务，致使对方没有注意或者理解与其有重大利害关系的条款的，对方可以主张该条款不成为合同的内容。

第四百九十七条 有下列情形之一的，该格式条款无效：

（一）具有本法第一编第六章第三节和本法第五百零六条①规定的无效情形；

（二）提供格式条款一方不合理地免除或者减轻其责任、加重对方责任、限制对方主要权利；

（三）提供格式条款一方排除对方主要权利。

（二）法条对比、影响及建议

1. 法律条文变化分析

《民法典》第496条、第497条系在《合同法》及相关司法解释的基础上对格式条款相关规定的进一步修改与完善。其中：

（1）《民法典》第496条系对格式条款的定义以及提供格式条款一方提示和说明义务的规定。较之《合同法》及《合同法司法解释二》的规定，《民法典》将提供格式条款的一方应向对方履行提示和说明义务条款的范围，在“免除或者减轻其责任”的基础上，扩大至“与对方有重大利害关系”，适当扩大了格式条款的适用范围。此外，在《合同法司法解释二》第9条规定的基础上，《民法典》进一步规定“提供格式条款的一方未履行提示或者说明义务，致使对方没有注意或者理解与其有重大利害关系的条款的，对方可以主张该条款不成为合同的内容”。需要特别注意的是，《适用民法典时间

① **《民法典》**

第五百零六条 合同中的下列免责条款无效：

（一）造成对方人身损害的；

（二）因故意或者重大过失造成对方财产损失的。

效力的规定》第9条规定："民法典施行前订立的合同，提供格式条款一方未履行提示或者说明义务，涉及格式条款效力认定的，适用民法典第四百九十六条的规定。"

（2）《民法典》第497条系关于格式条款无效情形的规定。对于《合同法》第40条"提供格式条款一方免除其责任、加重对方责任、排除对方主要权利"的规定，《民法典》进一步予以完善。首先，并非所有免除格式条款提供方责任的条款均构成无效条款，即并非不合理免除格式条款提供方责任的，并不当然构成该条款无效；其次，"不合理地减轻格式条款提供方责任"被纳入格式条款无效的事由当中；此外，《民法典》补充了"限制对方主要权利"的情形作为格式条款的无效情形。

本次《民法典》对格式条款相关规定的修改，除在适用范围及条款表述上的扩充与完善外，也是对《合同法》及相关司法解释中对格式条款无效情形的认定规则及逻辑的重大调整。按照《民法典》的规定，笔者理解，与格式条款提供方的合同相对方有重大利害关系（如免除或者减轻格式条款提供方责任）的格式条款，即使格式条款提供方未履行提示或者说明义务致使对方没有注意或者理解与其有重大利害关系的条款的，该格式条款并不当然无效，而是给与了合同相对方主张该条款不构成合同内容的权利。仅在该格式条款构成"提供格式条款一方不合理地免除或者减轻其责任、加重对方责任、限制对方主要权利、排除对方主要权利"的情况下，该格式条款才无效，且无须考虑格式条款提供方是否履行了提示或者说明义务以及是否使对方没有注意到或者理解该条款。

2. 对资管业务的影响

目前在资管业务中，可能被认定为格式条款的合同条款普遍存在。此次《民法典》对格式条款相关规定的修改与完善，对金融机构在合同条款设置，以及就相应条款充分履行提示或说明义务方面均会产生较为重要的影响。一旦相关合同条款被认定为格式条款，若金融机构未依法履行说明和提示义务，或该条款存在《民法典》规定的无效事由，则合同相对方可以主张该条款不作为合同内容或主张认定该条款无效，进而无法实现金融机构设置此类条款的目的，对金融机构在该合同条款项下权利义务以及责任的承担产生不利影响，甚至影响相关交易的稳定性，导致金融机构遭受相应损失。下面结合一个案例，对此问题进行进一步探讨。

案例：王某诚、王某博金融借款合同纠纷案

2015 年 8 月 12 日，王某诚与青海越州房地产开发有限公司（以下简称越州公司）签订《商品房预售合同》，以 147, 953, 124 元的价格购买越州公司开发的西宁市城东区建设南路 66 号 3 号楼 66 – 16 号商业用房，建筑面积 3736. 19 平方米，交付时间为 2015 年 10 月 30 日前。王某诚首付 73, 983, 124 元，剩余 7397 万元按揭贷款。

2015 年 8 月 14 日，王某诚、王某博、王某宝与建行青海分行、越州公司签订《借款合同》，约定王某诚等三人向建行青海分行借款 7397 万元，担保方式为抵押加阶段性保证，抵押物为案涉房产，保证人为越州公司。该借款合同第 19 条约定，若借款合同解除，借款人应当返还剩余贷款本息及实现债权费用，或委托售房人还款。同日，王某诚与建行青海分行、越州公司签订《房地产抵押合同》（在建工程/预购房）。2015 年 8 月 18 日，建行青海分行就案涉房产取得了抵押权他项权利证书。前述合同签订后，建行青海分行于 2015 年 8 月 21 日向越州公司支付 7397 万元，王某诚按月归还银行贷款，但越州公司未能按照合同约定期限交付房屋。

2017 年 2 月，王某诚等三人以越州公司、建行青海分行为被告提起诉讼，经青海省高级人民法院一审及最高人民法院二审，判决解除前述商品房预售合同、借款合同、抵押合同；越州公司返还王某诚已支付的购房首付款本息和已归还的银行贷款本息；越州公司返还建行青海分行剩余银行贷款本息。

2018 年 4 月，建行青海分行向西宁市中级人民法院提起本案诉讼，请求判令王某诚等三人与越州公司共同归还剩余贷款本金 58, 546, 649. 55 元并支付自 2018 年 3 月 21 日起至清偿之日止按借款合同约定年利率计算的资金占用损失。

再审法院经审查认为：关于案涉《借款合同》中相关格式条款的适用问题，案涉《借款合同》第 19 条载明："贷款人与借款人的借贷关系解除的，借款人应当立即返还其所欠贷款的本金、利息、罚息及实现债权的费用，或委托售房人直接将上述款项归还贷款人。”该条款系建行青海分行为重复使用而提前拟定的格式条款。在最高人民法院《关于审理商品房买卖合同纠纷案件适用法律若干问题的解释》已经明确规定，商品房买卖合同和商品房担保贷款合同解除后，出卖人将收取的购房贷款的本金及利息直接返还给贷款人而非购房人（借款人）的情况下，建行青海分行拟订该条内容，意味着要求王某诚等三人在既未取得所购房屋亦未实际占有购房贷款的情况下归还贷款，明显不合理地加重了王某诚等三人的责任，根据《合同法》第 40 条“提供格式条款一方免除其责任、加重对方责任、排除对方主要权利的，该条款无效”之规定，该条款对王某诚等三人不具有拘束力。

在上述案例中，法院认为建行青海分行拟订的《借款合同》中的相关格式条款明显不合理地加重了王某诚等三人的责任，因此根据《合同法》第 40 条的规定认定该条款对王某诚等三人不具有约束力。

3. 对金融机构开展资管业务的建议

（1）建议金融机构在开展资管业务拟订相关合同时，重点关注合同中可能被认定为格式条款的内容，避免出现《民法典》规定的格式条款无效的情形。

（2）金融机构作为格式条款提供方，需要注意履行以下法定义务：第一，遵循公平原则确定当事人之间的权利与义务；第二，提请对方注意的义务；第三，给予说明的义务。

此外，在履行提示和说明义务方面，《合同法司法解释二》对何种情形可被认定为“采取合理的方式”进行了规定，即“在合同订立时采用足以引起对方注意的文字、符号、字体等特别标识，并按照对方的要求对该格式条款予以说明的”，但因《民法典》的颁布施行，《合同法司法解释二》已失效，目前亦尚未颁布相应司法解释对此进行明确规定。建议金融机构在目前阶段仍参照《合同法司法解释二》的规则，对可能涉及格式条款的合同条款以设置加粗或不同字体等方式作为特别标识，并在合同醒目位置（如签署页）明确载明“各方已经完整、细致地阅读了本合同，并已特别注意字体加黑加粗的内容，对合同所有条款不存在任何疑义和歧义，并对双方有关权利、义务和责任有准确无误的理解。在签署合同时，金融机构已应合同相对方要求就合同做了相应的条款说明。各当事人对本合同的所有条款的含义及相应的法律后果已经全部通晓并充分理解等”或相类似的内容。

（3）金融机构应关注格式条款提供方违反提示或说明义务的法律后果。根据该条规定，违反提示或说明义务并非导致格式条款不成立或无效。在违反该义务的情况下，格式条款仍可以纳入合同之内，但是如果相对人认为该格式条款违反公平原则，对其不利，就有权主张该条款不成为合同的内容。

五、未办理批准等手续对合同效力的影响

《民法典》第502条第2款明确规定了，“未办理批准等手续影响合同生效的，不影响合同中履行报批等义务条款以及相关条款的效力。应当办理申请批准等手续的当事人未履行义务的，对方可以请求其承担违反该义务的责任”。目前在资管业务中，在相关交易项下（如房地产开发项目、涉及国有资产的项目）往往涉及交易对手须就该等交易办理批准等手续。《民法典》本次新增的内容，对因交易对手未办理批准等手续导致合同未生效的情况下，金融机构对交易对手追责提供了明确的法律依据，值得金融机构予以关注。

（一）新旧法律条文对比

1. 原规定

《合同法》

第四十四条 依法成立的合同，自成立时生效。

法律、行政法规规定应当办理批准、登记等手续生效的，依照其规定。

第七十七条 当事人协商一致，可以变更合同。

法律、行政法规规定变更合同应当办理批准、登记等手续的，依照其规定。

第八十七条 法律、行政法规规定转让权利或者转移义务应当办理批准、登记等手续的，依照其规定。

第九十六条 当事人一方依照本法第九十三条第二款、第九十四条的规定主张解除合同的，应当通知对方。合同自通知到达对方时解除。对方有异议的，可以请求人民法院或者仲裁机构确认解除合同的效力。

法律、行政法规规定解除合同应当办理批准、登记等手续的，依照其规定。

《合同法司法解释一》

第九条 依照合同法第四十四条第二款的规定，法律、行政法规规定合同应当办理批准手续，或者办理批准、登记等手续才生效，在一审法庭辩论终结前当事人仍未办理批准手续的，或者仍未办理批准、登记等手续的，人民法院应当认定该合同未生效；法律、行政法规规定合同应当办理登记手续，但未规定登记后生效的，当事人未办理登记手续不影响合同的效力，合同标的物所有权及其他物权不能转移。

合同法第七十七条第二款、第八十七条、第九十六条第二款所列合同变更、转让、解除等情形，依照前款规定处理。

《合同法司法解释二》

第八条 依照法律、行政法规的规定经批准或者登记才能生效的合同成立后，有义务办理申请批准或者申请登记等手续的一方当事人未按照法律规定或者合同约定办理申请批准或者未申请登记的，属于合同法第四十二条①第（三）项规定的“其他违背诚实信用原则的行为”，人民法院可以根据案件的具体情况和相对人的请求，判决相对人自己办理有关手续；对方当事人对由此产生的费用和给相对人造成的实际损失，应当承担损害赔偿责任。

2. 新规定

《民法典》

第五百零二条 依法成立的合同，自成立时生效，但是法律另有规定或

---

① **《合同法》**

第四十二条 当事人在订立合同过程中有下列情形之一，给对方造成损失的，应当承担损害赔偿责任：

（一）假借订立合同，恶意进行磋商；

（二）故意隐瞒与订立合同有关的重要事实或者提供虚假情况；

（三）有其他违背诚实信用原则的行为。

者当事人另有约定的除外。

依照法律、行政法规的规定，合同应当办理批准等手续的，依照其规定。未办理批准等手续影响合同生效的，不影响合同中履行报批等义务条款以及相关条款的效力。应当办理申请批准等手续的当事人未履行义务的，对方可以请求其承担违反该义务的责任。

依照法律、行政法规的规定，合同的变更、转让、解除等情形应当办理批准等手续的，适用前款规定。

（二）法条对比、影响及建议

1. 法律条文变化分析

《民法典》第502条第2款新增了在未办理批准等手续影响合同生效的情况下，不影响合同中履行报批等义务条款以及相关条款的效力及合同相对方可以据此追责的规定。这一规定，赋予了合同中报批条款的独立性，其在性质上与合同中清算条款和仲裁条款类似，是对合同中履行报批等义务条款以及相关条款性质认定的实质性改变。《民法典》颁布施行前，根据《合同法司法解释二》第8条的规定，违反该义务的一方承担的责任类型为缔约过失责任，并就合同相对方的损失承担损害赔偿责任。而根据本次《民法典》的规定，应当办理申请批准等手续的当事人未履行义务的，对方可以请求其承担违反该义务的责任，即违反该义务的一方承担的为违约责任，合同相对方可要求其承担继续履行、采取补救措施或者赔偿损失等违约责任，并可设置相应的违约金，有关事宜应当适用《民法典》合同编第八章违约责任的相关规定。下面结合一个案例，对此问题进行进一步探讨。

案例：湖北省东安工贸有限公司、武汉汽车零部件股份有限公司缔约过失责任纠纷案

武汉汽车零部件股份有限公司（以下简称武汽零公司）与湖北省东安工贸有限公司（以下简称东安公司）就成立新公司开展神龙汽车4S店经营，于2003年签署《合作组建汽车4S店协议书》《战略重组意向书》《合作组建汽车4S店协议书的补充协议》《合资协议书》，其中约定：注册资金人民币400万元，东安公司用品牌及现金出资，占股份的75.02%，武汽零公司用自有厂房及土地使用权出资，占股份的24.98%，并就其他相关事宜进行约定。因武汽零公司拟用于出资的土地使用权系划拨工业用地，上述出资行为未获批准，新公司未能成立。为了尽快开展经营，2003年5月22~23日，东安公司按照上述合同约定通过武汽零公司向约定土地上的门面经营户支付拆迁费用1,398,400元，将上述门面拆除，为建设自用设施做准备。2003年6月13日，东安公司向武汽零公司出具报告称，由于武汽零公司的土地有权利负担，如发生纠纷造成该公司损失应由武汽零公司承担。之后，东安公司开始占用该块土地，并在其上修建了汽车销售展厅、办公室、培训室、维修车间等。2004年5月19日，东安公司在与武汽零公司约定的土地江岸区堤角边135号即武汉市解放大道2855号注册汉口分公司。双方至今未提交经有批准权的市、县人民政府土地管理部门和房产管理部门批准上述约定的土地出资或转让的证据。2007年年底开始，政府主导武汽零公司改制，要求将武汽零公司土地使用权予以注销，地上所有建筑物应拆除，武汽零公司与第三方中央商务区集团签署相应的收储协议。武汽零公司与东安公司因此发生诉讼。

本案再审法院经审查认为：依据《合同法司法解释二》第8条关于“依照法律、行政法规的规定经批准或者登记才能生效的合同成立后，有义务办理申请批准或者申请登记等手续的一方当事人未按照法律规定或者合同约定办理申请批准或者未申请登记的，属于合同法第四十二条第（三）项规定的‘其他违背诚实信用原则的行为’，人民法院可以根据案件的具体情况和相对人的请求，判决相对人自己办理有关手续；对方当事人对由此产生的费用和给相对人造成的实际损失，应当承担损害赔偿责任”的规定，对于成立但未生效的合同，可依缔约过失责任的相关规定，认定双方的损失及赔偿责任。缔约过失责任以当事人在订立合同过程中存在违背诚实信用原则的行为为前提，致使合同不成立、无效、被撤销或未生效的，应对给对方造成的信赖利益损失予以赔偿。存在过错，违反法定随附义务或先合同义务，造成对方的信赖利益损失，行为与损失之间存在因果关系。在双方均有过错的情形下，应分清双方过错程度，按比例划分，对损失各自承担相应的责任。本案中，武汽零公司作为以划拨土地使用权出资义务方，其法定随附义务为完成划拨土地使用权出资的批准手续和涤除物上的抵押担保，但其始终未予履行，构成《合同法》第42条第3项[①]“其他违背诚实信用原则的行为”。

本案是《民法典》颁布施行前最高人民法院进行再审的案件，再审法官援引适用《合同法司法解释二》的规定将武汽零公司作为以划拨土地使用权出资义务方，将其未履行完成划拨土地使用权出资的批准手续义务的事实认定为应承担缔约过失责任。但在《民法典》颁布施行后，笔者认为，对于此案性质的认定应当由缔约过失责任纠纷变为违约责任纠纷，武汽零公司应承担违约责任，而非缔约过失责任。

2. 对资管业务的影响

目前在资管业务中，相关交易项下（如房地产开发项目、涉及国有资产的项目）往往涉及交易对手须就该等交易办理批准等手续的情形。《民法典》颁布施行前，若相关交易对手未办理相应批准等手续导致合同未生效的，则金融机构仅能向其主张缔约过失责任，但《合同法》对于缔约过失责任的赔偿范围并未作出明确的规定，故在实践中，无论是对所遭受损失的举证及认定，还是对赔偿范围的认定，均存在一定难度及较大的不确定性。而根据本次《民法典》对履行报批等义务条款以及与之相关条款效力独立性的规定，若相关交易对手未履行报批等义务的，金融机构可对其主张违约责任，为金融机构在该情形下对交易对手进行追责提供了明确的法律依据。

3. 对金融机构开展资管业务的建议

尽管《民法典》赋予了合同中履行报批等义务条款以及与之相关条款的独立性，并规定“应当办理申请批准等手续的当事人未履行义务的，对方可以请求其承担违反该义务的责任”，但若在合同中未就交易对手不履行申请批准等手续设置明确的违约责任（如违约金）的话，则在争议解决过程中，

---

① **《民法典》**

第五百条 当事人在订立合同过程中有下列情形之一，造成对方损失的，应当承担赔偿责任：

（一）假借订立合同，进行恶意磋商；

（二）故意隐瞒与订立合同有关的重要事实或者提供虚假情况；

（三）有其他违背诚信原则的行为。

就该交易对手违约所应承担的责任的认定仍存在一定困难及不确定性，故建议金融机构在涉及应当办理批准等手续的合同中，就交易对手未办理申请批准等手续设置明确的违约金条款，明确违约金的计算方式和收取方式，以便于日后的追责，避免因此遭受损失。

六、合同不生效的情形下不影响争议解决条款的效力

《民法典》第507条在《合同法》的基础上补充了“合同不生效”情形下不影响合同中独立存在的有关解决争议方式的条款的效力。在金融机构开展资管业务过程中，应更加审慎选择争议决议方式（包括管辖法院的选择等）。

（一）新旧法律条文对比

1. 原规定

《合同法》

第五十七条 合同无效、被撤销或者终止的，不影响合同中独立存在的有关解决争议方法的条款的效力。

2. 新规定

《民法典》

第五百零七条 合同不生效、无效、被撤销或者终止的，不影响合同中有关解决争议方法的条款的效力。

（二）法条对比、影响及建议

1. 法律条文变化分析

此前《合同法》仅规定了合同无效、被撤销或者终止的，不影响合同中独立存在的有关解决争议方式的条款的效力，但对于合同不生效的情形未作规定。《民法典》第507条在《合同法》的基础上补充了“合同不生效”情形下不影响合同中独立存在的有关争议解决方式的条款的效力，补足了此前规定中关于“合同不生效”情形下规定的缺失。

2. 对资管业务的影响

在资管业务中，如前文所述，与相关交易对手开展的交易须办理批准等手续，且办理批准等手续前合同未生效的情形普遍存在，且在相关交易安排下，附条件生效合同亦普遍存在。在批准等手续办理完毕前，或合同约定的生效条件未达成前，合同将处于已成立但尚未生效的状态。此时，若各当事人产生争议，或负有义务一方未履行相应义务，则合同中有关解决争议方式条款效力的认定便一直缺少法律依据。《民法典》补足了该项缺失。按照《民法典》的规定，该种情形下，合同中有关解决争议方法的条款仍然有效，各方应按照合同中约定的争议解决方式（包括对管辖法院的约定）解决争议。

3. 对金融机构开展资管业务的建议

金融机构在开展资管业务过程中，相关合同中有关争议解决方式的约定，对于合同履行过程中产生争议后如何充分救济和高效解决纠纷有重要的作用。此外，结合前文所述，由于交易对手未办理批准等手续导致合同未生效的情况与金融机构对交易对手的追责亦紧密相关，故建议金融机构更加审慎地选择合同中的争议解决方式（包括管辖法院的选择等）。

但是，笔者仍然要提示金融机构，虽然争议解决条款具有独立性，但仍应确保有关约定符合法律规定，如选择的管辖法院应当具有管辖权、仲裁条款必须明确。

七、增加绿色履行原则

《民法典》第 509 条第 3 款规定了合同的绿色履行原则，系《民法典》在之前《合同法》基础上的新增内容。《民法总则》首次将绿色原则纳入民法的基本原则之列，《民法典》第 9 条[①]沿袭了这一规定，彰显绿色原则为本次《民法典》合同编修订中“中国特色”的重要体现，在资管业务合同履行过程中，应遵循绿色原则，避免浪费资源、污染环境和破坏生态。

---

① **《民法典》**

第九条 民事主体从事民事活动，应当有利于节约资源、保护生态环境。

（一）新旧法律条文对比

1. 原规定

此项为新增规定，无原规定。

2. 新规定

《民法典》

第五百零九条 当事人应当按照约定全面履行自己的义务。

当事人应当遵循诚信原则，根据合同的性质、目的和交易习惯履行通知、协助、保密等义务。

当事人在履行合同过程中，应当避免浪费资源、污染环境和破坏生态。

（二）法条对比、影响及建议

1. 法律条文变化分析

《民法总则》首次将绿色原则纳入民法的基本原则，《民法典》第 9 条沿袭了这一原则，规定“民事主体从事民事活动，应当有利于节约资源、保护生态环境”。作为绿色原则在合同编的体现，《民法典》第 509 条新增了合同的绿色履行原则，规定“当事人在履行合同过程中，应当避免浪费资源、污染环境和破坏生态”。《民法典》除了在合同编第一分编通则部分作出上述原则性规定外，还在第二分编相应典型合同部分就合同的绿色履行作出了相应规定，如第 619 条①规定的买卖合同中的绿色包装义务、第 625 条②规定的买卖合同中的旧物回收义务、第 827 条③规定的运输合同的绿色包装义务、第

① **《民法典》**

第六百一十九条 出卖人应当按照约定的包装方式交付标的物。对包装方式没有约定或者约定不明确，依据本法第五百一十条的规定仍不能确定的，应当按照通用的方式包装；没有通用方式的，应当采取足以保护标的物且有利于节约资源、保护生态环境的包装方式。

② **《民法典》**

第六百二十五条 依照法律、行政法规的规定或者按照当事人的约定，标的物在有效使用年限届满后应予回收的，出卖人负有自行或者委托第三人对标的物予以回收的义务。

③ **《民法典》**

第八百二十七条 托运人应当按照约定的方式包装货物。对包装方式没有约定或者约定不明确的，适用本法第六百一十九条的规定。

托运人违反前款规定的，承运人可以拒绝运输。

942 条[①]规定的物业服务合同中的清洁绿化义务等。

2. 对资管业务的影响

党的十九大报告指出："建设生态文明是中华民族永续发展的千年大计。必须树立和践行绿水青山就是金山银山的理念，坚持节约资源和保护环境的基本国策。"《民法总则》《民法典》中关于绿色原则的规定，将环境保护上升至法典基本原则的地位，具有鲜明的时代特征。此外，《民法典》首次将绿色履行原则纳入合同履行的基本原则，作为规范民事活动的基本导向，树立了可持续发展的观念，适应时代发展的新理念和新要求。在司法实践中，笔者尚未检索到法院直接适用该原则作出裁判的司法案例，合同的绿色履行原则作为倡导性原则，作为合同履行的基本原则，未来将对司法审判产生重要影响。

3. 对金融机构开展资管业务的建议

由于绿色原则是本次《民法典》合同编修订的重要特色，金融机构在开展资管业务过程中，也需要格外注重节约资源、保护生态环境，积极承担社会责任，维护社会利益。对所涉业务（如相关房地产项目、基础设施建设项目）可能涉及浪费资源、污染环境和破坏生态的，应基于绿色原则予以充分考量并谨慎开展。

八、补充完善按份之债的相关规则

《民法典》第 517 条补充完善了按份之债的相关规则，并将标的是否可分作为是否能够构成按份之债的界定标准。目前在资管业务中，金融机构与其他主体共同作为债权人，或金融机构作为债权人在相关债权项下同时存在多个债务的情况普遍存在，故在上述情形下是否构成按份之债，对金融机构所持债权的实现将产生重要影响，值得金融机构予以关注。

---

① **《民法典》**

第九百四十二条 物业服务人应当按照约定和物业的使用性质，妥善维修、养护、清洁、绿化和经营管理物业服务区域内的业主共有部分，维护物业服务区域内的基本秩序，采取合理措施保护业主的人身、财产安全。

对物业服务区域内违反有关治安、环保、消防等法律法规的行为，物业服务人应当及时采取合理措施制止、向有关行政主管部门报告并协助处理。

（一）新旧法律条文对比

1. 原规定

《民法通则》

第八十六条 债权人为二人以上的，按照确定的份额分享权利。债务人为二人以上的，按照确定的份额分担义务。

2. 新规定

《民法典》

第五百一十七条 债权人为二人以上，标的可分，按照份额各自享有债权的，为按份债权；债务人为二人以上，标的可分，按照份额各自负担债务的，为按份债务。

按份债权人或者按份债务人的份额难以确定的，视为份额相同。

（二）法条对比、影响及建议

1. 法律条文变化分析

《民法典》第517条至第521条对多数主体之债进行了相关规定，其中，第517条是对按份之债的规定，其系在《民法通则》的基础上，明确强调了构成按份之债的前提为“标的可分”，即为可分之债。但值得注意的是，在学理上，按份之债与连带之债为相对概念，可分之债与不可分之债为相对概念。可分之债与不可分之债的区分标准为标的物是否可分，按份之债与连带之债的区分标准为一方当事人享有权利和承担义务的情况，两组概念之间尽管存在交叉，但不能混同，即不可分之债并不等同于连带之债，可分之债亦不等同于按份之债，比如从《民法典》的规定可知，按份之债系指按照份额各自享有债权或承担债务的可分之债。对于可分之债而言，若部分或者全部债权人均可以请求债务人履行债务或债权人可以请求部分或者全部债务人履行全部债务的，则为连带之债，而非按份之债。

2. 对资管业务的影响

目前在资管业务中，金融机构与其他主体共同作为债权人，或金融机构作为债权人在相关债权项下同时存在多个债务的情况普遍存在，是否构成按份之债，直接影响金融机构所持债权的实现。

（1）债权人为多人的情形。

在目前金融机构开展的资管业务中，经常会出现与其他合作方共同对交易对手享有债权的情况，如在消费金融业务中的联合贷款模式下，金融机构与其他合作方按照相应份额比例共同向借款人发放借款。在此情况下，该借款债权项下的债权人为该金融机构及其他合作方，并分别对借款人享有相应金额的债权。此时，若该债权构成按份之债，则金融机构仅能在其享有的份额范围内向借款人主张履行债务，同时其他合作方亦仅能在其享有的份额范围内向借款人主张履行债务，此时对借款人履行债务的全面主张将一定程度上依赖于金融机构与合作方之间相互配合，金融机构与合作方之间一旦产生矛盾或纠纷，可能就回款分配方案、争议解决方式、诉讼策略安排、资产处置方式等问题形成争议，进而可能对金融机构顺利、足额实现债权造成不利影响。

（2）债务人为多人的情形。

在目前金融机构开展的资管业务中，也经常会出现金融机构享有的债权项下存在多个债务人的情况。若该债务被认定为按份债务的，则金融机构仅能在各债务人负担的债务份额范围内向其主张权利，除非该按份债务安排为金融机构与债务人事先拟定并协商一致的交易安排，金融机构对该安排已经事先充分考量相应的风险控制因素并特意设置的，否则将不利于金融机构债权的足额实现。下面结合一个具体案例，对此问题进行进一步探讨。

案例：祁某俊、王某民间借贷纠纷［（2019）豫民终225号］

2007年左右，刘某源通过案外人认识王某及王某的表哥祁某俊，并于2007年分别向王某和祁某俊出借人民币现金共42万元，其中2007年1月30日通过银行汇款的方式向王某的中国建设银行河南省分行账户汇入11万元，2007年5月22日向祁某俊中国建设银行固始分行账户转账1万元，2007年6月18日向祁某俊中国建设银行固始分行转账10万元，2007年6月22日向祁某俊中国建设银行固始分行账户转账20万元，向祁某俊转账的三份汇款申请书汇款用途处均填写的是“货款”。后刘某源多次要求王某和祁某俊还款，其二人至今未还。另二审法院查明，二审期间刘某源明确主张王某还款11万元，祁某俊还款31万元。

二审法院经审查认为，根据《民法通则》第84条“债是按照合同的约定或者依照法律的规定，在当事人之间产生的特定的权利和义务关系，享有权利的人是债权人，负有义务的人是债务人。债权人有权要求债务人按照合同的约定或者依照法律的规定履行义务”，第86条“债权人为二人以上的，按照确定的份额分享权利。债务人为二人以上的，按照确定的份额分担义务”之规定，在二审庭审时，刘某源已经明确主张王某还款11万元，祁某俊还款31万元，王某与祁某俊应当按照各自账户收到的刘某源转账的数额分别偿还。所以，一审判处王某与祁某俊共同偿还42万元不当，二审法院调整为王某承担11万元还款责任，祁某俊承担31万元还款责任。

3. 对金融机构开展资管业务的建议

针对上文提及的金融机构与其他合作方共同对交易对手享有债权的情况，尽管针对该笔债权金融机构与其他合作方分别享有相应份额，但为便于向债务人主张债权，笔者建议，一般情况下，应在金融机构与合作方签署的相关合同中就出现风险时容易产生争议的焦点问题进行事先约定，并基于该等约定事项进一步设定与债务人的约定，例如，明确债务人不得以其取得借款资金的划出账户归属等事项为由，而对债权人的债权主张提出抗辩或异议。

针对上文提及的金融机构所享有的债权项下有多个债务人的情况，笔者建议，一般情况下，除非有特殊的交易考量或特定的合作模式，建议将该债务设定为连带债务，即在金融机构与各债务人签署的相关合同中明确约定，其可以请求部分或者全部债务人履行全部债务，并在向债务人主张履行债务时，向各债务人均就全部债务金额进行主张。但也需要考虑连带债务可能涉及的相应风险，具体见下文“连带之债”部分。

此外，若根据相关交易安排需要设置按份债权或按份债务的，则需要关注该债权债务所涉标的是否“可分”，以避免因标的不可分导致相关交易目的无法实现。

九、新增连带之债的相关规则

《民法典》第518～521条是对连带之债规则的相关规定。连带之债作为多数人之债的重要一环，在《合同法》中并没有明确规定，仅在《民法通则》中作出原则性规定。在金融机构开展资管业务的过程中，多数人之债的情况较为普遍，《民法典》本次新增关于连带之债规则的相关规定，系《民法典》合同编通则分编的重要变化，也为金融机构设置及后续处理连带之债提供了相应法律依据，应当予以着重关注。

（一）新旧法律条文对比

1. 原规定

《民法通则》

第八十七条 债权人或者债务人一方人数为二人以上的，依照法律的规定或者当事人的约定，享有连带权利的每个债权人，都有权要求债务人履行义务；负有连带义务的每个债务人，都负有清偿全部债务的义务，履行了义务的人，有权要求其他负有连带义务的人偿付他应当承担的份额。

2. 新规定

《民法典》

第五百一十八条 债权人为二人以上，部分或者全部债权人均可以请求债务人履行债务的，为连带债权；债务人为二人以上，债权人可以请求部分或者全部债务人履行全部债务的，为连带债务。

连带债权或者连带债务，由法律规定或者当事人约定。

第五百一十九条 连带债务人之间的份额难以确定的，视为份额相同。

实际承担债务超过自己份额的连带债务人，有权就超出部分在其他连带债务人未履行的份额范围内向其追偿，并相应地享有债权人的权利，但是不得损害债权人的利益。其他连带债务人对债权人的抗辩，可以向该债务人主张。

被追偿的连带债务人不能履行其应分担份额的，其他连带债务人应当在相应范围内按比例分担。

第五百二十条 部分连带债务人履行、抵销债务或者提存标的物的，其他债务人对债权人的债务在相应范围内消灭；该债务人可以依据前条规定向其他债务人追偿。

部分连带债务人的债务被债权人免除的，在该连带债务人应当承担的份额范围内，其他债务人对债权人的债务消灭。

部分连带债务人的债务与债权人的债权同归于一人的，在扣除该债务人应当承担的份额后，债权人对其他债务人的债权继续存在。

债权人对部分连带债务人的给付受领迟延的，对其他连带债务人发生效力。

第五百二十一条 连带债权人之间的份额难以确定的，视为份额相同。

实际受领债权的连带债权人，应当按比例向其他连带债权人返还。

连带债权参照适用本章连带债务的有关规定。

（二）法条对比、影响及建议

1. 法律条文变化分析

（1）《民法典》第518条是对连带之债的定义。所谓连带之债，分为连带债权及连带债务，其中，连带债权是指债权人为二人以上，部分或者全部债权人均可以请求债务人履行债务的债权；连带债务系指债务人为二人以上，债权人可以请求部分或者全部债务人履行全部债务的债务。较之《民法通则》第87条对连带之债的规定，《民法典》突出强调连带债权项下部分或者全部债权人均可以请求债务人履行债务，连带债务项下债权人可以请求部分或者全部债务人履行全部债务。

对于连带之债发生的原因，《民法典》沿袭了《民法通则》的规定，即连带之债系基于法律规定或者当事人约定产生。

此外值得注意的是，如前文关于按份之债的论述，按份之债应以标的可分作为前提，即构成按份之债的债权债务应为可分之债。而关于连带之债，则并非以标的是否可分为前提，即无论是可分之债还是不可分之债，只要法律规定或当事人约定，均可成立连带之债。

（2）《民法典》第519条是对连带债务人之间内部关系的规定。其中：本条第1款系对连带债务人之间份额的推定性规则，但该规则仅适用于连带债务人之间的份额难以确定的情形；本条第2款系连带债务人的追偿权和代位权规则，实际承担债务的连带债务人对其他连带债务人享有追偿权和代位权的前提均为其实际承担债务超过自己份额，且其行使追偿权和代位权的限度在其他连带债务人未履行的份额范围内，但其他连带债务人对债权人的抗辩，可以向该债务人主张；本条第3款系被追偿的连带债务人履行不能时的分担规则，被追偿的连带债务人不能履行其应分担份额的，其他连带债务人应当在相应范围内按比例分担。

（3）《民法典》第520条是对连带债务涉他效力的规定。连带债务中，某一连带债务人对债务的履行、抵销、提存、免除、混同、受领延迟均对其他连带债务人发生效力。

（4）《民法典》第521条是对连带债权人之间内外部关系的规定，其中：本条第1款系对连带债权人之间份额的推定性规则，但该规则仅适用于连带债权人之间的份额难以确定的情形；本条第2款系连带债权人之间的返还请求权的规定，实际受领债权的连带债权人，应当按比例向其他连带债权人返还。

2. 对资管业务的影响

目前在资管业务中，连带之债作为常见的交易安排，对于连带之债的认定及相应规则将对资管业务项下交易安排、债权的实现产生重大影响。其中：

（1）在金融机构与其他合作方共同对债务人享有债权的情况下，有关债权是否能被认定为连带债权，将决定金融机构作为债权人行使债权的范围、债权受领后金融机构与合作方之间所享有债权比例以及其中一方受领后是否需要向另一方承担返还义务。

（2）在金融机构作为债权人，其享有的债权项下债务人为多人的情形下，有关债务是否能被认定为这些债务人的连带债务，将决定金融机构向各债务人主张履行债务的范围，进而一定程度上影响金融机构债权的实现。

此外，在连带债务中，若部分连带债务人的债务被金融机构（作为债权人）免除的，或与金融机构（作为债权人）对其所负债务抵销的，该免除、抵销的效力将及于其他连带债务人，这一点值得特别关注。

3. 对金融机构开展资管业务的建议

在金融机构开展资管业务过程中，应结合《民法典》关于连带之债的上述规定，充分考量并综合判断对于连带债权或连带债务的交易安排设置。

针对金融机构与其他合作方共同对交易对手享有债权的情况，如本章第二节第八条“补充完善按份之债的相关规则”部分所述，一般情况下笔者建议设置合理的避险条款，但也需要充分考虑在债务人无法足额清偿的情况下，金融机构主动受领债权后仍负有向合作方按债权比例返还的义务。

针对上文提及的金融机构所享有的债权项下有多个债务人的情况，如前文按份之债部分所述，一般情况下笔者建议，将该债务设定为连带债务，但也需要充分考虑金融机构与各债务人之间的债权债务情况，若金融机构在其他交易项下对某一连带债务人负有或可能负有债务的，则可能被主张抵销且其效力及于本项交易项下债权，可能会无法实现设置连带债务的目的。此外，金融机构在免除某一债务人债务时，也需要格外谨慎，以避免其效力及于其他连带债务人，影响其债权的足额实现。

十、新增第三人代为履行的相关规则

《民法典》第524条是对第三人代为履行的规定，明确了第三人代为履行的条件及相应法律后果，为《民法典》本次新增规则。在资管业务中，金融机构作为债权人，其债务人若不履行债务的，如债务性质不属于只能由债务人履行的，或金融机构与债务人未约定或法律未规定只能由债务人履行的，则对履行该债务具有合法利益的第三人有权向金融机构（作为债权人）代为履行。

（一）新旧法律条文对比

1. 原规定

此项为新增内容，无原规定。

2. 新规定

《民法典》

第五百二十四条 债务人不履行债务，第三人对履行该债务具有合法利益的，第三人有权向债权人代为履行；但是，根据债务性质、按照当事人约定或者依照法律规定只能由债务人履行的除外。

债权人接受第三人履行后，其对债务人的债权转让给第三人，但是债务人和第三人另有约定的除外。

（二）法条对比、影响及建议

1. 法律条文变化分析

《民法典》第524条是对第三人代为履行的规定，为《民法典》本次新增的规则。第三人代为履行，须满足如下条件：

（1）债务人不履行债务；

（2）第三人对履行该债务具有合法利益；

（3）不属于不得代为履行的情形。

其中，属于不得代为履行的情形包括如下几种：

（1）根据债务性质只能由债务人履行的债务，如委托开发合同中的研究开发人等；

（2）当事人约定只能由债务人亲自履行的债务；

（3）依照法律规定只能由债务人亲自履行的债务，如建设工程承包合同中的违法分包、转包限制。

按照《民法典》的规定，若满足上述条件的，则第三人有权主动向债权人代为履行，但在这种情况下，第三人代为履行应以不损害债权人利益为前提。

2. 对资管业务的影响

目前在资管业务中，可在交易结构设计中将第三人代为履行作为一种特殊交易安排以满足债务清偿需求，但是需要注意的是，此类代为履行系第三人的权利，有别于债务加入系第三人的义务。

3. 对金融机构开展资管业务的建议

建议金融机构在开展资管业务的过程中，如在交易结构设计中将第三人代为履行作为一种有利于债务清偿的特殊交易安排，实现交易目的的同时进一步减少相关争议。同时，金融机构需要重点考虑这种安排是否涉及不得代为履行的情形，如果存在不得代为履行的情形的，尽管有第三人代为履行的安排，这种交易仍可能因最终无法实现从而对债权造成不利影响。

十一、补充及完善债权人代位权的相关规则

《民法典》第535～537条就债权人代位权进行了规定，其中第535条系对《合同法》债权人代位权相关规定的进一步修改与完善，第536条新增了债权人出于保全目的而行使代位权的规则，第537条系吸收了《合同法司法解释一》的相关规定并在此基础上的进一步修改与完善。目前，在资管业务中，在债务人怠于行使其享有的对其他方的债权及相应从权利时，金融机构作为债权人行使代位权对于债权的实现往往会起到关键作用。

（一）新旧法律条文对比

1. 原规定

《合同法》

第七十三条 因债务人怠于行使其到期债权，对债权人造成损害的，债权人可以向人民法院请求以自己的名义代位行使债务人的债权，但该债权专属于债务人自身的除外。

代位权的行使范围以债权人的债权为限。债权人行使代位权的必要费用，由债务人负担。

《合同法司法解释一》

第十一条 债权人依照合同法第七十三条的规定提起代位权诉讼，应当符合下列条件：

（一）债权人对债务人的债权合法；

（二）债务人怠于行使其到期债权，对债权人造成损害；

（三）债务人的债权已到期；

（四）债务人的债权不是专属于债务人自身的债权。

第十二条 合同法第七十三条第一款规定的专属于债务人自身的债权，是指基于扶养关系、抚养关系、赡养关系、继承关系产生的给付请求权和劳动报酬、退休金、养老金、抚恤金、安置费、人寿保险、人身伤害赔偿请求权等权利。

第十三条 合同法第七十三条规定的“债务人怠于行使其到期债权，对

债权人造成损害的”，是指债务人不履行其对债权人的到期债务，又不以诉讼方式或者仲裁方式向其债务人主张其享有的具有金钱给付内容的到期债权，致使债权人的到期债权未能实现。

次债务人（即债务人的债务人）不认为债务人有怠于行使其到期债权情况的，应当承担举证责任。

第十八条 在代位权诉讼中，次债务人对债务人的抗辩，可以向债权人主张。

债务人在代位权诉讼中对债权人的债权提出异议，经审查异议成立的，人民法院应当裁定驳回债权人的起诉。

第二十条 债权人向次债务人提起的代位权诉讼经人民法院审理后认定代位权成立的，由次债务人向债权人履行清偿义务，债权人与债务人、债务人与次债务人之间相应的债权债务关系即予消灭。

2. 新规定

《民法典》

第五百三十五条 因债务人怠于行使其债权或者与该债权有关的从权利，影响债权人的到期债权实现的，债权人可以向人民法院请求以自己的名义代位行使债务人对相对人的权利，但是该权利专属于债务人自身的除外。

代位权的行使范围以债权人的到期债权为限。债权人行使代位权的必要费用，由债务人负担。

相对人对债务人的抗辩，可以向债权人主张。

第五百三十六条 债权人的债权到期前，债务人的债权或者与该债权有关的从权利存在诉讼时效期间即将届满或者未及时申报破产债权等情形，影响债权人的债权实现的，债权人可以代位向债务人的相对人请求其向债务人履行、向破产管理人申报或者作出其他必要的行为。

第五百三十七条 人民法院认定代位权成立的，由债务人的相对人向债权人履行义务，债权人接受履行后，债权人与债务人、债务人与相对人之间相应的权利义务终止。债务人对相对人的债权或者与该债权有关的从权利被采取保全、执行措施，或者债务人破产的，依照相关法律的规定处理。

（二）法条对比、影响及建议

1. 法律条文变化分析

《民法典》第535条是在吸收了《合同法司法解释一》的相关规定并在此基础上对《合同法》债权人代位权的相关规定的进一步修改与完善。所谓债权人代位权，是指因债务人怠于行使其债权或者与该债权有关的从权利，影响债权人的到期债权实现的，债权人以向人民法院起诉的方式行使代位权，以自己的名义代位行使债务人对相对人的权利。债权人代位权的行使，须满足如下条件：

（1）债权人对债务人的债权为合法债权（赌“债”等非法债权不适用此规定）；

（2）债权人对债务人的债权已经到期；

（3）债务人怠于行使其债权以及与该债权有关的从权利；

（4）影响债权人到期债权的实现；

（5）债务人对相对人享有的权利非专属于债务人自身的权利。

此外，值得注意的是，《民法典》吸收了《合同法司法解释一》的相关规定，债权人行使代位权的，相对人对债务人的抗辩，可以向债权人主张。

《民法典》第536条新增了债权人代位权提前行使的规则。按照《民法典》第535条的规定，债权人代位权的行使，须满足其对债务人的债权已经到期。《民法典》第536条在此基础上新增了代位权提前行使的相应规则，主要列举了以下两种适用情形：

（1）债务人的债权或者与该债权有关的从权利诉讼时效期间即将届满。

（2）债务人就其债权或者与该债权有关的从权利未及时申报破产债权。

此外，由于债权人出于合同保全目的行使代位权具有特殊性，与一般债权人行使需要通过诉讼的方式不同，此类债权人出于合同保全目的的行使代位权并不要求以诉讼的方式向法院提出，他们可以直接代位向债务人的相对人请求其向债务人履行、向破产管理人申报或者作出其他必要的行为。

《民法典》第537条为关于债权人行使代位权的效果的规定，系吸收了《合同法司法解释一》的相关规定并在此基础上的进一步修改与完善。债权人行使代位权的效果原则上直接归于债权人，即债权人行使代位权的，原则上债权人对债务人的相对人履行的义务享有优先受偿的权利，但债务人对相对人的债权或者与该债权有关的从权利被采取保全、执行措施，或者债务人破产的，则债权人对债务人的相对人履行的义务并不当然享有受偿的权利，将受到关于保全、执行措施，或者债务人破产的相关法律规定的限制。

2. 对资管业务的影响

目前在资管业务中，在交易端，金融机构普遍是债权人或对交易对手享有要求其履行相应合同项下支付义务的权利。一旦发生金融机构享有的债权到期或出现交易对手未按约定履行支付合同项下支付义务的情况，则金融机构是否能尽快足额实现债权，对于其充分履行受托管理职责，保护投资者利益非常重要。《民法典》第535～537条对债权人代位权的相关规定，是合同保全的重要规则，对于债权到期、债权未到期的情况均设置了债权人代位行使相关权利的法律依据，金融机构可据此行使代位权。

3. 对金融机构开展资管业务的建议

金融机构作为债权人，在行使债权人代位权时，应着重关注《民法典》中关于债权人代位权的行使条件、行使范围、程序要求等相关规定，且建议金融机构对于债务人的相关债权债务情况应充分进行尽职调查并及时跟进该等债权债务的履行情况，以免遗漏债务人的重大债权（包括从权利）信息致使疏于行使债权人代位权，进而对金融机构及投资者权益产生不利影响，并为金融机构进行风险处置、化解危机提供可行路径。

十二、补充及完善债权人撤销权的相关规则

《民法典》第538条、第539条就债权人撤销权进行了规定，补充规定了债权人可行使撤销权的几种典型情形，完善了相应规则。

（一）新旧法律条文对比

1. 原规定

《合同法》

第七十四条 因债务人放弃其到期债权或者无偿转让财产，对债权人造

成损害的，债权人可以请求人民法院撤销债务人的行为。债务人以明显不合理的低价转让财产，对债权人造成损害，并且受让人知道该情形的，债权人也可以请求人民法院撤销债务人的行为。

撤销权的行使范围以债权人的债权为限。债权人行使撤销权的必要费用，由债务人负担。

2. 新规定

《民法典》

第五百三十八条 债务人以放弃其债权、放弃债权担保、无偿转让财产等方式无偿处分财产权益，或者恶意延长其到期债权的履行期限，影响债权人的债权实现的，债权人可以请求人民法院撤销债务人的行为。

第五百三十九条 债务人以明显不合理的低价转让财产、以明显不合理的高价受让他人财产或者为他人的债务提供担保，影响债权人的债权实现，债务人的相对人知道或者应当知道该情形的，债权人可以请求人民法院撤销债务人的行为。

（二）法条对比、影响及建议

1. 法律条文变化分析

第一，《合同法》第74条规定了债务人恶意损害债权人权益的三种积极行为，在近年来债务人恶意转移财产、逃废债务的现象日益增多、方式方法也越来越多样的背景下，《民法典》第538条、第539条补充规定了“放弃债权担保”“恶意延长其到期债权的履行期限”“以明显不合理的高价受让他人财产”“为他人的债务提供担保”几种典型情形，且《民法典》第538条中“无偿转让财产等方式无偿处分财产权益”的规定使用了“等方式”的兜底表述，为其他无偿处分行为留出了解释空间，补充及完善了债权人撤销权的相关规则。

第二，《民法典》第538条规定的债务人“放弃其债权”中的债权既包括到期债权，也包括未到期债权，不局限于《合同法》第74条规定的“债务人放弃其到期债权”。

第三，《合同法》第74条规定的债权人行使撤销权的条件之一是债务人的行为“对债权人造成损害”，而《民法典》第538条、第539条则修改为“影响债权人的债权实现”，理论上亦扩大了债权人行使撤销权的空间，更加直接地体现出规定债权人撤销权系为了平衡债务人自由处分财产、债务人的相对人的交易安全、保护债权人债权实现等法益的立法目的。下面结合一个案例，对此问题进行进一步探讨。

案例：周某诚、投资2234海外第七号基金公司等债权人撤销权纠纷民事裁定书［（2020）最高法民申2757号］

2003年9月8日，江苏天创通讯实业有限公司（以下简称天创公司）向上海银行外滩支行借款人民币2亿元（以下简称标的债权），南京长恒实业有限公司（以下简称长恒公司）与上海银行外滩支行签订借款保证合同一份，为天创公司上述借款提供连带责任保证。2005年12月13日，中国信达资产管理公司上海办事处（以下简称信达公司）通过受让方式取得标的债权，并于2006年2月27日向法院提起诉讼要求天创公司偿还借款并要求长恒公司承担连带清偿责任。2007年6月20日，投资2234海外第七号基金公司（以下简称基金公司）自信达公司处受让标的债权及相关权益，并于2007年10月11日向长恒公司通知了转让事宜。2008年6月19日，上海市高级人民法院天创公司偿还借款本金人民币149,298,355.78元及相应利息，并判决长恒公司对天创公司的欠款在基金公司行使质押权后仍未获清偿部分承担连带保证责任。2012年8月29日，上海市高级人民法院基于上述案件判决向上海金槌商品拍卖有限公司出具“委托拍卖函”，委托该公司对长恒公司持有的西藏城投限售流通股32,036,200股进行拍卖。

2009年9月27日、2011年3月28日及2011年4月18日，长恒公司共计为8笔债务提供了无偿的连带责任保证担保，周某诚通过债权受让方式成为上述8笔债权的债权人。2012年7月25日，周某诚向江苏省南京市中级人民法院（以下简称南京市中院）提出对长恒公司的破产清算申请，2012年9月13日，南京市中院受理周某诚对长恒公司的破产清算申请。破产清算程序中，基金公司于2013年9月16日向南京市中院提交了《南京长恒实业有限公司破产债权核定异议书》，对管理人核定的周某诚的债权提出异议，并主张撤销长恒公司对周某诚的8笔保证担保。

关于“债务人为他人提供保证担保的行为是否属于债权人行使撤销权的对象”的问题，最高人民法院在再审过程中认为：法律不可能完全列举债务人损害债权人债权的所有形式。列举不全导致实务中出现问题后，在总结审判实践成功经验的基础上，最高人民法院形成填补法律漏洞的对策，制定了《合同法司法解释二》，新增“债务人放弃其未到期的债权”“放弃债权担保”“恶意延长到期债权的履行期”三种情形。从司法解释的补充规定可以看出，既有规定对债权人行使撤销权的情形系不完全列举，而非完全列举。《民法典》第539条规定：“债务人以明显不合理的低价转让财产、以明显不合理的高价受让他人财产或者为他人的债务提供担保，影响债权人的债权实现，债务人的相对人知道或者应当知道该情形的，债权人可以请求人民法院撤销债务人的行为。”尽管《民法典》尚未开始施行，但其在《合同法》第74条的基础上增加“为他人的债务提供担保”这一债权人行使撤销权的情形，说明债务人为他人的债务提供担保的行为，是债权人撤销权的题中之义。债权人撤销权制度的立法目的在于通过特别允许债权人干涉债务人对其财产的自由处分，使债务人的责任财产维持在适当状态，以保障债权人的债权得以实现。基于这一立法目的，应当认为债务人的行为导致其责任财产不当减少，妨碍债权人实现的，即可成为撤销权行使的对象。债务人为他人的债务提供担保，增加了自己的债务负担，具有减少责任财产的法律效果，可能影响债权人的债权实现。因此债权人可以依据《合同法》第74条的规定，请求人民法院撤销债务人的担保行为。原判决适用《合同法》第74条审理本案，并无不当。

在上述案例中，最高人民法院虽因《民法典》尚未开始实施而未直接援引《民法典》第539条的规定进行判决，但其基于该条款的修改认为对债权人撤销权的立法目的在于通过特别允许债权人干涉债务人对其财产的自由处分，使债务人的责任财产维持在适当状态，以保障债权人的债权得以实现。基于这一立法目的，应当认为债务人的行为导致其责任财产不当减少，妨碍债权人债权实现的，即可成为撤销权行使的对象，因此债务人为他人的债务提供担保的行为属于债权人可行使撤销权的对象。

2. 对资管业务的影响

金融机构在资管业务中与相对人发生的法律关系可能因相对人的债权人行使债权人撤销权而被撤销，相关法律行为可能被认定为自始没有法律约束力。

3. 对金融机构开展资管业务的建议

建议金融机构在法律尽调过程中充分调查相对人的债务情况，并在相关交易文件中要求相对人承诺金融机构交易价格公允，不损害其债权人利益，并明确约定在被撤销的情形下相对人应承担的赔偿责任。此外，在金融机构作为债权人的情况下，应做好中后期管理工作，以便掌握债务人处分财产及行使其享有的相关债权的情况，若存在无偿处分财产权益或者恶意延长其到期债权的履行期限等行为可能对金融机构行使债权产生不利影响的，届时金融机构应积极行使撤销权及采取相关措施保护投资者合法权益。

十三、调整债权转让的相关规则

《民法典》明确了债权人与债务人之间关于债权不得转让的约定的外部效力，完善了相应规则。

（一）新旧法律条文对比

1. 原规定

《合同法》

第七十九条 债权人可以将合同的权利全部或者部分转让给第三人，但有下列情形之一的除外：

（一）根据合同性质不得转让；

（二）按照当事人约定不得转让；

（三）依照法律规定不得转让。

2. 新规定

《民法典》

第五百四十五条 债权人可以将债权的全部或者部分转让给第三人，但是有下列情形之一的除外：

（一）根据债权性质不得转让；

（二）按照当事人约定不得转让；

（三）依照法律规定不得转让。

当事人约定非金钱债权不得转让的，不得对抗善意第三人。当事人约定金钱债权不得转让的，不得对抗第三人。

（二）法条对比、影响及建议

1. 法律条文变化分析

《合同法》未明确债权人与债务人之间关于债权不得转让的约定的外部效力，《民法典》对此予以了明确，区分了金钱债权和非金钱债权两种性质债权的不同后果，因为金钱债权的可让与性更强，所以对于金钱债权的转让，即使受让人明知债权人与债务人之间有关于债权不得转让的约定，债务人仍不能主张转让行为无效。

2. 对资管业务的影响

金融机构经常采用应收账款债权买入返售的方式向融资人提供融资，原先在此类项目的尽调中均需要关注是否融资人的金钱债权本身存在禁止转让条款。虽然《民法典》的新规定一定程度上减轻了受让人的注意义务，但金融机构出于审慎原则仍然应对于应收账款债权及相关约定进行尽职调查，特别关注是否对限制转让约定设置了罚则条款或其他权利负担条款，避免出现债权回收款减损风险。就实际操作中面临的交易对手就债权转让效力提出的抗辩事由而言，如果事后融资人以其已有关于债权转让禁止的约定主张金融机构受让债权行为的效力，则金融机构可以以《民法典》第 545 条提出抗辩，且无须证明善意。

3. 对金融机构开展资管业务的建议

如上所述，《民法典》的新规虽然对作为受让人的金融机构有有利的一面，但另一方面，若金融机构在交易文件中明确约定禁止相对人转让交易文件项下的权利，也仅能直接约束交易文件的相对人，无法直接产生外部效力，若该权利为金钱债权，则无法对抗第三人；若该权利为非金钱债权，则无法对抗善意第三人。因此，在金融机构作为债权人时，其与债务人签署的合同中不得约定禁止债权转让，以免金融机构未来处置债权时需对债务人承担违约责任。若金融机构受让非金钱债权时，仍然建议对债权进行尽职调查，包括是否存在禁止转让约定以及相关罚则条款、权利负担条款，同时需注意保留金融机构已对该债权进行审慎调查的证明文件，以便证明其属于善意第三人。

十四、新增债务加入的相关规则

《民法典》明确规定了并存的债务承担，无须债权人的明确同意，债权人可以请求第三人在其愿意承担的债务范围内和债务人承担连带债务。

（一）新旧法律条文对比

1. 原规定

本条系新增内容，无原规定。

2. 新规定

《民法典》

第五百五十二条 第三人与债务人约定加入债务并通知债权人，或者第三人向债权人表示愿意加入债务，债权人未在合理期限内明确拒绝的，债权人可以请求第三人在其愿意承担的债务范围内和债务人承担连带债务。

（二）法条对比、影响及建议

1. 法律条文变化分析

《合同法》第84条规定了免责的债务承担："债务人将合同的义务全部或者部分转移给第三人的，应当经债权人同意。"长久以来，并存的债务承担缺乏成文法依据，《民法典》弥补了该立法漏洞，补充规定了第三人加入债务仅需单方意思表示且债权人未在合理期限内明确拒绝的，则债务加入成立，但原债务人并不免除原债务，与第三人在其愿意承担的债务范围内承担连带责任。下面结合一个具体案例，对此问题进行进一步探讨。

案例：甘南鸿运矿业有限责任公司、青海聚丰典当有限公司典当纠纷［（2021）最高法民终355号］

2012年6月20日，孟某彪、孟某明、黄某与聚丰公司签订《典当（借款）合同》［青聚丰字（2012）第002号］，聚丰公司为孟某彪、孟某明、黄某提供100万元当金。为担保债务的履行，同日，孟某彪、孟某明、黄某将其拥有的鸿运公司100%的股权作为质押物与聚丰公司签订《股权质押合同》。同年6月21日，双方到甘肃省合作市工商行政管理局办理了股权出质设立登记，至该案起诉，未办理涂销登记。2012年9月13日，孟某彪、孟某明、黄某以其所拥有的鸿运公司100%的股权为质押物向聚丰公司典当借款，双方签订《典当（借款）合同》［青聚丰字（2012）第002号］和《股权质押合同》，约定当物为鸿运公司100%股权，当物估价2,000,000元，典当金额8,100,000元，典当期限为2012年9月13日至12月12日。聚丰公司于2012年6月至9月向孟某彪、孟某明、黄某支付当金共计7,253,000元。孟某彪、孟某明、黄某于2012年7月至2013年4月共计偿还4,999,000元，此后，孟某彪、孟某明、黄某既未续当，也未赎当。

2014年1月20日，孟某彪以西晶公司和鸿运公司名义向聚丰公司出具《承诺书》，承诺："我公司分别于2012年9月13日及2013年4月15日与青海聚丰典当有限公司各签订一份典当借款合同……现该借款已到期……我公司特此承诺于2014年2月底前支付本金11,500,000元及利息7,245,000元……"合同书上有鸿运公司公章，孟某彪签名，聚丰公司公章和法定代表人签名。

最高人民法院在二审中认为：2014年1月20日的《承诺书》是鸿运公司、西晶公司针对孟某彪在本案诉争的青聚丰字（2012）第002号《典当（借款）合同》和青聚丰字（2013）第005号《典当借款合同》项下债务与聚丰公司达成的债务加入协议，应以此为基本法律关系确定鸿运公司的民事责任。首先，青聚丰字（2012）第002号《典当（借款）合同》的借款人为孟某彪、孟某明，青聚丰字（2013）第005号《典当借款合同》的借款人为孟某彪。鸿运公司、西晶公司出具《承诺书》，明确表示同意支付上述合同项下欠款的本息，该约定没有改变其债务内容，作为债权人的聚丰公司对于鸿运公司、西晶公司承担债务的承诺也予以认可，符合《民法典》第552条关于债务加入的规定。《承诺书》签署于2014年，虽然当时的法律、司法解释没有规定债务加入，但根据《适用民法典时间效力的规定》第3条规定，本案可以适用《民法典》第552条认定构成债务加入。

2. 对资管业务的影响

金融机构在资管业务的过程中经常进行的债务加入安排本次在法典层面有了明确的法律依据，需要注意，金融机构作为债权人并非完全不可以拒绝债务加入人提出的加入债务的要求，进行并存的债务承担，《民法典》给予了债权人“在合理期限内明确拒绝”的权利，若金融机构出于受领给付的成本或者其他考虑不想接受债务加入人的债务加入行为，应当在合理期限内明确拒绝，否则无权拒绝受领给付。同时，若债权人未在合理期限内明确拒绝债务加入人的债务加入要求时，债务加入人未来亦不能以债权人未作出明确同意的意思表示而主张双方未能达成合意并进而拒绝履行债务。此外，不排除司法实践中由于债务加入和担保存在难以进行实质区分的情况，并结合《担保制度司法解释》第12条及第36条①的规定，应要求债务加入人提供合法有效的决议文件。

3. 对金融机构开展资管业务的建议

《民法典》明确了债务加入的方式，包括但不限于第三人与债务人约定加入债务并通知债权人，或者第三人向债权人表示愿意加入债务。此类约定增加了债务加入方式的灵活性，未来在开展业务的过程中，如涉及债务加

---

① 《担保制度司法解释》

第十二条 法定代表人依照民法典第五百五十二条的规定以公司名义加入债务的，人民法院在认定该行为的效力时，可以参照本解释关于公司为他人提供担保的有关规则处理。

第三十六条 第三人向债权人提供差额补足、流动性支持等类似承诺文件作为增信措施，具有提供担保的意思表示，债权人请求第三人承担保证责任的，人民法院应当依照保证的有关规定处理。

第三人向债权人提供的承诺文件，具有加入债务或者与债务人共同承担债务等意思表示的，人民法院应当认定为民法典第五百五十二条规定的债务加入。

前两款中第三人提供的承诺文件难以确定是保证还是债务加入的，人民法院应当将其认定为保证。

第三人向债权人提供的承诺文件不符合前三款规定的情形，债权人请求第三人承担保证责任或者连带责任的，人民法院不予支持，但是不影响其依据承诺文件请求第三人履行约定的义务或者承担相应的民事责任。

入安排的，除了可以采用债权人、债务人和债务加入人共同签署书面协议的方式，还可以采用债务加入人单方面向债权人发送债务加入通知或者债务加入人与债务人一起向债权人发送债务加入通知的方式。但需要注意的是，债务加入人无论采用哪种方式，均应在书面文件中明确其愿意承担的债务范围。

十五、法律无规定或者当事人未约定解除权行使期限的，解除权行使期限为一年

《民法典》明确了在法律没有规定或者当事人没有约定解除权行使期限，对方亦未催告的情况下合同解除权的行使期限，填补了《合同法》第95条存在的立法漏洞。

（一）新旧法律条文对比

1. 原规定

《合同法》

第九十五条 法律规定或者当事人约定解除权行使期限，期限届满当事人不行使的，该权利消灭。

法律没有规定或者当事人没有约定解除权行使期限，经对方催告后在合理期限内不行使的，该权利消灭。

2. 新规定

《民法典》

第五百六十四条 法律规定或者当事人约定解除权行使期限，期限届满当事人不行使的，该权利消灭。

法律没有规定或者当事人没有约定解除权行使期限，自解除权人知道或者应当知道解除事由之日起一年内不行使，或者经对方催告后在合理期限内不行使的，该权利消灭。

（二）法条对比、影响及建议

1. 法律条文变化分析

合同解除与合同撤销存在相似性，《民法典》第564条参考了第152条合

同撤销权行使期限的规定："有下列情形之一的，撤销权消灭：（一）当事人自知道或者应当知道撤销事由之日起一年内……没有行使撤销权……"并借鉴了最高人民法院《关于审理商品房买卖合同纠纷案件适用法律若干问题的解释》第11条的规定："……法律没有规定或者当事人没有约定，经对方当事人催告后，解除权行使的合理期限为三个月。对方当事人没有催告的，解除权人自知道或者应当知道解除事由之日起一年内行使。逾期不行使的，解除权消灭。"《民法典》明确了在法律没有规定或者当事人没有约定解除权行使期限，对方亦未催告的情况下合同解除权的行使期限，填补了《合同法》第95条存在的立法漏洞。

2. 对资管业务的影响

若金融机构没有事先在交易文件中约定更长的解除权行使期限，同时又怠于行使解除权，自其知道或者应当知道解除事由之日起一年内不行使，解除权将归于消灭。

需要特别注意的是，《适用民法典时间效力的规定》第25条规定："民法典施行前成立的合同，当时的法律、司法解释没有规定且当事人没有约定解除权行使期限，对方当事人也未催告的，解除权人在民法典施行前知道或者应当知道解除事由，自民法典施行之日起一年内不行使的，人民法院应当依法认定该解除权消灭；解除权人在民法典施行后知道或者应当知道解除事由的，适用民法典第五百六十四条第二款关于解除权行使期限的规定。"

3. 对金融机构开展资管业务的建议

建议金融机构在相关交易文件中明确约定解除权的行使期限，充分行使意思自治的权利，并在解除事由发生后积极行使权利，避免本来可以行使的解除权归于消灭。

十六、补充完善债务法定抵销的相关规则

《民法典》将《合同法》第99条的"互负到期债务"修改为只要求行使抵销权的一方享有的债权已经到期，对于被抵销的债权是否已届履行期则未作要求。

（一）新旧法律条文对比

1. 原规定

《合同法》

第九十九条 当事人互负到期债务，该债务的标的物种类、品质相同的，任何一方可以将自己的债务与对方的债务抵销，但依照法律规定或者按照合同性质不得抵销的除外。

当事人主张抵销的，应当通知对方。通知自到达对方时生效。抵销不得附条件或者附期限。

《合同法司法解释二》

第二十三条 对于依照合同法第九十九条的规定可以抵销的到期债权，当事人约定不得抵销的，人民法院可以认定该约定有效。

2. 新规定

《民法典》

第五百六十八条 当事人互负债务，该债务的标的物种类、品质相同的，任何一方可以将自己的债务与对方的到期债务抵销；但是，根据债务性质、按照当事人约定或者依照法律规定不得抵销的除外。

当事人主张抵销的，应当通知对方。通知自到达对方时生效。抵销不得附条件或者附期限。

（二）法条对比、影响及建议

1. 法律条文变化分析

《民法典》将《合同法》第99条的“互负到期债务”修改为只要求行使抵销权的一方享有的债权已经到期，对于被抵销的债权是否已届履行期则未作要求。因为未至履行期的债权被等额抵销，并不当然损害被抵销的债权的债权人利益。

2. 对资管业务的影响

《民法典》从理论上扩大了可以抵销债务的范围，可能被交易对手主张债务抵销从而可能影响金融机构在资管业务中交易的稳定性。

3. 对金融机构开展资管业务的建议

为了保障交易的稳定性，建议金融机构在开展资管业务的过程中，在交易文件中约定交易对手对金融机构“不享有且不行使任何抵销权”，并关注所受让资产是否存在与抵销权行使的相关约定。

十七、补充完善债务人提存的相关规则

《民法典》新增规定了债务人提存标的物的取回权。

（一）新旧法律条文对比

1. 原规定

《合同法》

第一百零四条 债权人可以随时领取提存物，但债权人对债务人负有到期债务的，在债权人未履行债务或者提供担保之前，提存部门根据债务人的要求应当拒绝其领取提存物。

债权人领取提存物的权利，自提存之日起五年内不行使而消灭，提存物扣除提存费用后归国家所有。

《合同法司法解释二》

第二十五条 依照合同法第一百零一条[①]的规定，债务人将合同标的物或者标的物拍卖、变卖所得价款交付提存部门时，人民法院应当认定提存成立。

提存成立的，视为债务人在其提存范围内已经履行债务。

2. 新规定

《民法典》

第五百七十一条 债务人将标的物或者将标的物依法拍卖、变卖所得价

---

① 《合同法》

第一百零一条 有下列情形之一，难以履行债务的，债务人可以将标的物提存：

（一）债权人无正当理由拒绝受领；

（二）债权人下落不明；

（三）债权人死亡未确定继承人或者丧失民事行为能力未确定监护人；

（四）法律规定的其他情形。

标的物不适于提存或者提存费用过高的，债务人依法可以拍卖或者变卖标的物，提存所得的价款。

款交付提存部门时，提存成立。

提存成立的，视为债务人在其提存范围内已经交付标的物。

第五百七十四条 债权人可以随时领取提存物。但是，债权人对债务人负有到期债务的，在债权人未履行债务或者提供担保之前，提存部门根据债务人的要求应当拒绝其领取提存物。

债权人领取提存物的权利，自提存之日起五年内不行使而消灭，提存物扣除提存费用后归国家所有。但是，债权人未履行对债务人的到期债务，或者债权人向提存部门书面表示放弃领取提存物权利的，债务人负担提存费用后有权取回提存物。

（二）法条对比、影响及建议

1. 法律条文变化分析

《民法典》第571条将《合同法司法解释二》第25条规定的“提存成立的，视为债务人在其提存范围内已经履行债务”修改为“提存成立的，视为债务人在其提存范围内已经交付标的物”，用语更加准确严谨。

此外，《民法典》第574条新增规定了“债权人未履行对债务人的到期债务，或者债权人向提存部门书面表示放弃领取提存物权利的，债务人负担提存费用后有权取回提存物”，明确了债务人的取回权。

2. 对资管业务的影响

在资管业务中若出现交易对手不配合受领等情况，当金融机构作为债务人时，金融机构可通过提存的方式履行债务，提存成立的，视为债务人在其提存范围内已经交付标的物，以避免交易对手恶意拖延受领；在双方互负债务的情况下，金融机构提存后在债务人未履行对金融机构的到期债务或者提供担保之前，金融机构可要求提存机构拒绝交易对手领取金融机构已提存的提存物；另外，在交易对手作为债务人的场合中也可能通过提存的方式履行债务，金融机构作为债权人若未履行对债务人的到期债务，或者向提存部门书面表示放弃领取提存物权利的，债务人负担提存费用后有权取回提存物。

3. 对金融机构开展资管业务的建议

在金融机构开展资管业务过程中，如果该资管产品项下有现状分配安排的，当出现对于财产的现状分配而投资者不予配合接收的情况时，可以适用本条的约定。因此，建议在相关文件中明确约定若通过提存方式履行现状分配义务的具体程序。

十八、债务人在合理期限内可拒绝债权人免除其债务

《民法典》在《合同法》第105条的基础上增加了债务人在合理期限内可以拒绝债权人免除债务人部分或者全部债务的规定。

（一）新旧法律条文对比

1. 原规定

《合同法》

第一百零五条 债权人免除债务人部分或者全部债务的，合同的权利义务部分或者全部终止。

2. 新规定

《民法典》

第五百七十五条 债权人免除债务人部分或者全部债务的，债权债务部分或者全部终止，但是债务人在合理期限内拒绝的除外。

（二）法条对比、影响及建议

1. 法律条文变化分析

《民法典》在《合同法》第105条的基础上增加了债务人在合理期限内可以拒绝债权人免除债务人部分或者全部债务的规定，赋予了债务人在合理期限内的拒绝权，即债务免除并非单方法律行为，需要债务人的承诺。

2. 对资管业务的影响

该条变更对于金融机构开展资管业务的实质影响不大，因为在实践中，金融机构免除交易对手债务的情况本就很少发生，而金融机构免除交易对手债务并遭到交易对手拒绝的可能性就更小了。

3. 对金融机构开展资管业务的建议

如果金融机构在开展资管业务过程中，在某些特定情形下发生需要免除交易对手债务的特殊安排，为了确保此类免除的有效性，建议金融机构取得

交易对手的承诺，可通过共同签署协议或取得交易对手的承诺函等方式实现。

十九、新增非金钱债务合同僵局时的处理规则

《民法典》在《合同法》第 110 条的基础上补充规定了非金钱债务合同僵局时的处理规则，非金钱债务合同僵局致使不能实现合同目的的，人民法院或者仲裁机构可以根据当事人的请求终止合同权利义务关系，但是不影响违约责任的承担。

（一）新旧法律条文对比

1. 原规定

《合同法》

第一百一十条 当事人一方不履行非金钱债务或者履行非金钱债务不符合约定的，对方可以要求履行，但有下列情形之一的除外：

（一）法律上或者事实上不能履行；

（二）债务的标的不适于强制履行或者履行费用过高；

（三）债权人在合理期限内未要求履行。

2. 新规定

《民法典》

第五百八十条 当事人一方不履行非金钱债务或者履行非金钱债务不符合约定的，对方可以请求履行，但是有下列情形之一的除外：

（一）法律上或者事实上不能履行；

（二）债务的标的不适于强制履行或者履行费用过高；

（三）债权人在合理期限内未请求履行。

有前款规定的除外情形之一，致使不能实现合同目的的，人民法院或者仲裁机构可以根据当事人的请求终止合同权利义务关系，但是不影响违约责任的承担。

（二）法条对比、影响及建议

1. 法律条文变化分析

《民法典》在《合同法》第 110 条的基础上补充规定了非金钱债务合同

僵局时的处理规则。法律上或者事实上不能履行，或债务的标的不适于强制履行或者履行费用过高，或债权人在合理期限内未要求履行致使不能实现合同目的的，人民法院或者仲裁机构可以根据当事人的请求终止合同权利义务关系，但是不影响违约责任的承担。

2. 对资管业务的影响

本条内容的变化主要是增加了当事人在发生特定情形时，可以在司法程序中请求终止合同权利义务关系的相关内容。在金融机构开展资管业务过程中，与交易对手之间的交易安排除了约定和法定的合同终止权利以外，又新增了一种合同可能终止的情况，在一定程度上加大了交易的不确定性。需要特别注意的是，根据《适用民法典时间效力的规定》第11条①，对于《民法典》实施前成立的非金钱债务合同僵局亦适用《民法典》的该条规定。

3. 对金融机构开展资管业务的建议

建议金融机构在交易文件中明确约定上述情形下承担违约责任的具体形式，避免交易合同在被宣告终止的情形下各方对违约责任的承担产生争议。对于《民法典》实施前成立的非金钱债务合同，可参照上述建议签署相应的补充协议。

二十、定金不足以弥补违约损失的可就超额部分请求赔偿

《民法典》在《合同法》第116条的基础上补充规定了定金不足以弥补一方违约造成的损失的，对方可以请求赔偿超过定金数额的损失。

（一）新旧法律条文对比

1. 原规定

《合同法》

第一百一十六条 当事人既约定违约金，又约定定金的，一方违约时，

---

① **《适用民法典时间效力的规定》**

第十一条 民法典施行前成立的合同，当事人一方不履行非金钱债务或者履行非金钱债务不符合约定，对方可以请求履行，但是有民法典第五百八十条第一款第一项、第二项、第三项除外情形之一，致使不能实现合同目的的，当事人请求终止合同权利义务关系的，适用民法典第五百八十条第二款的规定。

对方可以选择适用违约金或者定金条款。

2. 新规定

《民法典》

第五百八十八条 当事人既约定违约金，又约定定金的，一方违约时，对方可以选择适用违约金或者定金条款。

定金不足以弥补一方违约造成的损失的，对方可以请求赔偿超过定金数额的损失。

（二）法条对比、影响及建议

1. 法律条文变化分析

《民法典》在《合同法》第116条的基础上补充规定了定金不足以弥补一方违约造成的损失的，对方可以请求赔偿超过定金数额的损失。

2. 对资管业务的影响

金融机构在开展资管业务过程中，与交易对手之间直接约定定金的情形较为少见，但是，需要金融机构注意的是，此条也从某种程度上反映了无论是定金还是违约金，均应以实际损失为判断基准，对于定金或违约金数额明显低于实际损失的情形，当事人可以主张对超额损失部分的赔偿责任。

3. 对金融机构开展资管业务的建议

在金融机构开展尽职调查过程中，应当关注交易对手开展的相关业务中，是否存在定金条款，如存在，则在考量其损失风险时，不仅需要关注合同约定的定金条款及违约金条款，同时，还需要关注可能给对方造成的实际损失是否会超过定金数额。

二十一、债权人拒绝受领债务人履行债务时的处理规则

《民法典》第589条规定了债权人无正当理由拒绝受领债务人履行债务时债务人无须支付延迟期间利息及可要求债权人赔偿增加的费用。

（一）新旧法律条文对比

1. 原规定

为新增内容，无原规定。

2. 新规定

《民法典》

第五百八十九条 债务人按照约定履行债务，债权人无正当理由拒绝受领的，债务人可以请求债权人赔偿增加的费用。

在债权人受领迟延期间，债务人无须支付利息。

（二）法条对比、影响及建议

1. 法律条文变化分析

本条是新增条款，我国之前的《合同法》中并没有明确规定债权人无正当理由拒绝受领债务人履行债务的法律后果，而司法实践中，经常会有类似情形出现，因此本次《民法典》相应增加该条款。判断是否构成《民法典》第589条规定的“债务人按照约定履行债务，债权人无正当理由拒绝受领的”情形，要看是否具备以下要件：第一，债务人履行债务需要债权人的协助，若仅以债务人的履行即可完成，或者是债务人不作为即可完成债务的履行，则不构成此条规定的情形；第二，构成债权人无正当理由拒绝受领，若债权人有正当理由拒绝受领的，则不构成该条规定的情形。如债务人未按合同约定而擅自提前履行债务，债权人有权拒绝受领。其中《民法典》第530条规定“债权人可以拒绝债务人提前履行债务，但是提前履行不损害债权人利益的除外。债务人提前履行债务给债权人增加的费用，由债务人负担”或发生不可抗力等情形导致债权人受领迟延的，根据《民法典》第590条的规定：“当事人一方因不可抗力不能履行合同的，根据不可抗力的影响，部分或者全部免除责任，但是法律另有规定的除外。因不可抗力不能履行合同的，应当及时通知对方，以减轻可能给对方造成的损失，并应当在合理期限内提供证明。”

根据《民法典》第589条的规定，若经判断构成债权人无正当理由拒绝受领债务人履行债务的，则法律后果有两个：第一，债权人迟延受领期间，债务人无须支付利息，如因债权人未配合提供收款账户等原因导致债务人迟延履行债务，债务人无须支付延期期间的利息；第二，债务人可以请求债权人赔偿增加的费用，如债务人因保管标的物而产生的保管费等，需要注意，债务人对于债权人迟延受领的标的物也应当妥善保管，避免扩大损失。

2. 对资管业务的影响

对于债务人金钱债务的履行，资管业务中多不会出现债权人迟延受领的情况，但随着消费信托、服务信托的发展，经常会出现资管产品管理人购买标的物、受领标的物的情形，在该种情形下，若资管产品管理人无正当理由迟延受领债务，则可能会承担由此增加的额外费用，从而影响资管产品委托人利益的实现，也会存在管理人因未尽职履责而需承担相应责任的风险。

3. 对金融机构开展资管业务的建议

（1）在尽职调查过程中，若尽调范围包含协助金融机构判断尽调标的物的现金流构成的话，例如在需协助金融机构判断某租赁物产生的现金流时，需考虑该租赁物是否存在因债权人迟延受领债务而导致需额外增加费用的情形，同时若存在承租人延期履行债务的情形，那么，在计算承租人延期期间的利息时，就需考虑是否存在因债权人迟延受领债务导致债务人延期期间利息免除的情形。

（2）在交易端的交易文件中应相应设置常规的避险条款，要求交易对手承诺不存在债权人无正当理由迟延受领债务等情形。

二十二、无权处分的买卖合同效力及法律后果

《民法典》第597条明确了无权处分的买卖合同的效力确定原则以及救济方法，明确了对于无权处分的买卖合同，买受人可以解除合同并请求出卖人承担违约责任。同时需要注意的是，《民法典》第646条规定，“法律对其他有偿合同有规定的，依照其规定；没有规定的，参照适用买卖合同的有关规定”。

（一）新旧法律条文对比

1. 原规定

《合同法》

第五十一条 无处分权的人处分他人财产，经权利人追认或者无处分权的人订立合同后取得处分权的，该合同有效。

第一百三十二条 出卖的标的物，应当属于出卖人所有或者出卖人有权处分。

法律、行政法规禁止或者限制转让的标的物，依照其规定。

《原买卖合同司法解释》

第三条 当事人一方以出卖人在缔约时对标的物没有所有权或者处分权为由主张合同无效的，人民法院不予支持。

出卖人因未取得所有权或者处分权致使标的物所有权不能转移，买受人要求出卖人承担违约责任或者要求解除合同并主张损害赔偿的，人民法院应予支持。

2. 新规定

《民法典》

第五百九十七条 因出卖人未取得处分权致使标的物所有权不能转移的，买受人可以解除合同并请求出卖人承担违约责任。

法律、行政法规禁止或者限制转让的标的物，依照其规定。

（二）法条对比、影响及建议

1. 法律条文变化分析

《民法典》第597条在删除《合同法》第51条关于无权处分之规定的基础上吸收了《原买卖合同司法解释》第3条的规定，明确了无权处分合同不因未取得处分权而无效。关于无权处分的合同效力，学界主要存在无效、效力待定、有效三种观点。其中效力待定是《民法典》颁布前比较流行的解释，具体而言，无处分权的人处分他人财产，经权利人追认或者无处分权的人订立合同后取得处分权的，该合同则有效。若权利人未追认或者无处分权的人订立合同后亦未取得处分权的，则该合同无效，且在合同无效后，还要依据善意取得制度判断受让人是否可取得标的物的所有权。但标的物所有权的转移是出卖人履行合同义务后的法律效果，而非买卖合同生效的法律效果，即使买卖合同生效，在出卖人无标的物处分权从而无法履行合同义务的前提下，在没有满足善意取得要件时，出卖人并不能将标的物的所有权转移于买受人。且在司法实践中，认定无权处分的合同无效无法有效保护善意的买受人，因为合同无效后买受人只能主张缔约过失责任，而在合同有效但出卖人又未履行义务时，买受人可主张出卖人的违约责任，后者更有利于保护善意的买受人。基于此，《民法典》第597条吸收了《原买卖合同司法解释》并进行了相应增补，虽然未直接表述为无权处分的合同有效，但可解除合同并追究违约责任的前提是合同有效。由此可知，《民法典》第597条确定的无权处分的合同效力的原则为出卖人在缔约合同时未取得标的物处分权的，合同有效。

但需要注意，《民法典》第597条第2款同时规定了“法律、行政法规禁止或者限制转让的标的物，依照其规定”。因此，对于法律、行政法规禁止或者限制转让的标的物无权处分的合同的效力不能完全按照第1款的规定进行确认。如《矿产资源法》第3条第3款规定：“勘查、开采矿产资源，必须依法分别申请、经批准取得探矿权、采矿权，并办理登记……”同时最高人民法院《关于审理矿业权纠纷案件适用法律若干问题的解释》第5条规定：“未取得矿产资源勘查许可证、采矿许可证，签订合同将矿产资源交由他人勘查开采的，人民法院应依法认定合同无效。”

此外，根据《民法典》第646条“法律对其他有偿合同有规定的，依照其规定；没有规定的，参照适用买卖合同的有关规定”，对于无权处分合同处理规范的适用范围而言，也可以参照适用于其他有偿合同领域。比如，出租他人之物、转让无处分权的股权等无权处分行为。

2. 对资管业务的影响

在金融机构开展资管业务过程中，标的物的买入返售是一种常见的融资交易结构。标的物的转让方（资管业务中的融资方）在与金融机构的交易中，其是否有处分权直接关系到融资交易的稳定性。在上述交易结构中，金融机构作为标的物的买受方，存在因转让方对标的物无处分权而导致自己无法取得标的物的风险，根据《民法典》的规定，金融机构可申请解除合同并要求转让方承担违约责任。

另外，目前信托公司开展的服务信托业务中也涉及大量的标的物买卖行为。以酒类资产服务信托为例，如信托公司接受委托人的委托设立服务信托去购买酒类资产，同时提供酒类资产的储存、运输、保管等服务，在此过程中，酒类资产买卖合同的订立可能会有问题，若届时出卖人未取得标物的处分权而与买受人签订买卖合同，合同有效，但若因出卖人未履行义务导致酒类资产的所有权无法转移的，则买受人可请求解除合同并要求出卖人承担违约责任。这种无权处分的情形将影响到委托人的利益。

3. 对金融机构开展资管业务的建议

（1）在项目中出现涉及标的物买卖的行为时，首先要确认是否存在专门的法律、行政法规禁止或者限制转让该标的物的规定。

（2）在合同中设置避险条款，要求出卖人承诺其对标的物有独立、完整的处置权，若因出卖人无权处分导致标的物无法转移所有权的，如果合同中明确约定了违约金条款，届时金融机构就可以主张出卖人承担违约责任。建议违约金金额不得低于金融机构提供的本金及对应的融资成本金额。

二十三、当事人可约定买卖标的物孳息的归属

《民法典》第 630 条规定了当事人可另行约定标的物孳息的归属。

（一）新旧法律条文对比

1. 原规定

《合同法》

第一百六十三条　标的物在交付之前产生的孳息，归出卖人所有，交付之后产生的孳息，归买受人所有。

2. 新规定

《民法典》

第六百三十条　标的物在交付之前产生的孳息，归出卖人所有；交付之后产生的孳息，归买受人所有。但是，当事人另有约定的除外。

（二）法条对比、影响及建议

1. 法律条文变化分析

相较于《合同法》的规定，《民法典》第 630 条增加了当事人可另行约定标的物孳息归属的规定。其中标的物的孳息既包括天然孳息，也包括法定孳息。《民法典》第 321 条规定：“天然孳息，由所有权人取得；既有所有权

人又有用益物权人的，由用益物权人取得。当事人另有约定的，按照其约定。法定孳息，当事人有约定的，按照约定取得；没有约定或者约定不明确的，按照交易习惯取得。”《民法典》第 321 条规定与之前的《物权法》第 116 条[①]规定一致。从法条体系来看，《民法典》第 321 条是对于孳息归属的原则性规定，而《民法典》第 630 条则是对买卖合同中孳息归属的规定。

2. 对资管业务的影响

买卖合同孳息归属以“交付主义”为原则，除非当事人另行约定，标的物交付前产生的孳息，归出卖人所有；交付之后产生的孳息，归买受人所有。但针对不同类型的标的物，其所有权的转移并不都以交付为标准，如不动产物权的设立、变更、转让和消灭采取“登记生效主义”,[②] 针对资管业务中涉及的不动产买卖合同，经常会出现因交付行为与所有权登记时间不一致而产生孳息归属问题的争议，如果不动产已经交付买受人，但尚未办理所有权登记手续，那么，根据《民法典》第 630 条的规定，除非当事人另有约定，不动产交付买受人之后产生的孳息（如买受人占有不动产后将不动产出租他人而产生的租金）归买受人所有。

3. 对金融机构开展资管业务的建议

若涉及金融机构作为当事人签署买卖合同的情形，建议根据商业安排在买卖合同中明确约定标的物的孳息归属问题，根据《民法典》的最新规定，标的物的孳息可以不完全与交付与否挂钩，可根据当事人的商议情况另行约定。

二十四、出卖人对标的物保留的所有权未经登记不得对抗善意第三人

《民法典》第 641 条在原有所有权保留规定的基础上，新增了所有权保

---

① **《物权法》**

第一百一十六条 天然孳息，由所有权人取得；既有所有权人又有用益物权人的，由用益物权人取得。当事人另有约定的，按照约定。

法定孳息，当事人有约定的，按照约定取得；没有约定或者约定不明确的，按照交易习惯取得。

② **《民法典》**

第二百零九条第一款 不动产物权的设立、变更、转让和消灭，经依法登记，发生效力；未经登记，不发生效力，但是法律另有规定的除外。

留制度的对外效力，即能否对抗第三人。

（一）新旧法律条文对比

1. 原规定

《合同法》

第一百三十四条 当事人可以在买卖合同中约定买受人未履行支付价款或者其他义务的，标的物的所有权属于出卖人。

2. 新规定

《民法典》

第六百四十一条 当事人可以在买卖合同中约定买受人未履行支付价款或者其他义务的，标的物的所有权属于出卖人。

出卖人对标的物保留的所有权，未经登记，不得对抗善意第三人。

（二）法条对比、影响及建议

1. 法律条文变化分析

《合同法》第134条的规定与《民法典》第641条第1款的规定一致，只是《合同法》中缺少了登记制度的相关内容，但若所有权保留制度没有登记，缺乏公示，很显然不利于保护出卖人以及善意第三人的利益，因此登记的主要意义在于通过公示使第三人知悉标的物的权利状态，防止买受人对标的物进行无权处分。从保护出卖人的角度看：所有权保留生效后，虽然所有权属于出卖人，但在买受人占有并使用标的物的情形下，如果买受人将标的物转让给第三人，第三人在符合善意取得制度的前提下可获得标的物的所有权，如此就对出卖人不利，而在登记对抗主义的规定下，在对所有权保留进行登记后，则第三人无法再根据善意取得而获得标的物的所有权。

同时，值得注意的是，根据《新买卖合同司法解释》第25条规定："买卖合同当事人主张关于标的物所有权保留的规定适用于不动产的，人民法院不予支持。"第26条第1款规定："买受人已经支付标的物总价款的百分之七十五以上，出卖人主张取回标的物的，人民法院不予支持。"

2. 对资管业务的影响

在资管业务中，如果涉及动产或动产收益权的交易，若该等动产在历史交易中已经作了所有权保留制度的登记，则金融机构无法再以善意第三人的身份主张取得动产的所有权或完整取得动产的收益权。

3. **对金融机构开展资管业务的建议**

在涉及动产或动产收益权的交易结构中，建议金融机构充分核实确认标的物是否存在所有权保留登记。根据国务院《关于实施动产和权利担保统一登记的决定》的规定，自 2021 年 1 月 1 日起，在全国范围内实施动产和权利担保统一登记，其中明确包括所有权保留登记，登记机关为中国人民银行征信中心动产融资统一登记公示系统。因此，金融机构除应在上述登记公示系统中对相关标的物的所有权保留登记情况进行充分查询以外，也应充分就该等标的物的历史交易进行尽职调查，并要求交易对手在交易文件中承诺该等标的物的取得方式合法合规且支付完毕全部购买价款，不存在任何所有权保留的安排。

二十五、借款合同利息的规定

近年来，社会上出现大量非法金融、非法放贷、“套路贷”以及“校园贷”等问题，严重扰乱社会经济秩序。为解决民间借贷领域存在的突出问题，维护正常金融秩序，《民法典》第 680 条第 1 款明确规定禁止高利放贷，借款的利率不得违反国家有关规定。

（一）新旧法律条文对比

1. **原规定**

《合同法》

第二百一十一条 自然人之间的借款合同对支付利息没有约定或者约定不明确的，视为不支付利息。

自然人之间的借款合同约定支付利息的，借款的利率不得违反国家有关限制借款利率的规定。

2. **新规定**

《民法典》

第六百八十条 禁止高利放贷，借款的利率不得违反国家有关规定。

借款合同对支付利息没有约定的，视为没有利息。

借款合同对支付利息约定不明确，当事人不能达成补充协议的，按照当地或者当事人的交易方式、交易习惯、市场利率等因素确定利息；自然人之间借款的，视为没有利息。

（二）法条对比、影响及建议

1. 法律条文变化分析

《民法典》第680条主要是对借款利率的相关规定，相较于《合同法》第211条的规定，《民法典》第680条区分了借款合同明确约定利息以及对支付利息约定不明确两种情形下不同的法律后果，同时将借款合同中没有约定利息视为没有利息的规定的适用范围从原来仅限制在自然人之间的借款合同扩大到了更大的适用范围，而针对在借款合同中对借款利息约定不明的情形则区分了自然人之间借款与机构借款的不同法律后果，即“借款合同对支付利息约定不明确，当事人不能达成补充协议的，按照当地或者当事人的交易方式、交易习惯、市场利率等因素确定利息；自然人之间借款的，视为没有利息”。

此外，根据《新民间借贷解释》第25条规定，出借人请求借款人按照合同约定利率支付利息的，人民法院应予支持，但是双方约定的利率超过合同成立时一年期贷款市场报价利率四倍的除外。前款所称“一年期贷款市场报价利率”，是指中国人民银行授权全国银行间同业拆借中心自2019年8月20日起每月发布的一年期贷款市场报价利率。

而就金融借款领域而言，在我国，金融机构贷款利率包括贷款的基准利率和法定利率，由中国人民银行统一管理，中国人民银行确定的利率经国务院批准后执行。关于贷款利率的确定，办理贷款业务的各类金融机构可在中国人民银行总行制定的利率浮动幅度范围内，以法定利率为浮动基础，并按照中国人民银行规定的贷款利率的上下限自行确定各种类、各档次的贷款利率。就目前的实际情况而言，金融借款领域执行的是全国银行间同业拆借中心公布的贷款市场报价利率标准。最高人民法院发布的《关于进一步加强金融审判工作的若干意见》第2条规定：“严格依法规制高利贷，有效降低实体经济的融资成本。金融借款合同的借款人以贷款人同时主张的利息、复利、罚息、违约金和其他费用过高，显著背离实际损失为由，请求对总计超过年利率24%的部分予以调减的，应予支持，以有效降低实体经济的融资成本。规范和引导民间融资秩序，依法否定民间借贷纠纷案件中预扣本金或者利息、变相高息等规避民间借贷利率司法保护上限的合同条款效力。”同时2019年最高人民法院、最高人民检察院、公安部、司法部发布的《关于办理非法放贷刑事案件若干问题的意见》规定“以超过36%的实际年利率实施符合本意见第一条规定的非法放贷行为，具有下列情形之一的，属于刑法第二百二十五条规定的‘情节严重’”。

2. 对资管业务的影响

就借款合同利息的约定，目前资管业务中关注的重点为《新民间借贷解释》第25条对于利率上限的规定是否适用于金融机构。《新民间借贷解释》第1条规定：“本规定所称的民间借贷，是指自然人、法人和非法人组织之间进行资金融通的行为。经金融监管部门批准设立的从事贷款业务的金融机构及其分支机构，因发放贷款等相关金融业务引发的纠纷，不适用本规定。”同时最高人民法院于2020年12月29日发布的《关于新民间借贷司法解释适用范围问题的批复》称“关于适用范围问题。经征求金融监管部门意见，由地方金融监管部门监管的小额贷款公司、融资担保公司、区域性股权市场、典当行、融资租赁公司、商业保理公司、地方资产管理公司等七类地方金融组织，属于经金融监管部门批准设立的金融机构，其因从事相关金融业务引发的纠纷，不适用新民间借贷司法解释。”单纯从上述文义来看，金融机构并不在《新民间借贷解释》规制的范围之内，且金融机构的范围还可包括由地方金融监管部门监管的小额贷款公司、融资担保公司、区域性股权市场、典当行、融资租赁公司、商业保理公司、地方资产管理公司七类地方金融组织。但尽管如此，在实践审判中，就《新民间借贷解释》的适用范围仍出现了不同裁判结果。

3. 对金融机构开展资管业务的建议

建议金融机构在借款合同中明确借款利率，同时尽量控制综合利率不超过24%。同时若业务中涉及民间借贷的审查，应注意审查与利率相关的内容是否符合《新民间借贷司法解释》的规定。

二十六、房屋承租人优先购买权的限制

《民法典》第726条规定了出卖人出卖租赁房屋时，承租人享有以同等条件优先购买的权利，但是房屋按份共有人行使优先购买权或者出租人将房屋出卖给近亲属的除外。

（一）新旧法律条文对比

1. 原规定

《合同法》

第二百三十条 出租人出卖租赁房屋的，应当在出卖之前的合理期限内通知承租人，承租人享有以同等条件优先购买的权利。

2. 新规定

《民法典》

第七百二十六条 出租人出卖租赁房屋的，应当在出卖之前的合理期限内通知承租人，承租人享有以同等条件优先购买的权利；但是，房屋按份共有人行使优先购买权或者出租人将房屋出卖给近亲属的除外。

出租人履行通知义务后，承租人在十五日内未明确表示购买的，视为承租人放弃优先购买权。

（二）法条对比、影响及建议

1. 法律条文变化分析

与《合同法》相比，本条属于修改条款，新增了但书及出租人的通知义务。承租人享有优先购买权应符合以下三个条件：（1）权利享有主体为承租人。本条规定的承租人，仅指与出租人订立了房屋租赁合同的承租人。（2）出租人出卖租赁房屋。在赠与、遗赠、继承等超过“出卖”文义范围的场合，承租人不得行使优先购买权。（3）同等条件。同等条件是优先购买权的基本要件，只有在同等条件下，承租人才能够行使优先购买权。所谓同等条件，一般认为是出租人与第三人订立买卖合同约定的主要条件（包括交易价格、交易方式、交易期限等）需要一致，而不要求绝对一致。

同时，本条规定了三种承租人行使优先购买权的例外情形：（1）房屋按份共有人行使优先购买权的情形；（2）出租人将房屋出卖给近亲属的情形；（3）出租人履行通知义务后，承租人在15日内未明确表示购买的。

2. 对资管业务的影响

在资管业务的房地产尽调过程中需重点关注抵押房产是否处于租赁状态，如在中后期管理和风险处置过程中可能会遇到金融机构需处置处于租赁状态的房屋的情形，则需根据《民法典》的最新规定判断此类处于租赁状态的房屋的承租人是否享有优先购买权，以及是否存在限制承租人优先购买权行使的情况。

3. 对金融机构开展资管业务的建议

在资管业务的房地产尽调过程中应重点关注抵押房产是否处于租赁状态，如涉及租赁的，应在资管合同中向投资者进行相应的风险披露。

二十七、新增保证合同作为典型合同

《民法典》新增保证合同作为典型合同的一种，并增设专章对保证合同的定义、从属效力、保证人身份的限制、保证合同的内容、保证方式和保证责任等作出了规定。笔者先在本部分对此进行简单介绍，其中对资管业务影响较大的条款，笔者将在本书担保编部分中进行详细论述。

（一）新旧法律条文对比

1. 原规定

保证合同作为典型合同的一种，与《合同法》相比，本条属于新增条款。因为《合同法》分则中所列的有名合同一共15种，并不包含保证合同。为了兼顾物权、债权分立和担保法律体系的完整，《民法典》着眼于保证与担保物权法律效果上的相异性，明确区分了物的担保和人的担保两种担保手段，分别放在物权编和合同编加以调整，将人的担保明确规定在了保证合同一章，因此本章保证合同的部分内容是根据1995年施行的《担保法》调整修订后形成，具体与《担保法》各条的对比详见下文部分。

2. 新规定

《民法典》合同编第二分编典型合同第十三章第681条至第702条。

为了便于读者阅读，笔者将此处对应的《民法典》具体法条内容放在下文“法律条文变化分析”部分一并呈现。

（二）法条对比、影响及建议

1. 法律条文变化分析

《民法典》

第六百八十一条 保证合同是为保障债权的实现，保证人和债权人约定，当债务人不履行到期债务或者发生当事人约定的情形时，保证人履行债务或者承担责任的合同。

第681条规定了保证合同的概念，本条与《担保法》第6条[①]相比，主要变化是增加了“当事人约定的情形”作为保证责任承担的前提。

第六百八十二条 保证合同是主债权债务合同的从合同。主债权债务合同无效的，保证合同无效，但是法律另有规定的除外。

保证合同被确认无效后，债务人、保证人、债权人有过错的，应当根据其过错各自承担相应的民事责任。

第682条是对于保证合同从属性以及保证合同无效后如何处理的规定。与《担保法》第5条[②]相比，沿袭了保证合同从属性的规定，但是把但书的部分从原来的“担保合同另有约定的，按照约定”改为了“但是法律另有规定的除外”。这种变化在《物权法》第172条的规定[③]中即有体现。保证合同的从属性体现在成立上的从属性、效力上的从属性、范围和强度上的从属性、抗辩上的从属性、移转上的从属性和变更、消灭上的从属性等方面。保证合

---

① **《担保法》**

第六条 本法所称保证，是指保证人和债权人约定，当债务人不履行债务时，保证人按照约定履行债务或者承担责任的行为。

② **《担保法》**

第五条 担保合同是主合同的从合同，主合同无效，担保合同无效。担保合同另有约定的，按照约定。担保合同被确认无效后，债务人、担保人、债权人有过错的，应当根据其过错各自承担相应的民事责任。

③ **《物权法》**

第一百七十二条 设立担保物权，应当依照本法和其他法律的规定订立担保合同。担保合同是主债权债务合同的从合同。主债权债务合同无效，担保合同无效，但法律另有规定的除外。担保合同被确认无效后，债务人、担保人、债权人有过错的，应当根据其过错各自承担相应的民事责任。

同的从属性是保证合同最重要的特点。但在法律另有规定时，可以排除保证合同对主债权债务的附从性，使保证关系与主债权债务关系相互独立，如国际贸易中“不可撤销的保函”“见索即付的保函”“见单即付的保函”，均独立于主债权债务关系，不因主债权债务的不成立、无效、被撤销等而归于消灭，因而被称为独立保证。例如，最高人民法院《关于审理独立保函纠纷案件若干问题的规定》对人民法院正确审理独立保函纠纷案件提供了法律指引，其中的有关规定构成保证合同附从性的例外。

第六百八十三条 机关法人不得为保证人，但是经国务院批准为使用外国政府或者国际经济组织贷款进行转贷的除外。

以公益为目的的非营利法人、非法人组织不得为保证人。

第683条是关于保证人的规定，相较于《担保法》而言，废除了《担保法》第10条“企业法人的分支机构、职能部门不得为保证人。企业法人的分支机构有法人书面授权的，可以在授权范围内提供保证”的规定，同时废除了保证人“具有代偿能力”① 的要求。

第六百八十四条 保证合同的内容一般包括被保证的主债权的种类、数额，债务人履行债务的期限，保证的方式、范围和期间等条款。

第684条规定了保证合同的内容，相较于《担保法》的规定，将原有“保证合同应当包括以下内容”② 改为“保证合同的内容一般包括”，删除了原有规定中“双方认为需要约定的其他事项”的兜底条款以及“保证合同不完全具备前款规定内容的，可以补正”的法律后果内容，表述更加精确、简洁。因《民法典》与《担保法》体例不同，将保证合同作为合同编中的一章，故保证合同内容不完备的问题，实际应当适用合同内容不完备如何补正的规范予以规制，其相应规范在合同编通则部分有详细规定，此处无须赘述。因此，在《民法典》制定过程中，删除了《担保法》第15条第2款内容。

---

① **《担保法》**

第七条 具有代为清偿债务能力的法人、其他组织或者公民，可以作保证人。

② **《担保法》**

第十五条 保证合同应当包括以下内容：（一）被保证的主债权种类、数额；（二）债务人履行债务的期限；（三）保证的方式；（四）保证担保的范围；（五）保证的期间；（六）双方认为需要约定的其他事项。保证合同不完全具备前款规定内容的，可以补正。

第六百八十五条　保证合同可以是单独订立的书面合同，也可以是主债权债务合同中的保证条款。

第三人单方以书面形式向债权人作出保证，债权人接收且未提出异议的，保证合同成立。

第685条是关于保证合同形式的规定。保证合同的书面形式具体有三种：（1）当事人之间单独订立的书面合同；（2）在主债权债务合同中的保证条款；（3）第三人单方出具的保证书，债权人接收且未提出异议的。

第六百八十六条　保证的方式包括一般保证和连带责任保证。

当事人在保证合同中对保证方式没有约定或者约定不明确的，按照一般保证承担保证责任。

第686条是对保证方式的规定。本条继承了《担保法》原有规定，明确保证的方式包括一般保证和连带责任保证，但改变了《担保法》中原有的保证方式推定规则，[①] 将当事人在保证合同中对保证方式没有约定或者约定不明确的，由推定承担连带保证责任变更为按照一般保证承担保证责任。

第六百八十七条　当事人在保证合同中约定，债务人不能履行债务时，由保证人承担保证责任的，为一般保证。

一般保证的保证人在主合同纠纷未经审判或者仲裁，并就债务人财产依法强制执行仍不能履行债务前，有权拒绝向债权人承担保证责任，但是有下列情形之一的除外：

（一）债务人下落不明，且无财产可供执行；

（二）人民法院已经受理债务人破产案件；

（三）债权人有证据证明债务人的财产不足以履行全部债务或者丧失履行债务能力；

（四）保证人书面表示放弃本款规定的权利。

第687条规定了一般保证和保证人享有的先诉抗辩权及先诉抗辩权的除

---

① **《担保法》**
第十九条　当事人对保证方式没有约定或者约定不明确的，按照连带责任保证承担保证责任。

外情形。本条继承了《担保法》原有条款①，规定债务人不能履行债务时，由保证人承担保证责任的保证方式为一般保证。与《担保法》中原有规定相比，修改部分主要在于将债权人有证据证明债务人的财产不足以履行全部债务或者丧失履行债务能力的情形增加为先诉抗辩权的除外情形，从而使得先诉抗辩权除外情形由三种增加到了四种，并对先诉抗辩权的行使条件以及另外三种除外情形也根据多年司法实践进行了修改完善。

第六百八十八条 当事人在保证合同中约定保证人和债务人对债务承担连带责任的，为连带责任保证。

连带责任保证的债务人不履行到期债务或者发生当事人约定的情形时，债权人可以请求债务人履行债务，也可以请求保证人在其保证范围内承担保证责任。

第688条规定了连带责任保证的概念和保证人承担责任的方式。相较于《担保法》第18条②而言，本条第2款对连带责任保证人承担责任的条件作了调整，将《担保法》第18条中的“债务人在主合同规定的债务履行期届满没有履行债务”修改为“债务人不履行到期债务或者发生当事人约定的情形”，表述更为精练，把发生当事人约定的情形纳入法律规定，扩大了连带责任保证的适用范围，并与《民法典》第681条关于保证合同的定义相呼应。

第六百八十九条 保证人可以要求债务人提供反担保。

---

① 《担保法》

第十七条 当事人在保证合同中约定，债务人不能履行债务时，由保证人承担保证责任的，为一般保证。一般保证的保证人在主合同纠纷未经审判或者仲裁，并就债务人财产依法强制执行仍不能履行债务前，对债权人可以拒绝承担保证责任。有下列情形之一的，保证人不得行使前款规定的权利：（一）债务人住所变更，致使债权人要求其履行债务发生重大困难的；（二）人民法院受理债务人破产案件，中止执行程序的；（三）保证人以书面形式放弃前款规定的权利的。

② 《担保法》

第十八条 当事人在保证合同中约定保证人与债务人对债务承担连带责任的，为连带责任保证。连带责任保证的债务人在主合同规定的债务履行期届满没有履行债务的，债权人可以要求债务人履行债务，也可以要求保证人在其保证范围内承担保证责任。

第689条属于对《担保法》第4条①规定的进一步明确和补充。

第六百九十条 保证人与债权人可以协商订立最高额保证的合同，约定在最高债权额限度内就一定期间连续发生的债权提供保证。

最高额保证除适用本章规定外，参照适用本法第二编最高额抵押权的有关规定。

第690条规定了最高额保证，属于对《担保法》第14条②规定的修改和完善。《担保法》第14条以列举方式将能够采用最高额保证的合同种类限定在了借款合同或者某项商品交易合同两种类型。但是，随着市场主体经营活动方式日益多样，企业之间的交易种类不断增多，融资方式也在不断创新，上述两种合同类型显然限制了最高额保证合同发挥作用的范畴。因此《民法典》将《担保法》第14条“一定期间连续发生的借款合同或者某项商品交易合同”变更为“一定期间连续发生的债权”。

第六百九十一条 保证的范围包括主债权及其利息、违约金、损害赔偿金和实现债权的费用。当事人另有约定的，按照其约定。

第691条是对保证范围的规定，与《担保法》原规定相比，未作实质性修改。

第六百九十二条 保证期间是确定保证人承担保证责任的期间，不发生中止、中断和延长。

债权人与保证人可以约定保证期间，但是约定的保证期间早于主债务履行期限或者与主债务履行期限同时届满的，视为没有约定；没有约定或者约定不明确的，保证期间为主债务履行期限届满之日起六个月。

债权人与债务人对主债务履行期限没有约定或者约定不明确的，保证期间自债权人请求债务人履行债务的宽限期届满之日起计算。

第692条对保证期间进行了规定。本条是对《担保法》第25条、第26

---

① **《担保法》**

第四条 第三人为债务人向债权人提供担保时，可以要求债务人提供反担保。反担保适用本法担保的规定。

② **《担保法》**

第十四条 保证人与债权人可以就单个主合同分别订立保证合同，也可以协议在最高债权额限度内就一定期间连续发生的借款合同或者某项商品交易合同订立一个保证合同。

条，《担保法司法解释》第31～33条①的修改和完善。保证期间，即保证人同意就主合同的债务向债权人承担保证责任的期间，是保证人依法定或者约定承担保证责任的时间要素，也是债权人得以通过一定方式向保证人主张债权的时限。超过此期限债权人请求保证人承担保证责任的，法律将不予支持。保证期间分为约定保证期间和法定保证期间两种。本着私法自治优先的原则，有约定从约定，没有约定从法定。对于保证人来说，保证期间是重要的免责抗辩理由；对于债权人来说，保证期间能够督促其积极行使债权。

第六百九十三条 一般保证的债权人未在保证期间对债务人提起诉讼或者申请仲裁的，保证人不再承担保证责任。

连带责任保证的债权人未在保证期间请求保证人承担保证责任的，保证人不再承担保证责任。

第693条规定了保证人免除保证责任的事由，以法律条款的形式明确避免保证人无止境地承担责任。本条属于对《担保法》第25条、第26条的修改和完善。

第六百九十四条 一般保证的债权人在保证期间届满前对债务人提起诉讼或者申请仲裁的，从保证人拒绝承担保证责任的权利消灭之日起，开始计算保证债务的诉讼时效。

连带责任保证的债权人在保证期间届满前请求保证人承担保证责任的，

---

① **《担保法》**

第二十五条 一般保证的保证人与债权人未约定保证期间的，保证期间为主债务履行期届满之日起六个月。在合同约定的保证期间和前款规定的保证期间，债权人未对债务人提起诉讼或者申请仲裁的，保证人免除保证责任；债权人已提起诉讼或者申请仲裁的，保证期间适用诉讼时效中断的规定。

第二十六条 连带责任保证的保证人与债权人未约定保证期间的，债权人有权自主债务履行期届满之日起六个月内要求保证人承担保证责任。在合同约定的保证期间和前款规定的保证期间，债权人未要求保证人承担保证责任的，保证人免除保证责任。

《担保法司法解释》

第三十一条 保证期间不因任何事由发生中断、中止、延长的法律后果。

第三十二条 保证合同约定的保证期间早于或者等于主债务履行期限的，视为没有约定，保证期间为主债务履行期届满之日起六个月。

保证合同约定保证人承担保证责任直至主债务本息还清时为止等类似内容的，视为约定不明，保证期间为主债务履行期届满之日起二年。

第三十三条 主合同对主债务履行期限没有约定或者约定不明的，保证期间自债权人要求债务人履行义务的宽限期届满之日起计算。

从债权人请求保证人承担保证责任之日起，开始计算保证债务的诉讼时效。

第694条规定了保证债务与诉讼时效的起算。本条属于对《担保法司法解释》第34条①的修改和完善。一般保证的债权人对一般保证人行使诉权的前提是在保证期间届满前对债务人提起诉讼或者申请仲裁，其保证债务的诉讼时效是从保证人拒绝承担保证责任的权利消灭之日起开始计算。连带责任保证的债权人对连带保证人行使诉权的前提是在保证期间届满前请求保证人承担保证责任。保证债务的诉讼时效是从债权人请求保证人承担保证责任之日起开始计算。

第六百九十五条 债权人和债务人未经保证人书面同意，协商变更主债权债务合同内容，减轻债务的，保证人仍对变更后的债务承担保证责任；加重债务的，保证人对加重的部分不承担保证责任。

债权人和债务人变更主债权债务合同的履行期限，未经保证人书面同意的，保证期间不受影响。

第695条规定了债务变更后保证责任的承担。本条规定修改了《担保法》第24条的规定。② 本条明确了债权人和债务人未经保证人书面同意，协商变更主债权债务合同内容，减轻债务的，保证人仍对变更后的债务承担保证责任；加重债务的，保证人对加重的部分不承担保证责任。本条的改变旨在保护保证人的权利，防止债权人和主债务人之间恶意串通损害保证人的利益。

第六百九十六条 债权人转让全部或者部分债权，未通知保证人的，该转让对保证人不发生效力。

保证人与债权人约定禁止债权转让，债权人未经保证人书面同意转让债

---

① **《担保法司法解释》**

第三十四条 一般保证的债权人在保证期间届满前对债务人提起诉讼或者申请仲裁的，从判决或者仲裁裁决生效之日起，开始计算保证合同的诉讼时效。

连带责任保证的债权人在保证期间届满前要求保证人承担保证责任的，从债权人要求保证人承担保证责任之日起，开始计算保证合同的诉讼时效。

② **《担保法》**

第二十四条 债权人与债务人协议变更主合同的，应当取得保证人书面同意，未经保证人书面同意的，保证人不再承担保证责任。保证合同另有约定的，按照约定。

权的，保证人对受让人不再承担保证责任。

第696条规定了债权转让与保证责任的承担，对《担保法》第22条[①]进行了变更。保证关系是从属于主债权债务关系而存在的，保证合同也因而具有从属性，是从属于主债权债务合同而存在的。由于主债权转让的生效采用通知主义原则，对主债权转让后的保证合同而言，也应当适用通知主义原则。因此，债权人将全部或者部分债权转让给第三人，应当通知保证人。通知后，保证人对受让人承担相应的保证责任；未经通知，该转让对保证人不发生效力。但是，保证人与债权人约定仅对特定的债权人承担保证责任或者禁止债权转让，债权人未经保证人书面同意转让全部或者部分债权的，保证人对受让人受让的债权不再承担保证责任。

第六百九十七条 债权人未经保证人书面同意，允许债务人转移全部或者部分债务，保证人对未经其同意转移的债务不再承担保证责任，但是债权人和保证人另有约定的除外。

第三人加入债务的，保证人的保证责任不受影响。

第697条规定了债务转移和债务加入对保证责任的影响。本条第1款与《担保法》第23条[②]规定相比，未作出实质性修改，第2款为新增内容。该条强调债务人转移债务要经过保证人书面同意，因此，保证人口头同意的，不能认为保证人已经同意债务转移。同时应注意本条第1款的例外规定，即“但是债权人和保证人另有约定的除外”。换言之，如果债权人和保证人书面约定，债权人许可债务人转让债务的，则可以不用取得保证人书面同意。

第六百九十八条 一般保证的保证人在主债务履行期限届满后，向债权人提供债务人可供执行财产的真实情况，债权人放弃或者怠于行使权利致使该财产不能被执行的，保证人在其提供可供执行财产的价值范围内不再承担保证责任。

---

① 《担保法》

第二十二条 保证期间，债权人依法将主债权转让给第三人的，保证人在原保证担保的范围内继续承担保证责任。保证合同另有约定的，按照约定。

② 《担保法》

第二十三条 保证期间，债权人许可债务人转让债务的，应当取得保证人书面同意，保证人对未经其同意转让的债务，不再承担保证责任。

第698条规定了主债权怠于行使与一般保证人的免责，即一般保证人在主债务履行期限届满后，向债权人提供债务人可供执行财产的真实情况以后，债权人应当积极采取措施促使债务人将财产变价，从中优先受偿。债权人不采取措施促使债务人将财产变价，应当视为对自己债权的放弃，一般保证人对此财产同价范围内的主债务不承担补充责任。本条相对《担保法》而言是新增内容。实践中需要注意的是保证人在主债务履行期限届满后向债权人提供债务人可供执行财产的真实情况需要有证据证明，比如公证文书或其他证据。

第六百九十九条 同一债务有两个以上保证人的，保证人应当按照保证合同约定的保证份额，承担保证责任；没有约定保证份额的，债权人可以请求任何一个保证人在其保证范围内承担保证责任。

第699条规定了共同保证中保证人的责任与债权人如何行使权利。与《担保法》第12条[①]相比，《民法典》该条内容作了较大幅度的修改，一是将《担保法》第12条的第三句单列为第700条，并进行了修改；二是在第699条中，对于“没有约定保证份额”的情形，删除了“保证人承担连带责任”这一规定，并对保证人承担的责任类型进行了修改。在原来的法律背景下，数人对同一债务的履行所提供的保证，即为共同保证，按照各保证人的保证份额及其相互关系的不同，共同保证又分为按份共同保证与连带共同保证两种基本形态：若保证人与债权人约定了保证份额，则保证人仅需按照保证合同约定的份额承担保证责任，对约定份额范围外的债务无须承担任何责任，即承担按份共同保证责任；若保证人与债权人之间没有约定保证份额，则债权人可以请求任何一个保证人承担全部保证责任，而已经承担保证责任的保证人，有权向债务人追偿，或者要求承担连带责任的其他保证人清偿其应当承担的份额。但现在本条明确删除了“没有约定保证份额的，保证人承担连

---

① **《担保法》**

第十二条 同一债务有两个以上保证人的，保证人应当按照保证合同约定的保证份额，承担保证责任。没有约定保证份额的，保证人承担连带责任，债权人可以要求任何一个保证人承担全部保证责任，保证人都负有担保全部债权实现的义务。已经承担保证责任的保证人，有权向债务人追偿，或者要求承担连带责任的其他保证人清偿其应当承担的份额。

带责任”这一规定，结合下述第700条的规定可见，在没有约定保证份额的情况下，《民法典》不再支持共同保证人之间的追偿权利。

第七百条 保证人承担保证责任后，除当事人另有约定外，有权在其承担保证责任的范围内向债务人追偿，享有债权人对债务人的权利，但是不得损害债权人的利益。

第700条规定了保证人的追偿权。本条对《担保法》第12条的第三句作了一定的修改，《担保法》第12条第三句内容为：“已经承担保证责任的保证人，有权向债务人追偿，或者要求承担连带责任的其他保证人清偿其应当承担的份额。”而本条删除了“要求承担连带责任的其他保证人清偿其应当承担的份额”，还增加了“但是不得损害债权人的利益”。本条的修改和《民法典》第699条中删除“保证人承担连带责任”这一修改相互承接，除当事人另有约定外，共同保证人之间不再享有追偿权。本条明确规定，保证人“有权在其承担保证责任的范围内向债务人追偿”，而未规定保证人有向其他保证人请求清偿其应当承担的份额的权利，即保证人仅享有向债务人追偿的权利。本条还规定，保证人在承担保证责任后“享有债权人对债务人的权利”，即已经承担保证责任的保证人仅享有“债权人对债务人的权利”，但并不包括债权人对保证人的权利。另外，结合《民法典》第699条对于《担保法》的修改可知，在当事人无明确约定的情形下，保证人与债权人之间没有约定保证份额，多个保证人之间不再是连带责任的关系，即不再是共同连带保证，故保证人之间也没有进行相互追偿的基础。同时《民法典》第392条涉及人保和物保并存时的处理规则，该条也同样规定了“提供担保的第三人承担担保责任后，有权向债务人追偿”，且追偿对象中并不包括其他担保人。此外，有一点值得注意，在没有约定保证份额的情况下，对于被债权人请求承担保证责任的保证人，如何确定其保证范围将是一个焦点，目前《民法典》及司法解释对此并没有明确的规定，尚需结合今后的相关司法案例及个案具体情况进行分析。

第七百零一条 保证人可以主张债务人对债权人的抗辩。债务人放弃抗辩的，保证人仍有权向债权人主张抗辩。

第701条规定了保证人的一般抗辩权，并对《担保法》第20条[①]作了少许修改，一是删除了抗辩权的定义，二是删除了“保证人”前面的“一般保证和连带责任保证”这一定语。保证人行使一般抗辩权的前提是债权人请求权的行使。保证人要行使一般抗辩权，首先应当是债权人向其行使了请求权，且存在有效的抗辩事由，即保证人不能以一般抗辩权的事由主动提起请求对债权人进行抗辩。本条第二句规定“债务人放弃抗辩的，保证人仍有权向债权人主张抗辩”，即保证人主张抗辩的权利，不应因债务人的放弃而丧失。这一规定能够维护保证人的合法权益，防止债权人和债务人之间恶意串通骗取保证人的担保。

第七百零二条 债务人对债权人享有抵销权或者撤销权的，保证人可以在相应范围内拒绝承担保证责任。

第702条相较于《担保法》属于新增内容，规定了债务人对债权人享有抵销权或者撤销权的，保证人可以在相应范围内拒绝承担保证责任。《民法典》第568条[②]及第569条[③]对“抵销”进行了规定。本条规定仅在债务人享有抵销权或撤销权的情况下，保证人可以在相应范围内拒绝承担保证责任，若债务人行使抵销权或撤销权被依法认定无效，则保证人不能再以债务人享有抵销权或撤销权为由而拒绝承担保证责任。

2. 对资管业务的影响

资管业务中，保证合同是最常见的担保措施，《民法典》合同编列专章单独规定保证合同的内容，对保证担保的很多条款进行了实质性修改，对资

---

① 《担保法》

第二十条 一般保证和连带责任保证的保证人享有债务人的抗辩权。债务人放弃对债务的抗辩权的，保证人仍有权抗辩。抗辩权是指债权人行使债权时，债务人根据法定事由，对抗债权人行使请求权的权利。

② 《民法典》

第五百六十八条 当事人互负债务，该债务的标的物种类、品质相同的，任何一方可以将自己的债务与对方的到期债务抵销；但是，根据债务性质、按照当事人约定或者依照法律规定不得抵销的除外。

当事人主张抵销的，应当通知对方。通知自到达对方时生效。抵销不得附条件或者附期限。

③ 《民法典》

第五百六十九条 当事人互负债务，标的物种类、品质不相同的，经协商一致，也可以抵销。

管业务影响较大。如保证合同的从属性（如保证合同中关于主合同无效、保证合同仍有效的相关约定可能被认定为无效条款）、保证人范围的重新界定、保证方式的推定原则、债务变更后保证责任的承担、债权转让后保证责任的承担等。

3. 对金融机构开展资管业务的建议

（1）鉴于保证人承担保证责任的触发条件除了债务人无法履行债务外，还包括当事人约定的情形，因此若金融机构对保证人承担保证责任的触发条件有特殊需求或安排的，可在保证合同中加以约定。

（2）保证合同可根据实际需求以如下三种书面形式订立：①当事人之间单独订立书面合同；②主债权债务合同中约定保证条款；③第三人单方出具的保证书。

（3）金融机构需在保证合同中明确保证责任承担方式，一般金融机构均要求保证人承担连带责任保证责任，因此务必在保证合同中加以明确，否则可能被推定为按照一般保证承担保证责任。

（4）在保证期间内，金融机构需积极行使债权人要求债务人或保证人承担责任的权利，避免发生保证人免除保证责任的事项。

（5）金融机构作为债权人，与债务人协商变更主合同内容后，尤其是在加重债务的情形下，需征得保证人书面同意，否则保证人对加重的部分不承担保证责任。

（6）针对债权转让，金融机构作为债权人，转让债权时务必通知保证人，否则该转让对保证人不发生效力；在保证合同中尽量避免约定禁止债权转让条款，若在保证合同中有禁止转让债权的条款，则未经保证人书面同意转让债权的，保证人对受让人不再承担保证责任。

（7）对于债务转移的情形，金融机构作为债权人可在保证合同中约定经债权人同意后允许债务人转移债务，保证人同意为转移后的债务继续履行保证责任的，无须保证人书面同意。

二十八、租赁期限届满时房屋承租人享有同等条件下的优先承租权

《民法典》第734条明确了租赁期间届满，房屋承租人享有以同等条件

优先承租的权利。

（一）新旧法律条文对比

1. 原规定

《合同法》

第二百三十六条 租赁期间届满，承租人继续使用租赁物，出租人没有提出异议的，原租赁合同继续有效，但租赁期限为不定期。

2. 新规定

《民法典》

第七百三十四条 租赁期限届满，承租人继续使用租赁物，出租人没有提出异议的，原租赁合同继续有效，但是租赁期限为不定期。

租赁期限届满，房屋承租人享有以同等条件优先承租的权利。

（二）法条对比、影响及建议

1. 法律条文变化分析

《民法典》第734条第1款仅对原规定的个别字词进行了调整，第2款为新增规定，是对优先承租权的规定。承租人享有优先承租权的前提应包含至少以下两方面：（1）租赁期限届满，出租人主观上仍有出租意愿，如出租人收回房屋自用，则承租人无法行使优先承租权。（2）同等条件。鉴于本款为新增条款，对于同等条件的具体内容目前尚无司法实践予以确认，根据最高人民法院《关于适用〈中华人民共和国公司法〉若干问题的规定（四）》（2020修正）（以下简称《公司法司法解释四》）第18条的规定“人民法院在判断是否符合公司法第七十一条第三款及本规定所称的‘同等条件’时，应当考虑转让股权的数量、价格、支付方式及期限等因素。”参考上述《公司法司法解释四》的规定，承租人优先承租权中的同等条件可考虑租金金额、支付方式、期限等因素，此外，考虑到房屋的用法和用途会对房屋价值的维持产生影响，因此用途也可列入同等条件的考虑要素内，具体尚待相关司法解释及司法实践进行确认。

2. 对资管业务的影响

在资管业务中，尤其是法律尽职调查中，若尽职调查的标的物为出租的房屋，在判断标的物涉及的出租合同的效力以及出租人的现金流时可能需要考虑该出租房屋是否存在侵犯承租人优先承租权的情况。那么，若存在出租人侵犯承租人的优先承租权，直接与第三人签订租赁合同的情况时，这种与第三人新签订的租赁合同是否有效？笔者倾向于认为除非存在《民法典》第154条①的规定情形，该合同仍有效，但若承租人因此遭受损失的，可向出租人主张赔偿损失，对于出租人的现金流而言，可能存在需要支付相应赔偿款项的可能。若资管产品需依靠出租人现金流实现回款，则可能进一步影响相应资管产品的回款。

需要特别注意的是，根据《适用民法典时间效力的规定》第21条②，在《民法典》施行前成立的租赁合同，若租赁期限在《民法典》施行后届满的，当事人亦可主张适用《民法典》第734条第2款规定。

3. 对金融机构开展资管业务的建议

（1）若金融机构开展的资管业务涉及出租房屋的，则可考虑确认该出租房屋是否存在侵害承租人优先承租权的情况，但是在实践中该情况的确认可能难度相对较大，成本较高，因此可根据届时资管业务所涉项目的实际情况把握具体的核实尺度和标准。

（2）在合同中设置避险条款，若出租人因侵害承租人优先承租权导致金融机构受损失的，出租人应承担违约责任并赔偿金融机构的全部损失。

二十九、以虚构租赁物方式订立的融资租赁合同无效

《民法典》第737规定了以虚构租赁物等方式订立的融资租赁合同，应认定无效，判断某一合同关系是否构成融资租赁关系，不仅要看是否有资金的融通，也要看是否有融物的特征。

---

① **《民法典》**

第一百五十四条 行为人与相对人恶意串通，损害他人合法权益的民事法律行为无效。

② **《适用民法典时间效力的规定》**

第二十一条 民法典施行前租赁期限届满，当事人主张适用民法典第七百三十四条第二款规定的，人民法院不予支持；租赁期限在民法典施行后届满，当事人主张适用民法典第七百三十四条第二款规定的，人民法院依法予以支持。

（一）新旧法律条文对比

1. 原规定

此项为新增内容，无原规定。

2. 新规定

《民法典》

第七百三十七条 当事人以虚构租赁物方式订立的融资租赁合同无效。

（二）法条对比、影响及建议

1. 法律条文变化分析

本条是新增条款，是《民法典》第146条①在融资租赁合同领域的具体化规定。同时《新融资租赁合同司法解释》第1条规定："人民法院应当根据民法典第七百三十五条②的规定，结合标的物的性质、价值、租金的构成以及当事人的合同权利和义务，对是否构成融资租赁法律关系作出认定。对名为融资租赁合同，但实际不构成融资租赁法律关系的，人民法院应按照其实际构成的法律关系处理。"根据上述《新融资租赁合同司法解释》的规定，判断是否为虚构租赁物主要需要考虑标的物的性质、价值、租金的构成以及当事人的合同权利和义务等因素，同时，即使融资租赁法律关系被认定为无效，也并不意味着整个法律行为无效，融资租赁法律关系无效后，应当按照实际构成的法律关系处理，比如最终认定为实际构成借贷法律关系的，则应按照有关借贷法律关系的规定处理当事人之间的权利义务。

2. 对资管业务的影响

在涉及融资租赁法律关系的资管业务中，常见的交易模式为融资租赁公司将其持有的基于融资租赁法律关系形成的对承租人享有的基础债权转让给金融机构，而在这种模式中对基于融资租赁法律关系形成的基础债权进行法

---

① **《民法典》**

第一百四十六条 行为人与相对人以虚假的意思表示实施的民事法律行为无效。

以虚假的意思表示隐藏的民事法律行为的效力，依照有关法律规定处理。

② **《民法典》**

第七百三十五条 融资租赁合同是出租人根据承租人对出卖人、租赁物的选择，向出卖人购买租赁物，提供给承租人使用，承租人支付租金的合同。

律性质的判断就非常重要，若此类融资租赁交易由于其项下的租赁物是虚构的而最终被认定为名为融资租赁，实为借贷的法律关系，则可能直接影响租赁物所有权的归属以及融资租赁合同中保证金等条款效力的认定，从而影响金融机构债权的实现。

3. **对金融机构开展资管业务的建议**

（1）在开展涉及融资租赁的业务时，金融机构应结合租赁物类型、融资租赁合同的条款、交易背景等事实，综合判断法律关系的性质。必要时，可以针对租赁物是否涉嫌虚构等问题进行专项法律尽职调查。

（2）在金融机构受让融资租赁出租人持有的租赁债权的交易文件中约定相关避险条款，约定若融资租赁合同因虚构租赁物等原因被认定为无效给金融机构造成的任何损失，由融资租赁出租人负责赔偿。

三十、出租人对融资租赁物享有的所有权未经登记不得对抗善意第三人

《民法典》第745条规定了融资租赁关系中，出租人对租赁物享有所有权，但承租人享有租赁物的占有权和使用权，实践中容易出现承租人无权处分的情况，本条规定出租人对租赁物享有的所有权未经登记不得对抗善意第三人，明确了必须登记才能取得对抗第三人的效力。

（一）新旧法律条文对比

1. **原规定**

《合同法》

第二百四十二条 出租人享有租赁物的所有权。承租人破产的，租赁物不属于破产财产。

2. **新规定**

《民法典》

第七百四十五条 出租人对租赁物享有的所有权，未经登记，不得对抗善意第三人。

（二）法条对比、影响及建议

1. 法律条文变化分析

按照《合同法》的规定，出租人享有租赁物的所有权。承租人破产时，租赁物不属于破产财产，出租人可以直接取回租赁物。而且在融资租赁业务中通常也会约定若承租人未足额支付租金等应付款项的，租赁物的所有权归属于出租人，这就使出租人的所有权实际达到隐性担保的法律效果，但当该租赁物上同时存在已经登记的抵押权等他项权利时，按照之前《合同法》的规定，该未经登记的所有权却会成为保护最充分的权利，与担保交易的基本原理不一致。《民法典》在此基础上，以消灭隐性担保为目标，规定了出租人对租赁物享有的所有权必须在登记之后才能产生对抗善意第三人的效力。

2. 对资管业务的影响

资管业务中在同一标的物上经常出现，既存在融资租赁关系，又存在抵押权的情形。在上述情形下，根据《民法典》第 414 条规定，“同一财产向两个以上债权人抵押的，拍卖、变卖抵押财产所得的价款依照下列规定清偿：（一）抵押权已经登记的，按照登记的时间先后确定清偿顺序；（二）抵押权已经登记的先于未登记的受偿；（三）抵押权未登记的，按照债权比例清偿。其他可以登记的担保物权，清偿顺序参照适用前款规定”。基于上述规定，对于融资租赁而言，租赁物上若同时存在融资租赁关系与抵押权，则应按照上述规定确定清偿顺序。同时，根据《担保制度司法解释》第 67 条规定：“在所有权保留买卖、融资租赁等合同中，出卖人、出租人的所有权未经登记不得对抗的‘善意第三人’的范围及其效力，参照本解释第五十四条①的

---

①《担保制度司法解释》

第五十四条 动产抵押合同订立后未办理抵押登记，动产抵押权的效力按照下列情形分别处理：（一）抵押人转让抵押财产，受让人占有抵押财产后，抵押权人向受让人请求行使抵押权的，人民法院不予支持，但是抵押权人能够举证证明受让人知道或者应当知道已经订立抵押合同的除外；（二）抵押人将抵押财产出租给他人并移转占有，抵押权人行使抵押权的，租赁关系不受影响，但是抵押权人能够举证证明承租人知道或者应当知道已经订立抵押合同的除外；（三）抵押人的其他债权人向人民法院申请保全或者执行抵押财产，人民法院已经作出财产保全裁定或者采取执行措施，抵押权人主张对抵押财产优先受偿的，人民法院不予支持；（四）抵押人破产，抵押权人主张对抵押财产优先受偿的，人民法院不予支持。

规定处理。”

根据国务院《关于实施动产和权利担保统一登记的决定》及《动产和权利担保统一登记办法》第 2 条，[①] 目前融资租赁的登记可在中国人民银行征信中心动产融资统一登记公示系统进行办理。

3. 对金融机构开展资管业务的建议

（1）在涉及融资租赁的资管业务中，若金融机构作为出租人进行融资租赁交易的，应注意及时在中国人民银行征信中心动产融资统一登记公示系统办理融资租赁权属状况登记，若金融机构交易标的涉及融资租赁的租赁物的，也应注意在上述公示系统查询融资租赁权属状况。

（2）在涉及融资租赁的资管业务中，若该融资租赁实质承担了担保功能，应注意在审查相关交易对手出具的内部决议等授权批准文件时，按照担保的有关内容和标准执行，在判断租赁物清偿顺序时，也应按照《民法典》第 414 条的规定进行确认。

三十一、融资租赁出租人法定解除权情形的变化

《民法典》第 753 条规定了承租人擅自处分租赁物的，出租人可以解除融资租赁合同。

（一）新旧法律条文对比

1. 原规定

本条相较《合同法》而言，为新增规定。

---

① **《动产和权利担保统一登记办法》**

第二条 纳入动产和权利担保统一登记范围的担保类型包括：

（一）生产设备、原材料、半成品、产品抵押；

（二）应收账款质押；

（三）存款单、仓单、提单质押；

（四）融资租赁；

（五）保理；

（六）所有权保留；

（七）其他可以登记的动产和权利担保，但机动车抵押、船舶抵押、航空器抵押、债券质押、基金份额质押、股权质押、知识产权中的财产权质押除外。

2. 新规定

《民法典》

第七百五十三条 承租人未经出租人同意，将租赁物转让、抵押、质押、投资入股或者以其他方式处分的，出租人可以解除融资租赁合同。

（二）法条对比、影响及建议

1. 法律条文变化分析

《合同法》第248条[①]规定了承租人未按约定支付租金时，出租人享有合同解除权，但《合同法》未明确规定融资租赁期间，承租人对租赁物进行无权处分后出租人的合同解除权。《民法典》第753条以列举的方式规定了承租人未经出租人同意，将租赁物转让、抵押、质押、投资入股或者以其他方式处分的，构成无权处分，无权处分的后果为出租人可请求解除融资租赁合同。《民法典》第753条在《原融资租赁合同司法解释》第12条[②]的基础上删除了"转租"行为，是否意味着承租人未经出租人同意，将租赁物转租的将不再认定为是承租人无权处分行为，继而在此情况下，出租人也不再享有租赁合同的法定解除权？目前尚无明确规定或案例对此问题进行阐明。但笔者认为，《民法典》列举的转让、抵押、质押、投资入股均属于直接处置以及直接设置担保的无权行为，均可能对租赁物的价值等产生严重影响，与转租行为还是有明显差异的。

此外，提示注意，承租人无权处分租赁物时，出租人可直接请求解除融

① **《合同法》**

第二百四十八条 承租人应当按照约定支付租金。承租人经催告后在合理期限内仍不支付租金的，出租人可以要求支付全部租金；也可以解除合同，收回租赁物。

② **《原融资租赁合同司法解释》**

第十二条 有下列情形之一，出租人请求解除融资租赁合同的，人民法院应予支持：（一）承租人未经出租人同意，将租赁物转让、转租、抵押、质押、投资入股或者以其他方式处分租赁物的；（二）承租人未按照合同约定的期限和数额支付租金，符合合同约定的解除条件，经出租人催告后在合理期限内仍不支付的；（三）合同对于欠付租金解除合同的情形没有明确约定，但承租人欠付租金达到两期以上，或者数额达到全部租金百分之十五以上，经出租人催告后在合理期限内仍不支付的；（四）承租人违反合同约定，致使合同目的不能实现的其他情形。

资租赁合同，无须经过催告程序，而根据《民法典》第752条[①]的规定，承租人不支付租金的，出租人请求解除合同应经过催告程序。

2. 对资管业务的影响

在资管业务中，金融机构作为出租人开展融资租赁业务或项目涉及融资租赁法律关系时，若承租人对租赁物进行无权处分的，出租人可解除合同，要求承租人返还租赁物。此时也要注意结合《民法典》第311条[②]规定的善意取得制度以及《民法典》第745条规定的融资租赁的登记对抗制度具体判断租赁物的所有权归属。

3. 对金融机构开展资管业务的建议

（1）若金融机构是融资租赁法律关系中的出租人，当承租人未经出租人同意，将租赁物转让、抵押、质押、投资入股或者以其他方式处分的，金融机构作为出租人可行使融资租赁合同的解除权，有权要求承租人返还租赁物并承担违约责任。

（2）若金融机构不是融资租赁法律关系中的出租人，也应在相关交易文件中明确约定对出租人行使上述合同解除权等方面享有督促权利，若出租人怠于行使这种权利导致金融机构遭受损失的，出租人应对金融机构进行赔偿。

三十二、约定租赁期满承租人支付象征性价款后租赁物所有权归承租人

《民法典》第759条规定了租赁期满后承租人支付象征性对价（即通常

---

① **《民法典》**

第七百五十二条 承租人应当按照约定支付租金。承租人经催告后在合理期限内仍不支付租金的，出租人可以请求支付全部租金；也可以解除合同，收回租赁物。

② **《民法典》**

第三百一十一条 无处分权人将不动产或者动产转让给受让人的，所有权人有权追回；除法律另有规定外，符合下列情形的，受让人取得该不动产或者动产的所有权：

（一）受让人受让该不动产或者动产时是善意；

（二）以合理的价格转让；

（三）转让的不动产或者动产依照法律规定应当登记的已经登记，不需要登记的已经交付给受让人。

受让人依据前款规定取得不动产或者动产的所有权的，原所有权人有权向无处分权人请求损害赔偿。

当事人善意取得其他物权的，参照适用前两款规定。

合同约定中的留购款）后，租赁物的所有权归承租人。

（一）新旧法律条文对比

1. 原规定

本条为新增规定。

2. 新规定

《民法典》

第七百五十九条 当事人约定租赁期限届满，承租人仅需向出租人支付象征性价款的，视为约定的租金义务履行完毕后租赁物的所有权归承租人。

（二）法条对比、影响及建议

1. 法律条文变化分析

本条为新增规定，意为即使融资租赁合同中没有明确约定租赁物的归属，但若合同中约定了租赁期限届满，承租人仅需向出租人支付象征性价款的（留购价款条款，下同）的，则意味着明确了在承租人租金支付义务履行完毕的前提下，租赁物的所有权归属于承租人。这一规定符合融资租赁业务的商业逻辑，即出租人开展融资租赁业务的最终目的为实现融资租赁债权，并非为了最终取得租赁物的所有权，租赁期间由出租人享有租赁物的所有权一定程度上是为了担保承租人租金支付义务的实现，因此即使合同并未明确约定最终租赁物的所有权归属，但若约定了留购价款条款，在承租人租金支付义务履行完毕的前提下，租赁物的所有权理应属于承租人。

2. 对资管业务的影响

在资管业务中，在开展涉及融资租赁业务的项目时，判断租赁物的所有权归属是其中一个重要环节，在租赁期间届满时判断租赁物的归属需结合《民法典》第757条的如下规定进行判断："出租人和承租人可以约定租赁期间届满租赁物的归属。对租赁物的归属没有约定或者约定不明确，依据本法第五百一十条①的规定仍不能确定的，租赁物的所有权归出租人。"但若融资

---

① 《民法典》

第五百一十条 合同生效后，当事人就质量、价款或者报酬、履行地点等内容没有约定或者约定不明确的，可以协议补充；不能达成补充协议的，按照合同相关条款或者交易习惯确定。

租赁合同中约定了留购价款条款，则视为已经明确了租赁期间届满，租赁物的所有权归属于承租人。需要注意，租赁期间届满，承租人依据留购价款条款取得租赁物所有权的前提为承租人已经履行完毕融资租赁合同中约定的租金等款项的支付义务，否则承租人无法取得租赁物所有权。

3. 对金融机构开展资管业务的建议

在金融机构开展涉及融资租赁业务的资管项目时，若金融机构作为出租人，应注意在融资租赁合同中明确约定租赁物的归属或设置留购价款条款；若金融机构仅作为债权受让方从出租人处受让融资租赁债权，则应注意审查融资租赁合同中是否明确约定了租赁物的归属或留购价款条款。

三十三、新增保理合同作为典型合同

《民法典》新增了保理合同作为典型合同的一种，对保理合同的定义、保理合同的内容与形式、有追索权保理、无追索权保理、多重保理的清偿顺序等作出了规定。

（一）新旧法律条文对比

1. 原规定

保理合同作为典型合同的一种，属于新增条款。

2. 新规定

《民法典》第二分编典型合同第十六章第761条至第769条。

为了便于读者阅读，笔者将此编中的重点条文对应的《民法典》具体法条内容放在下文“法律条文变化分析”部分一并呈现。

（二）法条对比、影响及建议

1. 法律条文变化分析

《民法典》

第七百六十一条 保理合同是应收账款债权人将现有的或者将有的应收账款转让给保理人，保理人提供资金融通、应收账款管理或者催收、应收账款债务人付款担保等服务的合同。

本条规定了保理合同的概念，《民法典》颁布前，并没有相关法律法规明确规定保理合同的含义，仅对“保理业务”的含义进行了规定，如《商业银行保理业务管理暂行办法》第6条规定“本办法所称保理业务是以债权人转让其应收账款为前提，集应收账款催收、管理、坏账担保及融资于一体的综合性金融服务”。本条基于应收账款债权人与保理人之间的法律关系对保理合同进行了界定，即应收账款债权人将应收账款转让给保理人，保理人为应收账款债权人提供资金融通等相应服务。同时，区别于《商业银行保理业务管理暂行办法》第8条①对于应收账款范围的界定，《民法典》第761条把将有的应收账款也纳入保理合同适用的范围中。

《民法典》

第七百六十二条 保理合同的内容一般包括业务类型、服务范围、服务期限、基础交易合同情况、应收账款信息、保理融资款或者服务报酬及其支付方式等条款。

本条规定了保理合同一般包含的内容。其中业务类型指保理为有追索权保理还是无追索权保理，《民法典》第766条②及第767条③分别对有追索权保理和无追索权保理进行了规定；服务范围即明确保理人为应收账款债权人具体提供的服务内容，如资金融通、应收账款管理或者催收、应收账款债务人付款担保等服务；服务期限是指保理人为应收账款债权人提供服务的具体期限；基础交易合同情况是指应收账款债权人与债务人之间形成应收账款债权的交易合同情况；应收账款信息即应收账款债权的具体信息，包括期限、金额等；保理融资款是指保理人受让应收账款债权而支付的交易对价；服务报酬

① **《商业银行保理业务管理暂行办法》**

第八条 本办法所称应收账款，是指企业因提供商品、服务或者出租资产而形成的金钱债权及其产生的收益，但不包括因票据或其他有价证券而产生的付款请求权。

② **《民法典》**

第七百六十六条 当事人约定有追索权保理的，保理人可以向应收账款债权人主张返还保理融资款本息或者回购应收账款债权，也可以向应收账款债务人主张应收账款债权。保理人向应收账款债务人主张应收账款债权，在扣除保理融资款本息和相关费用后有剩余的，剩余部分应当返还给应收账款债权人。

③ **《民法典》**

第七百六十七条 当事人约定无追索权保理的，保理人应当向应收账款债务人主张应收账款债权，保理人取得超过保理融资款本息和相关费用的部分，无需向应收账款债权人返还。

及支付方式是指保理人提供服务应获取的服务报酬的金额及具体支付方式。

第七百六十三条 应收账款债权人与债务人虚构应收账款作为转让标的，与保理人订立保理合同的，应收账款债务人不得以应收账款不存在为由对抗保理人，但是保理人明知虚构的除外。

本条是针对虚构应收账款法律后果的规定。在债权人与债务人虚构应收账款的情形下，除非保理人明知虚构的，保理人仍有权要求债务人履行如同债权存在对应的债务，债务人不得以应收账款不存在为由对抗保理人。值得注意的是，不同于《民法典》第171条[①]、第504条[②]在判断善意相对人时以“知道或应当知道”为标准，本条将债务人的抗辩事由限定在了“保理人明知”，而不包括保理人应当知道。

第七百六十六条 当事人约定有追索权保理的，保理人可以向应收账款债权人主张返还保理融资款本息或者回购应收账款债权，也可以向应收账款债务人主张应收账款债权。保理人向应收账款债务人主张应收账款债权，在扣除保理融资款本息和相关费用后有剩余的，剩余部分应当返还给应收账款债权人。

第七百六十七条 当事人约定无追索权保理的，保理人应当向应收账款债务人主张应收账款债权，保理人取得超过保理融资款本息和相关费用的部分，无需向应收账款债权人返还。

上述两条分别规定了有追索权保理和无追索权保理的概念。此前，《商业银行保理业务管理暂行办法》第10条[③]也对有追索权保理和无追索权保理

---

① **《民法典》**

第一百七十一条 相对人知道或者应当知道行为人无权代理的，相对人和行为人按照各自的过错承担责任。

② **《民法典》**

第五百零四条 法人的法定代表人或者非法人组织的负责人超越权限订立的合同，除相对人知道或者应当知道其超越权限外，该代表行为有效，订立的合同对法人或者非法人组织发生效力。

③ **《商业银行保理业务管理暂行办法》**

第十条 ……按照商业银行在债务人破产、无理拖欠或无法偿付应收账款时，是否可以向债权人反转让应收账款、要求债权人回购应收账款或归还融资，分为有追索权保理和无追索权保理。有追索权保理是指在应收账款到期无法从债务人处收回时，商业银行可以向债权人反转让应收账款、要求债权人回购应收账款或归还融资。有追索权保理又称回购型保理。无追索权保理是指应收账款在无商业纠纷等情况下无法得到清偿的，由商业银行承担应收账款的坏账风险。无追索权保理又称买断型保理。……

进行了相关规定，区别在于《民法典》还明确了在有追索权保理和无追索权保理中，保理人在取得超过保理融资款本息和相关费用的部分的不同处理方式：在有追索权的保理中，就该部分应当返还应收账款债权人；在无追索权保理中，该部分无须向应收账款债权人返还。这就使得有追索权的保理具备了一定程度的担保功能，即应收账款债权人将其持有的债权以让与担保的形式转让给保理人，向保理人申请融资，保理人在实现保理融资款本息和相关费用后，将剩余部分返还给债权人。笔者认为，在该种情况下，可以将有追索权的保理合同理解为属于《民法典》第388条规定的“其他具有担保功能的合同”。而无追索权的保理则属于真正的债权转让法律关系，需承担债务人无法付款的风险。

第七百六十八条 应收账款债权人就同一应收账款订立多个保理合同，致使多个保理人主张权利的，已经登记的先于未登记的取得应收账款；均已经登记的，按照登记时间的先后顺序取得应收账款；均未登记的，由最先到达应收账款债务人的转让通知中载明的保理人取得应收账款；既未登记也未通知的，按照保理融资款或者服务报酬的比例取得应收账款。

本条规定了债权人对同一应收账款转让给多个保理人的法律后果，明确了在应收账款债权人就同一应收账款签订多个保理合同的情形下，多个保理人优先顺位的确定原则，即首先以是否登记判断保理权利的优先次序，其次以到达对债务人的转让通知的时间顺序确定保理权利的优先权，若仍无法判断的，以保理融资款或者服务报酬的比例取得应收账款。但上述规定的原则仅针对债权人就同一应收账款债权开展多个保理业务的情形，并未就在同一应收账款债权设置其他权利负担时（比如就同一应收账款债权同时进行保理业务、一般债权转让及设置应收账款质押等）如何确定权利人的优先顺序进行规定。根据《担保制度司法解释》第66条的规定，“同一应收账款同时存在保理、应收账款质押和债权转让，当事人主张参照民法典第七百六十八条的规定确定优先顺序的，人民法院应予支持。在有追索权的保理中，保理人以应收账款债权人或者应收账款债务人为被告提起诉讼，人民法院应予受理；保理人一并起诉应收账款债权人和应收账款债务人的，人民法院可以受理。应收账款债权人向保理人返还保理融资款本息或者回购应收账款债权后，请求应收账款债务人向其履行应收账款债务的，人民法院应予支持。”

2. 对资管业务的影响

目前，越来越多的金融机构与保理公司开展合作，由金融机构受让保理公司持有的债权，因此对保理合同的审查是金融机构上述业务中的重要一环，尤其是对于有追索权保理和无追索权保理的确认也会直接影响作为债权受让方的金融机构相应权利的行使。

需要注意的是，根据《适用民法典时间效力的规定》第 12 条[①]的规定，《民法典》实施前订立的保理合同发生争议的，亦适用《民法典》该部分的相关规定。

3. 对金融机构开展资管业务的建议

（1）金融机构与保理公司合作时，首先应根据本章节对保理合同含义的界定来判断是否构成保理业务，同时应根据保理合同条款判断该保理属于有追索权保理还是无追索权保理。

（2）建议金融机构在开展尽职调查过程中，应注意审查是否存在应收账款债权人与债务人虚构应收账款作为转让标的，与保理人订立保理合同的情形。

（3）在受让保理人持有的保理债权时，建议金融机构及时审查保理人在订立该份保理合同时是否已经办理了登记手续，是否已经就该份保理合同的订立通知了债务人。

---

① **《适用民法典时间效力的规定》**

第十二条 民法典施行前订立的保理合同发生争议的，适用民法典第三编第十六章的规定。

第三章　担　　保

第一节　法条沿袭

一、担保物权的含义

与《物权法》第170条一致，未修改。

《民法典》

第三百八十六条　担保物权人在债务人不履行到期债务或者发生当事人约定的实现担保物权的情形，依法享有就担保财产优先受偿的权利，但是法律另有规定的除外。

二、适用范围及反担保

与《物权法》第171条一致，未修改。

《民法典》

第三百八十七条　债权人在借贷、买卖等民事活动中，为保障实现其债权，需要担保的，可以依照本法和其他法律的规定设立担保物权。

第三人为债务人向债权人提供担保的，可以要求债务人提供反担保。反担保适用本法和其他法律的规定。

三、担保物权的担保范围

与《物权法》第173条一致，未修改。

《民法典》

第三百八十九条　担保物权的担保范围包括主债权及其利息、违约金、损害赔偿金、保管担保财产和实现担保物权的费用。当事人另有约定的，按照其约定。

四、担保物权物上代位性

与《物权法》第174条一致，未修改。

《民法典》

第三百九十条 担保期间，担保财产毁损、灭失或者被征收等，担保物权人可以就获得的保险金、赔偿金或者补偿金等优先受偿。被担保债权的履行期限未届满的，也可以提存该保险金、赔偿金或者补偿金等。

五、未经担保人同意允许债务人转移债务的法律后果

与《物权法》第175条一致，未修改。

《民法典》

第三百九十一条 第三人提供担保，未经其书面同意，债权人允许债务人转移全部或者部分债务的，担保人不再承担相应的担保责任。

六、物的担保与人的担保并存时的处理规则

在《物权法》第176条的基础上进行了文字性调整，未作实质性修改。

《民法典》

第三百九十二条 被担保的债权既有物的担保又有人的担保的，债务人不履行到期债务或者发生当事人约定的实现担保物权的情形，债权人应当按照约定实现债权；没有约定或者约定不明确，债务人自己提供物的担保的，债权人应当先就该物的担保实现债权；第三人提供物的担保的，债权人可以就物的担保实现债权，也可以请求保证人承担保证责任。提供担保的第三人承担担保责任后，有权向债务人追偿。

七、担保物权消灭的情形

与《物权法》第177条一致，未修改。

《民法典》

第三百九十三条 有下列情形之一的，担保物权消灭：

（一）主债权消灭；

（二）担保物权实现；

（三）债权人放弃担保物权；

（四）法律规定担保物权消灭的其他情形。

八、建筑物和相应的建设用地使用权一并抵押规则

在《物权法》第182条的基础上进行了文字性调整，未作实质性修改。

《民法典》

第三百九十七条 以建筑物抵押的，该建筑物占用范围内的建设用地使用权一并抵押。以建设用地使用权抵押的，该土地上的建筑物一并抵押。

抵押人未依据前款规定一并抵押的，未抵押的财产视为一并抵押。

九、乡镇、村企业的建筑物和建设用地使用权抵押

与《物权法》第183条一致，未修改。

《民法典》

第三百九十八条 乡镇、村企业的建设用地使用权不得单独抵押。以乡镇、村企业的厂房等建筑物抵押的，其占用范围内的建设用地使用权一并抵押。

十、设立抵押权应签署书面合同及抵押合同的一般条款

在《物权法》第185条的基础上进行了文字性调整，未作实质性修改。

《民法典》

第四百条 设立抵押权，当事人应当采用书面形式订立抵押合同。

抵押合同一般包括下列条款：

（一）被担保债权的种类和数额；

（二）债务人履行债务的期限；

（三）抵押财产的名称、数量等情况；

（四）担保的范围。

十一、不动产抵押权自登记时设立

在《物权法》第187条的基础上进行了文字性调整，未作实质性修改。

《民法典》

第四百零二条　以本法第三百九十五条第一款第一项至第三项规定的财产或者第五项规定的正在建造的建筑物抵押的，应当办理抵押登记。抵押权自登记时设立。

十二、动产抵押登记对抗效力

在《物权法》第188条的基础上进行了文字性调整，未作实质性修改。

《民法典》

第四百零三条　以动产抵押的，抵押权自抵押合同生效时设立；未经登记，不得对抗善意第三人。

十三、抵押权的从属性

与《物权法》第192条一致，未修改。

《民法典》

第四百零七条　抵押权不得与债权分离而单独转让或者作为其他债权的担保。债权转让的，担保该债权的抵押权一并转让，但是法律另有规定或者当事人另有约定的除外。

十四、抵押财产毁损或者价值减少时的处理

在《物权法》第193条的基础上进行了文字性调整，未作实质性修改。

《民法典》

第四百零八条　抵押人的行为足以使抵押财产价值减少的，抵押权人有权请求抵押人停止其行为；抵押财产价值减少的，抵押权人有权请求恢复抵押财产的价值，或者提供与减少的价值相应的担保。抵押人不恢复抵押财产的价值，也不提供担保的，抵押权人有权请求债务人提前清偿债务。

十五、抵押权人放弃抵押权或抵押权顺位的法律后果

在《物权法》第194条的基础上进行了文字性调整，未作实质性修改。

《民法典》

第四百零九条 抵押权人可以放弃抵押权或者抵押权的顺位。抵押权人与抵押人可以协议变更抵押权顺位以及被担保的债权数额等内容。但是，抵押权的变更未经其他抵押权人书面同意的，不得对其他抵押权人产生不利影响。

债务人以自己的财产设定抵押，抵押权人放弃该抵押权、抵押权顺位或者变更抵押权的，其他担保人在抵押权人丧失优先受偿权益的范围内免除担保责任，但是其他担保人承诺仍然提供担保的除外。

十六、浮动抵押中抵押财产的确定

在《物权法》第196条的基础上进行了文字性调整，未作实质性修改。

《民法典》

第四百一十一条 依据本法第三百九十六条规定设定抵押的，抵押财产自下列情形之一发生时确定：

（一）债务履行期限届满，债权未实现；

（二）抵押人被宣告破产或者解散；

（三）当事人约定的实现抵押权的情形；

（四）严重影响债权实现的其他情形。

十七、抵押财产孳息的归属

在《物权法》第197条的基础上进行了文字性调整，未作实质性修改。

《民法典》

第四百一十二条 债务人不履行到期债务或者发生当事人约定的实现抵押权的情形，致使抵押财产被人民法院依法扣押的，自扣押之日起，抵押权人有权收取该抵押财产的天然孳息或者法定孳息，但是抵押权人未通知应当清偿法定孳息义务人的除外。

前款规定的孳息应当先充抵收取孳息的费用。

十八、抵押财产变现价款的归属

与《物权法》第198条一致，未修改。

《民法典》

第四百一十三条 抵押财产折价或者拍卖、变卖后，其价款超过债权数额的部分归抵押人所有，不足部分由债务人清偿。

十九、抵押权对新增建筑物的效力

与《物权法》第200条一致，未修改。

《民法典》

第四百一十七条 建设用地使用权抵押后，该土地上新增的建筑物不属于抵押财产。该建设用地使用权实现抵押权时，应当将该土地上新增的建筑物与建设用地使用权一并处分。但是，新增建筑物所得的价款，抵押权人无权优先受偿。

二十、抵押权人行使抵押权的期间

与《物权法》第202条一致，未修改。

《民法典》

第四百一十九条 抵押权人应当在主债权诉讼时效期间行使抵押权；未行使的，人民法院不予保护。

二十一、最高额抵押的概念

与《物权法》第203条一致，未修改。

《民法典》

第四百二十条 为担保债务的履行，债务人或者第三人对一定期间内将要连续发生的债权提供担保财产的，债务人不履行到期债务或者发生当事人约定的实现抵押权的情形，抵押权人有权在最高债权额限度内就该担保财产优先受偿。

最高额抵押权设立前已经存在的债权，经当事人同意，可以转入最高额抵押担保的债权范围。

二十二、最高额抵押担保的部分债权转让的效力

与《物权法》第204条一致，未修改。

《民法典》

第四百二十一条 最高额抵押担保的债权确定前，部分债权转让的，最高额抵押权不得转让，但是当事人另有约定的除外。

二十三、最高额抵押合同条款变更

与《物权法》第205条一致，未修改。

《民法典》

第四百二十二条 最高额抵押担保的债权确定前，抵押权人与抵押人可以通过协议变更债权确定的期间、债权范围以及最高债权额。但是，变更的内容不得对其他抵押权人产生不利影响。

二十四、动产质权的概念

与《物权法》第208条一致，未修改。

《民法典》

第四百二十五条 为担保债务的履行，债务人或者第三人将其动产出质给债权人占有的，债务人不履行到期债务或者发生当事人约定的实现质权的情形，债权人有权就该动产优先受偿。

前款规定的债务人或者第三人为出质人，债权人为质权人，交付的动产为质押财产。

二十五、禁止出质的动产范围

与《物权法》第209条一致，未修改。

《民法典》

第四百二十六条 法律、行政法规禁止转让的动产不得出质。

二十六、质押合同的形式及基本内容

在《物权法》第210条的基础上进行了文字性调整，未作实质性修改。

《民法典》

第四百二十七条 设立质权，当事人应当采用书面形式订立质押合同。

质押合同一般包括下列条款：

（一）被担保债权的种类和数额；

（二）债务人履行债务的期限；

（三）质押财产的名称、数量等情况；

（四）担保的范围；

（五）质押财产交付的时间、方式。

二十七、动产质权的设立

与《物权法》第212条一致，未修改。

《民法典》

第四百二十九条 质权自出质人交付质押财产时设立。

二十八、质权人孳息收取权

与《物权法》第213条一致，未修改。

《民法典》

第四百三十条 质权人有权收取质押财产的孳息，但是合同另有约定的除外。

前款规定的孳息应当先充抵收取孳息的费用。

二十九、质权人对质物使用处分的限制及法律责任

在《物权法》第214条的基础上进行了文字性调整，未作实质性修改。

《民法典》

第四百三十一条 质权人在质权存续期间，未经出质人同意，擅自使用、处分质押财产，造成出质人损害的，应当承担赔偿责任。

三十、质权人妥善保管质物义务

与《物权法》第215条一致，未修改。

《民法典》

第四百三十二条 质权人负有妥善保管质押财产的义务；因保管不善致使质押财产毁损、灭失的，应当承担赔偿责任。

质权人的行为可能使质押财产毁损、灭失的，出质人可以请求质权人将质押财产提存，或者请求提前清偿债务并返还质押财产。

三十一、质物保全

在《物权法》第216条的基础上进行了文字性调整，未作实质性修改。

《民法典》

第四百三十三条 因不可归责于质权人的事由可能使质押财产毁损或者价值明显减少，足以危害质权人权利的，质权人有权请求出质人提供相应的担保；出质人不提供的，质权人可以拍卖、变卖质押财产，并与出质人协议将拍卖、变卖所得的价款提前清偿债务或者提存。

三十二、质权人转质的法律责任

在《物权法》第217条的基础上进行了文字性调整，未作实质性修改。

《民法典》

第四百三十四条 质权人在质权存续期间，未经出质人同意转质，造成质押财产毁损、灭失的，应当承担赔偿责任。

三十三、质权人放弃质权时其他担保人的责任承担

与《物权法》第218条一致，未修改。

《民法典》

第四百三十五条 质权人可以放弃质权。债务人以自己的财产出质，质权人放弃该质权的，其他担保人在质权人丧失优先受偿权益的范围内免除担保责任，但是其他担保人承诺仍然提供担保的除外。

三十四、质物返还及质权实现

与《物权法》第219条一致，未修改。

《民法典》

第四百三十六条 债务人履行债务或者出质人提前清偿所担保的债权的，质权人应当返还质押财产。

债务人不履行到期债务或者发生当事人约定的实现质权的情形，质权人可以与出质人协议以质押财产折价，也可以就拍卖、变卖质押财产所得的价款优先受偿。

质押财产折价或者变卖的，应当参照市场价格。

三十五、质权人应及时行使质权请求权及怠于行使质权的责任

与《物权法》第220条一致，未修改。

《民法典》

第四百三十七条 出质人可以请求质权人在债务履行期限届满后及时行使质权；质权人不行使的，出质人可以请求人民法院拍卖、变卖质押财产。

出质人请求质权人及时行使质权，因质权人怠于行使权利造成出质人损害的，由质权人承担赔偿责任。

三十六、质物变价款归属原则

与《物权法》第221条一致，未修改。

《民法典》

第四百三十八条 质押财产折价或者拍卖、变卖后，其价款超过债权数额的部分归出质人所有，不足部分由债务人清偿。

三十七、最高额质权

在《物权法》第222条的基础上进行了文字性调整，未作实质性修改。

《民法典》

第四百三十九条 出质人与质权人可以协议设立最高额质权。

最高额质权除适用本节有关规定外，参照适用本编第十七章第二节的有关规定。

三十八、有价证券质权人行使权利的特别规定

在《物权法》第225条的基础上进行了文字性调整，未作实质性修改。

《民法典》

第四百四十二条 汇票、本票、支票、债券、存款单、仓单、提单的兑现日期或者提货日期先于主债权到期的，质权人可以兑现或者提货，并与出质人协议将兑现的价款或者提取的货物提前清偿债务或者提存。

三十九、权利质权适用动产质权有关规定

在《物权法》第229条的基础上进行了文字性调整，未作实质性修改。

《民法典》

第四百四十六条 权利质权除适用本节规定外，适用本章第一节的有关规定。

四十、留置权的一般规定

与《物权法》第230条一致，未修改。

《民法典》

第四百四十七条 债务人不履行到期债务，债权人可以留置已经合法占有的债务人的动产，并有权就该动产优先受偿。

前款规定的债权人为留置权人，占有的动产为留置财产。

四十一、留置财产与债权的关系

与《物权法》第231条一致，未修改。

《民法典》

第四百四十八条 债权人留置的动产，应当与债权属于同一法律关系，但是企业之间留置的除外。

四十二、留置权适用范围的限制性

与《物权法》第232条一致，未修改。

《民法典》

第四百四十九条　法律规定或者当事人约定不得留置的动产，不得留置。

四十三、可分物作为留置财产的特殊规定

与《物权法》第233条一致，未修改。

《民法典》

第四百五十条　留置财产为可分物的，留置财产的价值应当相当于债务的金额。

四十四、留置权人的保管义务

与《物权法》第234条一致，未修改。

《民法典》

第四百五十一条　留置权人负有妥善保管留置财产的义务；因保管不善致使留置财产毁损、灭失的，应当承担赔偿责任。

四十五、留置权人收取孳息的权利

与《物权法》第235条一致，未修改。

《民法典》

第四百五十二条　留置权人有权收取留置财产的孳息。

前款规定的孳息应当先充抵收取孳息的费用。

四十六、留置权实现的一般规定

在《物权法》第236条的基础上进行了文字性调整，未作实质性修改。

《民法典》

第四百五十三条　留置权人与债务人应当约定留置财产后的债务履行期限；没有约定或者约定不明确的，留置权人应当给债务人六十日以上履行债

务的期限，但是鲜活易腐等不易保管的动产除外。债务人逾期未履行的，留置权人可以与债务人协议以留置财产折价，也可以就拍卖、变卖留置财产所得的价款优先受偿。

留置财产折价或者变卖的，应当参照市场价格。

四十七、债务人可请求留置权人行使留置权

与《物权法》第 237 条一致，未修改。

《民法典》

第四百五十四条 债务人可以请求留置权人在债务履行期限届满后行使留置权；留置权人不行使的，债务人可以请求人民法院拍卖、变卖留置财产。

四十八、留置权实现方式

与《物权法》第 238 条一致，未修改。

《民法典》

第四百五十五条 留置财产折价或者拍卖、变卖后，其价款超过债权数额的部分归债务人所有，不足部分由债务人清偿。

四十九、留置权优先于抵押权或者质权

与《物权法》第 239 条一致，未修改。

《民法典》

第四百五十六条 同一动产上已经设立抵押权或者质权，该动产又被留置的，留置权人优先受偿。

五十、留置权的消灭

与《物权法》第 240 条一致，未修改。

《民法典》

第四百五十七条 留置权人对留置财产丧失占有或者留置权人接受债务人另行提供担保的，留置权消灭。

五十一、保证的方式

在《担保法》第16条的基础上仅进行了文字性调整，未作实质性修改。

《民法典》

第六百八十六条第一款 保证的方式包括一般保证和连带责任保证。

五十二、一般保证与连带责任保证的定义

分别与《担保法》第17条第1款、第18条第1款一致，未修改。

《民法典》

第六百八十七条第一款 当事人在保证合同中约定，债务人不能履行债务时，由保证人承担保证责任的，为一般保证。

《民法典》

第六百八十八条第一款 当事人在保证合同中约定保证人和债务人对债务承担连带责任的，为连带责任保证。

五十三、保证担保的范围

在《担保法》第21条的基础上仅进行了文字性调整，未作实质性修改。

《民法典》

第六百九十一条 保证的范围包括主债权及其利息、违约金、损害赔偿金和实现债权的费用。当事人另有约定的，按照其约定。

五十四、主合同变更保证人承担保证责任的规则

在《担保法司法解释》第30条的基础上仅进行了文字性调整，未作实质性修改。

《民法典》

第六百九十五条 债权人和债务人未经保证人书面同意，协商变更主债权债务合同内容，减轻债务的，保证人仍对变更后的债务承担保证责任；加重债务的，保证人对加重的部分不承担保证责任。

债权人和债务人变更主债权债务合同的履行期限，未经保证人书面同意

的，保证期间不受影响。

五十五、主债务转移保证人承担保证担保责任的规则

在《担保法》第23条及《担保法司法解释》第29条的基础上仅进行了文字性调整，未作实质性修改。

《民法典》

第六百九十七条第一款 债权人未经保证人书面同意，允许债务人转移全部或者部分债务，保证人对未经其同意转移的债务不再承担保证责任，但是债权人和保证人另有约定的除外。

五十六、一般保证的免责情形

在《担保法司法解释》第24条的基础上仅进行了文字性调整，未作实质性修改。

《民法典》

第六百九十八条 一般保证的保证人在主债务履行期限届满后，向债权人提供债务人可供执行财产的真实情况，债权人放弃或者怠于行使权利致使该财产不能被执行的，保证人在其提供可供执行财产的价值范围内不再承担保证责任。

五十七、保证人享有债务人对债权人的抗辩权

在《担保法》第20条的基础上仅进行了文字性调整，未作实质性修改。

《民法典》

第七百零一条 保证人可以主张债务人对债权人的抗辩。债务人放弃抗辩的，保证人仍有权向债权人主张抗辩。

第二节　变化、分析及应对

一、担保合同范围中增加其他具有担保功能的合同

《民法典》明确其他具有担保功能的合同也属于担保合同，适用担保合同相关制度。资管业务中较为常见的买入返售合同，此前已有部分被认定为让与担保合同的审判案例，而《民法典》对于功能性担保体系的构建或将进一步明确这种交易的担保功能，进而可能适用关于担保交易及担保合同的相关规定。此外，资管业务中涉及的融资租赁合同、保理合同等亦可能在一定程度上参照适用担保的有关制度和规定。

（一）新旧法律条文对比

1. 原规定

《担保法》

第五条　担保合同是主合同的从合同，主合同无效，担保合同无效。担保合同另有约定的，按照约定。

担保合同被确认无效后，债务人、担保人、债权人有过错的，应当根据其过错各自承担相应的民事责任。

《物权法》

第一百七十二条　设立担保物权，应当依照本法和其他法律的规定订立担保合同。担保合同是主债权债务合同的从合同。主债权债务合同无效，担保合同无效，但法律另有规定的除外。

担保合同被确认无效后，债务人、担保人、债权人有过错的，应当根据其过错各自承担相应的民事责任。

《合同法》

第一百三十四条　当事人可以在买卖合同中约定买受人未履行支付价款或者其他义务的，标的物的所有权属于出卖人。

《原买卖合同司法解释》

第三十四条 买卖合同当事人主张合同法第一百三十四条关于标的物所有权保留的规定适用于不动产的，人民法院不予支持。

第三十五条 当事人约定所有权保留，在标的物所有权转移前，买受人有下列情形之一，对出卖人造成损害，出卖人主张取回标的物的，人民法院应予支持：

（一）未按约定支付价款的；

（二）未按约定完成特定条件的；

（三）将标的物出卖、出质或者作出其他不当处分的。

取回的标的物价值显著减少，出卖人要求买受人赔偿损失的，人民法院应予支持。

第三十六条 买受人已经支付标的物总价款的百分之七十五以上，出卖人主张取回标的物的，人民法院不予支持。

在本解释第三十五条第一款第（三）项情形下，第三人依据物权法第一百零六条的规定已经善意取得标的物所有权或者其他物权，出卖人主张取回标的物的，人民法院不予支持。

《关于进一步加强金融审判工作的若干意见》

3. 依法认定新类型担保的法律效力，拓宽中小微企业的融资担保方式。丰富和拓展中小微企业的融资担保方式，除符合合同法第五十二条规定的合同无效情形外，应当依法认定新类型担保合同有效；符合物权法有关担保物权的规定的，还应当依法认定其物权效力，以增强中小微企业融资能力，有效缓解中小微企业融资难、融资贵问题。

《新民间借贷解释》

第二十三条 当事人以订立买卖合同作为民间借贷合同的担保，借款到期后借款人不能还款，出借人请求履行买卖合同的，人民法院应当按照民间借贷法律关系审理。当事人根据法庭审理情况变更诉讼请求的，人民法院应当准许。

按照民间借贷法律关系审理作出的判决生效后，借款人不履行生效判决确定的金钱债务，出借人可以申请拍卖买卖合同标的物，以偿还债务。就拍卖所得的价款与应偿还借款本息之间的差额，借款人或者出借人有权主张返还或者补偿。

《九民纪要》

71.【让与担保】债务人或者第三人与债权人订立合同，约定将财产形式上转让至债权人名下，债务人到期清偿债务，债权人将该财产返还给债务人或第三人，债务人到期没有清偿债务，债权人可以对财产拍卖、变卖、折价偿还债权的，人民法院应当认定合同有效。合同如果约定债务人到期没有清偿债务，财产归债权人所有的，人民法院应当认定该部分约定无效，但不影响合同其他部分的效力。

当事人根据上述合同约定，已经完成财产权利变动的公示方式转让至债权人名下，债务人到期没有清偿债务，债权人请求确认财产归其所有的，人民法院不予支持，但债权人请求参照法律关于担保物权的规定对财产拍卖、变卖、折价优先偿还其债权的，人民法院依法予以支持。债务人因到期没有清偿债务，请求对该财产拍卖、变卖、折价偿还所欠债权人合同项下债务的，人民法院亦应依法予以支持。

2. 新规定

《民法典》

第三百八十八条 设立担保物权，应当依照本法和其他法律的规定订立担保合同。担保合同包括抵押合同、质押合同和其他具有担保功能的合同。担保合同是主债权债务合同的从合同。主债权债务合同无效的，担保合同无效，但是法律另有规定的除外。

担保合同被确认无效后，债务人、担保人、债权人有过错的，应当根据其过错各自承担相应的民事责任。

第六百四十一条 当事人可以在买卖合同中约定买受人未履行支付价款或者其他义务的，标的物的所有权属于出卖人。

出卖人对标的物保留的所有权，未经登记，不得对抗善意第三人。

第六百四十二条 当事人约定出卖人保留合同标的物的所有权，在标的物所有权转移前，买受人有下列情形之一，造成出卖人损害的，除当事人另有约定外，出卖人有权取回标的物：

（一）未按照约定支付价款，经催告后在合理期限内仍未支付；

（二）未按照约定完成特定条件；

（三）将标的物出卖、出质或者作出其他不当处分。

出卖人可以与买受人协商取回标的物；协商不成的，可以参照适用担保物权的实现程序。

第七百三十五条 融资租赁合同是出租人根据承租人对出卖人、租赁物的选择，向出卖人购买租赁物，提供给承租人使用，承租人支付租金的合同。

第七百四十五条 出租人对租赁物享有的所有权，未经登记，不得对抗善意第三人。

第七百五十二条 承租人应当按照约定支付租金。承租人经催告后在合理期限内仍不支付租金的，出租人可以请求支付全部租金；也可以解除合同，收回租赁物。

第七百五十八条 当事人约定租赁期限届满租赁物归承租人所有，承租人已经支付大部分租金，但是无力支付剩余租金，出租人因此解除合同收回租赁物，收回的租赁物的价值超过承租人欠付的租金以及其他费用的，承租人可以请求相应返还。

当事人约定租赁期限届满租赁物归出租人所有，因租赁物毁损、灭失或者附合、混合于他物致使承租人不能返还的，出租人有权请求承租人给予合理补偿。

第七百六十一条 保理合同是应收账款债权人将现有的或者将有的应收账款转让给保理人，保理人提供资金融通、应收账款管理或者催收、应收账款债务人付款担保等服务的合同。

第七百六十六条 当事人约定有追索权保理的，保理人可以向应收账款债权人主张返还保理融资款本息或者回购应收账款债权，也可以向应收账款债务人主张应收账款债权。保理人向应收账款债务人主张应收账款债权，在扣除保理融资款本息和相关费用后有剩余的，剩余部分应当返还给应收账款债权人。

《担保制度司法解释》

第一条 因抵押、质押、留置、保证等担保发生的纠纷，适用本解释。

所有权保留买卖、融资租赁、保理等涉及担保功能发生的纠纷，适用本解释的有关规定。

第六十三条 债权人与担保人订立担保合同，约定以法律、行政法规尚未规定可以担保的财产权利设立担保，当事人主张合同无效的，人民法院不予支持。当事人未在法定的登记机构依法进行登记，主张该担保具有物权效力的，人民法院不予支持。

第六十四条 在所有权保留买卖中，出卖人依法有权取回标的物，但是与买受人协商不成，当事人请求参照民事诉讼法“实现担保物权案件”的有关规定，拍卖、变卖标的物的，人民法院应予准许。

出卖人请求取回标的物，符合民法典第六百四十二条规定的，人民法院应予支持；买受人以抗辩或者反诉的方式主张拍卖、变卖标的物，并在扣除买受人未支付的价款以及必要费用后返还剩余款项的，人民法院应当一并处理。

第六十五条 在融资租赁合同中，承租人未按照约定支付租金，经催告后在合理期限内仍不支付，出租人请求承租人支付全部剩余租金，并以拍卖、变卖租赁物所得的价款受偿的，人民法院应予支持；当事人请求参照民事诉讼法“实现担保物权案件”的有关规定，以拍卖、变卖租赁物所得价款支付租金的，人民法院应予准许。

出租人请求解除融资租赁合同并收回租赁物，承租人以抗辩或者反诉的方式主张返还租赁物价值超过欠付租金以及其他费用的，人民法院应当一并处理。当事人对租赁物的价值有争议的，应当按照下列规则确定租赁物的价值：

（一）融资租赁合同有约定的，按照其约定；

（二）融资租赁合同未约定或者约定不明的，根据约定的租赁物折旧以及合同到期后租赁物的残值来确定；

（三）根据前两项规定的方法仍然难以确定，或者当事人认为根据前两项规定的方法确定的价值严重偏离租赁物实际价值的，根据当事人的申请委托有资质的机构评估。

第六十六条 同一应收账款同时存在保理、应收账款质押和债权转让，当事人主张参照民法典第七百六十八条①的规定确定优先顺序的，人民法院应予支持。

在有追索权的保理中，保理人以应收账款债权人或者应收账款债务人为被告提起诉讼，人民法院应予受理；保理人一并起诉应收账款债权人和应收账款债务人的，人民法院可以受理。

应收账款债权人向保理人返还保理融资款本息或者回购应收账款债权后，请求应收账款债务人向其履行应收账款债务的，人民法院应予支持。

第六十七条 在所有权保留买卖、融资租赁等合同中，出卖人、出租人的所有权未经登记不得对抗的“善意第三人”的范围及其效力，参照本解释第五十四条的规定处理。

第六十八条 债务人或者第三人与债权人约定将财产形式上转移至债权人名下，债务人不履行到期债务，债权人有权对财产折价或者以拍卖、变卖该财产所得价款偿还债务的，人民法院应当认定该约定有效。当事人已经完成财产权利变动的公示，债务人不履行到期债务，债权人请求参照民法典关于担保物权的有关规定就该财产优先受偿的，人民法院应予支持。

债务人或者第三人与债权人约定将财产形式上转移至债权人名下，债务人不履行到期债务，财产归债权人所有的，人民法院应当认定该约定无效，但是不影响当事人有关提供担保的意思表示的效力。当事人已经完成财产权利变动的公示，债务人不履行到期债务，债权人请求对该财产享有所有权的，人民法院不予支持；债权人请求参照民法典关于担保物权的规定对财产折价或者以拍卖、变卖该财产所得的价款优先受偿的，人民法院应予支持；债务人履行债务后请求返还财产，或者请求对财产折价或者以拍卖、变卖所得的价款清偿债务的，人民法院应予支持。

债务人与债权人约定将财产转移至债权人名下，在一定期间后再由债务

---

① **《民法典》**

第七百六十八条 应收账款债权人就同一应收账款订立多个保理合同，致使多个保理人主张权利的，已经登记的先于未登记的取得应收账款；均已经登记的，按照登记时间的先后顺序取得应收账款；均未登记的，由最先到达应收账款债务人的转让通知中载明的保理人取得应收账款；既未登记也未通知的，按照保理融资款或者服务报酬的比例取得应收账款。

人或者其指定的第三人以交易本金加上溢价款回购，债务人到期不履行回购义务，财产归债权人所有的，人民法院应当参照第二款规定处理。回购对象自始不存在的，人民法院应当依照民法典第一百四十六条第二款①的规定，按照其实际构成的法律关系处理。

第六十九条 股东以将其股权转移至债权人名下的方式为债务履行提供担保，公司或者公司的债权人以股东未履行或者未全面履行出资义务、抽逃出资等为由，请求作为名义股东的债权人与股东承担连带责任的，人民法院不予支持。

第七十条 债务人或者第三人为担保债务的履行，设立专门的保证金账户并由债权人实际控制，或者将其资金存入债权人设立的保证金账户，债权人主张就账户内的款项优先受偿的，人民法院应予支持。当事人以保证金账户内的款项浮动为由，主张实际控制该账户的债权人对账户内的款项不享有优先受偿权的，人民法院不予支持。

在银行账户下设立的保证金分户，参照前款规定处理。

当事人约定的保证金并非为担保债务的履行设立，或者不符合前两款规定的情形，债权人主张就保证金优先受偿的，人民法院不予支持，但是不影响当事人依照法律的规定或者按照当事人的约定主张权利。

（二）法条对比、影响及建议

1. 法律条文变化分析

《担保法》中规定的保证、抵押、质押、留置和定金为五种典型担保形式。《物权法》第四编担保物权规定了三种典型物权担保形式，即抵押、质押、留置。除上述典型担保形式之外，虽然有些合同具有部分担保功能（例如所有权保留的买卖合同、融资租赁合同等），但因这些法律对担保法律问题无完整的、体系化的明确规定，所以在其实际履行中一定程度上仍存在无法可依的困境。而《民法典》及《担保制度司法解释》在规定了抵押、质

① **《民法典》**

第一百四十六条 行为人与相对人以虚假的意思表示实施的民事法律行为无效。

以虚假的意思表示隐藏的民事法律行为的效力，依照有关法律规定处理。

押、留置、保证等典型担保形式的同时，亦明确其他具有担保功能的合同也参照适用担保相关制度。根据《担保制度司法解释》，非典型担保包含融资租赁合同、保理合同、所有权保留买卖、让与担保、保证金质押及其他具有担保功能的合同，由于这些合同并非明确以担保为主要的权利义务关系，故散列在典型合同分编及其他编章中，但这并不影响在对其担保功能部分的法律关系进行规范时适用《民法典》及《担保制度司法解释》中所确定的关于担保制度的相关规定。

所有权保留买卖合同中，出卖人保留所有权的目的，显然是为了担保价款债权的实现，因此出卖人保留的所有权属于一种非典型担保物权。《合同法》虽规定了此类合同，但并未规定公示方式，因此第三人无法从外观上识别是否存在出卖人保留所有权的情形，对于第三人的交易稳定性和交易安全构成了一定的威胁。[①] 相较于《合同法》，《民法典》明确规定出卖人保留的所有权非经登记，不得对抗善意第三人；此外，对于标的物的取回方式，根据《民法典》第642条的规定以及最高人民法院在《民法典担保制度司法解释系列解读之五“关于非典型担保”及“附则”部分重点条文解读》中的观点，如双方不能协商一致的，既可参照适用非诉形式的担保物权实现程序，也可以直接提起诉讼程序。若某物上同时存在所有权保留及抵押、质押等多个担保物权，应该根据《民法典》第414条[②]的规定确定各担保物权的清偿顺位。

在融资租赁法律关系中，出租人享有的租赁物所有权是对承租人履行租金支付义务的担保，因此融资租赁合同属于具有担保功能的合同。《民法典》及《担保制度司法解释》对于融资租赁出租人的所有权亦采取了“登记对抗

---

① 林文学、杨永清、麻锦亮、吴光荣：《“关于非典型担保”及“附则”部分重点条文解读》，载《人民法院报》2021年2月25日，第7版。

② **《民法典》**

第四百一十四条 同一财产向两个以上债权人抵押的，拍卖、变卖抵押财产所得的价款依照下列规定清偿：

（一）抵押权已经登记的，按照登记的时间先后确定清偿顺序；

（二）抵押权已经登记的先于未登记的受偿；

（三）抵押权未登记的，按照债权比例清偿。

其他可以登记的担保物权，清偿顺序参照适用前款规定。

主义”。但与所有权保留买卖合同不同的是，《民法典》明确了收回租赁物的前提是解除合同，且没有规定如果当事人就租赁物的取回协商不一致时可以请求参照适用担保物权的实现程序。

保理合同中应收账款债权人将现在或将来的应收账款转让给保理人，保理人以支付转让价款的方式向其提供保理融资，在有追索权的保理合同中，保理人可以要求应收账款债权人返还保理融资本息或者回购应收账款债权，也可以向应收账款债务人主张应收账款债权，但应将其从应收账款债务人处获得的款项扣除保理融资本息和相关费用后的剩余款项（如有）返还给应收账款债权人。应收账款虽然名义上已经转让给保理人，但实质上是应收账款债权人为保理人不能从应收账款债务人处收回约定的债权而提供的担保，这也是有追索权的保理被视为“其他具有担保功能的合同”的原因。① 需要特别注意的是，对于无追索权的保理合同，应收账款债权人将应收账款债权转让给保理人后，此类债权即由保理人享有，因此无追索权的保理合同不具有担保功能。

实践中（如下列案例所示），让与担保通常表现为债务人或者第三人与债权人订立合同，约定将财产形式上转让至债权人名下，债务人到期清偿债务，债权人将该财产返还给债务人或第三人，债务人到期没有清偿债务，债权人可以将财产拍卖、变卖、折价以偿还债权。上述情形中，债权人的真实目的并非取得标的物的所有权，而是为了以这种方式担保债权的实现，因此涉及此类交易本质的买入返售协议等法律文件属于具有担保功能属性的合同，债权人并不取得该标的物的所有权，而仅对标的物的拍卖、变卖价款享有优先受偿权。在司法实践中，人民法院更为关注交易实质，基于目前资管产品领域普遍存在的实际交易情况，就买入返售类信托业务，《九民纪要》规定，“如果合同中约定由转让方或者其指定的第三方在一定期间后以交易本金加上溢价款等固定价款无条件回购的，无论转让方所转让的标的物是否真实存在、是否实际交付或者过户，只要合同不存在法定无效事由，对信托公司提

① 林文学、杨永清、麻锦亮、吴光荣：《“关于非典型担保”及“附则”部分重点条文解读》，载《人民法院报》2021年2月25日，第7版。

出的由转让方或者其指定的第三方按约定承担责任的诉讼请求，人民法院依法予以支持”。

案例：上海贵灵实业集团有限公司、张某进与袁某丰民间借贷纠纷案［（2020）沪民终423号］

2017年12月5日，袁某丰与贵灵公司、张某进以及案外人中科金控资本管理有限公司（以下简称中科金控公司）签订《借款合同》一份，约定袁某丰向贵灵公司提供借款3.1亿元，借款期限14天，张某进、案外人中科金控公司自愿为贵灵公司的借款提供连带责任保证担保。后因贵灵公司未能按时足额偿还借款，2018年6月7日，袁某丰向上海市高级人民法院提起诉讼，要求贵灵公司偿还欠款、张某进对上述两项诉讼请求承担连带担保责任。一审审理过程中，袁某丰与贵灵公司及张某进于2018年7月6日签订《和解协议》一份，《和解协议》第2条约定，中科建设开发总公司等同意将上海旭宁国际贸易有限公司90%股权（以下简称旭宁股权）转让给贵灵公司，贵灵公司再无偿转让给袁某丰，用以抵偿贵灵公司的借款、利息、违约金等。若贵灵公司在2018年12月31日前偿还所有借款及利息的，则贵灵公司及中科建设开发总公司等有权赎回该股权；若贵灵公司在此期限之前未能偿还所有借款及利息，则袁某丰有权自行处置该股权。二审审理中，袁某丰明确提出对旭宁股权主张担保物权。上海市高级人民法院认为，由于旭宁股权作为担保设立时，当时的法律、司法解释对此种担保物权没有规定，依照《适用民法典时间效力的规定》第3条以及《民法典》第388条的规定，认为《和解协议》第2条关于旭宁股权的约定属于《民法典》规定的“其他具有担保功能的合同”，是非典型担保中的让与担保。《和解协议》关于“若贵灵公司在期限之前未能偿还所有借款及利息，则袁某丰有权自行处置该股权”的约定，不违反流质条款的禁止性规定，故各方之间通过契约方式设定的股权让与担保，未违反法律、行政法规的禁止性规定，应为合法有效。袁某丰现参照股权质押的规定，请求对该股权折价或者变卖、拍卖，以所得价优先受偿，与法不悖，应予以支持。

《担保法司法解释》要求金钱质押需将金钱特定化，特定化的形式分为“特户”“封金”“保证金”三种形式，但并未对三者进行清晰的界定和区分。司法实践中，不同法院对于“特定化”的理解不尽相同，部分法院认为账户需具备外观上的可识别性才构成特定化，部分法院则认为账户的特定化无须要求外观上具有可识别性。而从最高人民法院近年作出的相关裁判来看，在（2017）最高法民申 2513 号裁定书及（2018）最高法民再 168 号判决书中，最高人民法院仍按照一定的外观识别性认定金钱质押的成立。但在 2020 年第 6 期公报案例中，法院却并未对外观识别性再做过多讨论。《担保制度司法解释》将金钱质押的形式最终被简化至“保证金账户”一种，根据《担保制度司法解释》，构成保证金质押担保需要具备两个条件：（1）设立了专门的保证金账户，形式既可以是债务人或者第三人设立专门的保证金账户，也可以是债务人或者第三人将其资金存入债权人设立的保证金账户，还可以是在银行账户下设立的保证金分户；（2）债权人实际控制该账户。笔者倾向于认为在未来司法实践中，对账户外观识别性要求存在进一步宽松解释的可能性，但尽管如此，《担保制度司法解释》中关于质押担保有效设立的前提要求等规定仍应是资管业务中金融机构应当把控的风控红线。

基于上述分析，充分考虑到业务形式的多样性以及《民法典》项下功能性担保制度体系的设定，除《担保制度司法解释》列示的上述非典型担保之外，若有其他合同具备担保功能，也应该参照适用《民法典》及《担保制度司法解释》中关于担保的相关规定。

2. **对资管业务的影响**

（1）对于买入返售交易结构的影响。

根据上述对非典型担保的分析，就金融机构开展的买入返售交易［自融资人处受让特定资产、特定资产收益权、股权、股权收益权等交易标的向融资人支付转让价款，由融资人或其指定第三方到期回购/收购（按照约定期限和相对固定、确定的价格收购）此类标的并向金融机构支付回购/收购价款］而言，金融机构持有交易标的并非为了取得交易标的，而是将交易标的作为对融资人回购交易标的并支付回购价款义务的担保。

如交易标的是真实存在的，就可能被认定为属于让与担保，根据《担保制度司法解释》第 68 条的规定，流质条款无效，即在融资人不支付回购价款时，金融机构并不能当然地取得交易标的的所有权，仅可对交易标的折价或者以拍卖、变卖交易标的所得价款优先受偿。同时，对金融机构产生的有利影响为：当交易标的为股权时，根据《担保制度司法解释》第69条的规定，交易标的所在公司或者公司的债权人不能以金融机构未履行或者未全面履行出资义务、抽逃出资等为由，要求金融机构与其他股东承担连带责任。但是，结合功能性担保的交易目的以及目前的司法实践情况，金融机构也因此难以实际享有持股标的公司的股东权利，其行使股东权利的基础将存在瑕疵和不确定性，尤其在面临交易对手破产等极端商业风险的情况下，部分拟通过处置股权、所投资标的资产的方式实现风险化解的方案将可能存在实施障碍。

如交易标的自始不存在的，融资人也不能以交易标的不存在为由主张交易无效，根据《担保制度司法解释》第68条的规定及《九民纪要》规定精神，由于交易双方真实的意思表示为融资，因此应按照融资的相关规定处理。

（2）对于抵押物的影响。

融资人向抵押人所提供的抵押物有可能是存在所有权保留的物品或者是以融资租赁方式取得的物品。如出卖人或出租人办理了相应的登记，可能会对金融机构设立担保权的受偿顺序及受偿金额产生不利影响。

（3）对于应收账款受让及质押的影响。

在受让应收账款债权或者接受以应收账款债权进行质押的担保时，如该等应收账款债权上存在质权等形式的权利负担，可能会对金融机构担保权是否有效设立，设立后的受偿顺序及受偿金额产生不利影响。

（4）对于保证金质押的影响。

如前文所分析，在实践中很多资管业务仍然会面临保证金混同于一般结算账户存管、保证金账户无法被债权人实际有效控制等情形，该等情形均可能导致保证金质押无法有效设立，进而可能对资管产品项下债权的实现产生不利影响。

3. 对金融机构开展资管业务的建议

（1）金融机构在开展买入返售交易时，应在相关交易合同中明确金融机构持有交易标的期间交易标的的相关风险均由融资人承担，若融资人到期不回购交易标的的，金融机构有权就交易标的处置价款优先受偿，若交易标的处置价款不足支付融资人尚未支付的回购价款的，金融机构有权要求其予以补足。同时，金融机构应及时办理交易标的相应的变更登记或者交付手续。

（2）对抵押物进行尽职调查时应关注抵押物是否属于融资租赁物，是否属于所有权保留的物品，是否存在相应的权利登记。金融机构签署抵押合同后应及时办理相应的抵押登记，尽量以抵押登记办理完毕作为放款的前提条件之一。在受让应收账款债权或接受以其作为标的提供的质押担保时，需关注该等应收账款债权是否存在其他在先的质押或转让情形，以及是否存在相应的权利登记。

（3）金融机构在开展保证金质押交易时，应注意落实对保证金账户的实际控制权，从金融机构风险防范及保障债权安全的角度出发，建议开立专门的账户，并在账户名称中尽量增添“保证金”“质押”等标识，使账户具备一定的外观识别性。

（4）对实为“买入返售”交易安排的“明股实债”类项目，需要充分评估风险处置过程中可能无法实现股东权利、无法自行处置股权及流质条款无效等风险，金融机构通常会通过增加极端情况下的委托管理方案、管理权置换、监管措施升级等交易安排实现避险，但该等条款在实践操作中的实施效果仍然存在不确定性，在面临交易对手破产的极端风险时，金融机构难以通过名义股东身份或债权人身份主张对股权或公司资产的处置。上述风险和困境在地产类资管项目中日趋明显，建议金融机构予以足够关注，合理优化相关的交易结构。

二、抵押财产范围发生变化

《民法典》将海域使用权纳入抵押财产范围，同时将抵押财产范围中的“荒地等土地承包经营权”变更为所有农村土地的“土地经营权”，扩大了抵押财产的范围。

（一）新旧法律条文对比

1. 原规定

《担保法》

第三十四条　下列财产可以抵押：

（一）抵押人所有的房屋和其他地上定着物；

（二）抵押人所有的机器、交通运输工具和其他财产；

（三）抵押人依法有权处分的国有的土地使用权、房屋和其他地上定着物；

（四）抵押人依法有权处分的国有的机器、交通运输工具和其他财产；

（五）抵押人依法承包并经发包方同意抵押的荒山、荒沟、荒丘、荒滩等荒地的土地使用权；

（六）依法可以抵押的其他财产。

抵押人可以将前款所列财产一并抵押。

《物权法》

第一百三十三条 通过招标、拍卖、公开协商等方式承包荒地等农村土地，依照农村土地承包法等法律和国务院的有关规定，其土地承包经营权可以转让、入股、抵押或者以其他方式流转。

第一百八十条 债务人或者第三人有权处分的下列财产可以抵押：

（一）建筑物和其他土地附着物；

（二）建设用地使用权；

（三）以招标、拍卖、公开协商等方式取得的荒地等土地承包经营权；

（四）生产设备、原材料、半成品、产品；

（五）正在建造的建筑物、船舶、航空器；

（六）交通运输工具；

（七）法律、行政法规未禁止抵押的其他财产。

抵押人可以将前款所列财产一并抵押。

2. 新规定

《民法典》

第三百四十二条 通过招标、拍卖、公开协商等方式承包农村土地，经依法登记取得权属证书的，可以依法采取出租、入股、抵押或者其他方式流转土地经营权。

第三百九十五条 债务人或者第三人有权处分的下列财产可以抵押：

（一）建筑物和其他土地附着物；

（二）建设用地使用权；

（三）海域使用权；

（四）生产设备、原材料、半成品、产品；

（五）正在建造的建筑物、船舶、航空器；

（六）交通运输工具；

（七）法律、行政法规未禁止抵押的其他财产。

抵押人可以将前款所列财产一并抵押。

（二）法条对比、影响及建议

1. 法律条文变化分析

（1）抵押财产范围删除“以招标、拍卖、公开协商等方式取得的荒地等土地承包经营权”。

《民法典》第342条规定了通过招标、拍卖、公开协商等方式承包农村土地，经依法登记取得权属证书的，可以依法采取出租、入股、抵押或者其他方式流转土地经营权。因此，《民法典》第395条规定的抵押财产范围内未将其进行重复规定。需要注意的是，《物权法》第180条第3项使用的表述是“土地承包经营权”，而《民法典》第342条使用的是“土地经营权”。这是因为根据中共中央办公厅、国务院办公厅《关于完善农村土地所有权承包权经营权分置办法的意见》的规定，农村土地承包经营权分为承包权和经营权，实行所有权、承包权、经营权（以下简称三权）分置并行，经营权可以依法自主流转，但不论经营权如何流转，集体土地承包权都属于农民家庭，故《民法典》中对相关用词也相应进行了调整。

值得关注的是，关于农村土地的流转及担保问题，我国不同时期的政策有较大的差异。根据《土地承包法》，农村土地承包采取农村集体经济组织内部的家庭承包方式，不宜采取家庭承包方式的荒山、荒沟、荒丘、荒滩等农村土地（以下简称四荒用地）可以采取招标、拍卖、公开协商等方式承包。从《担保法》到《农村土地承包法》（2002年版）再到《物权法》，对农村土地的抵押问题均采取的是二元结构，对于四荒用地的土地使用权及承包经营权均属于可抵押财产①，但办理抵押前应依法登记取得土地承包经营权证等证书，否则抵押可能无效②；而对于家庭承包的农村土地的抵押则持否定态度。③ 到2016年，原中国银行业监督管理委员会、原中国保险业监督管理委员会、财政部及原农业部联合颁布《农村承包土地的经营权抵押贷款试点暂行办法》，鼓励农村经济实体通过集体土地承包经营权抵押贷款，通过家庭承包方式依法取得土地承包经营权和通过合法流转方式获得承包土地经营权的农户及农业经营主体，均可按程序向银行业金融机构申请农村承包土地经营权的抵押贷款。随后，2016年10月中共中央办公厅、国务院办公厅颁布的《关于完善农村土地所有权承包权经营权分置办法的意见》提出三权分置，提出要充分维护承包农户使用、流转、抵押、退出承包地等各项权能，此后，《土地承包法》明确规定承包方及通过流转方式取得土地经营权

---

① **《担保法》**

第三十四条 下列财产可以抵押：……（五）抵押人依法承包并经发包方同意抵押的荒山、荒沟、荒丘、荒滩等荒地的土地使用权……

《农村土地承包法》（2002年版）

第四十九条 通过招标、拍卖、公开协商等方式承包农村土地，经依法登记取得土地承包经营权证或者林权证等证书的，其土地承包经营权可以依法采取转让、出租、入股、抵押或者其他方式流转。

《物权法》

第一百三十三条 通过招标、拍卖、公开协商等方式承包荒地等农村土地，依照农村土地承包法等法律和国务院的有关规定，其土地承包经营权可以转让、入股、抵押或者以其他方式流转。

② **《土地承包纠纷司法解释》（2005年版）**

第二十一条 承包方未依法登记取得土地承包经营权证等证书，即以转让、出租、入股、抵押等方式流转土地承包经营权，发包方请求确认该流转无效的，应予支持。但非因承包方原因未登记取得土地承包经营权证等证书的除外。

承包方流转土地承包经营权，除法律或者本解释有特殊规定外，按照有关家庭承包土地承包经营权流转的规定处理。

③ **《担保法》**

第三十七条 下列财产不得抵押：……（二）耕地、宅基地、自留地、自留山等集体所有的土地使用权，但本法第三十四条第（五）项、第三十六条第三款规定的除外……

《土地承包纠纷司法解释》（2005年版）

第十五条 承包方以其土地承包经营权进行抵押或者抵偿债务的，应当认定无效。对因此造成的损失，当事人有过错的，应当承担相应的民事责任。

的受让方可用承包地的土地经营权向金融机构融资担保，[①]《民法典》第399条禁止抵押的财产中也将“耕地使用权”予以删除，《土地承包纠纷司法解释》中也将原2005年版第15条[②]关于承包方以其土地承包经营权进行抵押应认定无效的表述予以删除。

（2）抵押财产范围新增海域使用权。

《海域使用权管理规定》规定了海域使用权可以抵押，但《物权法》第180条规定的可抵押的财产中却并未包括海域使用权，仅在第122条规定了依法取得的海域使用权受法律保护，未明确海域使用权是否可以抵押。《民法典》第395条在《物权法》第180条基础上将海域使用权纳入抵押财产范围，明确海域使用权可以用于设置抵押权。海域使用权作为抵押财产应当适用《民法典》关于用益物权抵押的一般性规则与《海域使用权管理规定》第41～43条[③]的特别规定。

---

① **《土地承包法》**

第四十七条　承包方可以用承包地的土地经营权向金融机构融资担保，并向发包方备案。受让方通过流转取得的土地经营权，经承包方书面同意并向发包方备案，可以向金融机构融资担保。

担保物权自融资担保合同生效时设立。当事人可以向登记机构申请登记；未经登记，不得对抗善意第三人。

实现担保物权时，担保物权人有权就土地经营权优先受偿。

土地经营权融资担保办法由国务院有关部门规定。

② **《土地承包纠纷司法解释》（2005年版）**

第十五条　承包方以其土地承包经营权进行抵押或者抵偿债务的，应当认定无效。对因此造成的损失，当事人有过错的，应当承担相应的民事责任。

③ **《海域使用权管理规定》**

第四十一条　海域使用权出租的，承租人应当按照海域使用权证书确定的面积、年限和用途使用海域。

海域使用权出租、抵押时，其固定附属用海设施随之出租、抵押，固定附属用海设施出租、抵押时，其使用范围内的海域使用权随之出租、抵押。法律法规另有规定的，从其规定。

海域使用权取得时免缴或者减缴海域使用金的，补缴海域使用金后方可出租、抵押。

第四十二条　有下列情形之一的，海域使用权不得出租、抵押：

（一）权属不清或者权属有争议的；

（二）未按规定缴纳海域使用金、改变海域用途等违法用海的；

（三）油气及其他海洋矿产资源勘查开采的；

（四）海洋行政主管部门认为不能出租、抵押的。

第四十三条　海域使用权出租、抵押的，双方当事人应当到原登记机关办理登记手续。

2. **对资管业务的影响**

如前文所分析，家庭承包的承包人抵押土地经营权，[①] 四荒用地承包人抵押土地经营权，以及通过流转方式取得土地经营权的受让人抵押土地经营权，皆因历史政策的差异而导致抵押权设立效力上的迥异。鉴于上述原因，金融机构在接受以土地经营权为抵押的担保时，需严格审核有关土地经营权对应的土地性质、取得程序、流转及抵押程序。

3. **对金融机构开展资管业务的建议**

（1）由于《土地承包法》第38条[②]对于土地经营权的流转设定了一系列的原则，故而需要注意经营权处置困难的问题，建议金融机构对于土地经营权抵押担保应给予审慎考量与评估。

（2）如确需接受土地经营权抵押担保，需核查相关地块是属于四荒用地还是其他用地、承包人的承包行为是否合法、发包人是否为合法的有权发包的主体、是否存在多头发包情形、是否存在欠付承包费问题，如果是以流转方式取得土地经营权的还应关注流转方式、流转程序是否合法以及流转行为发生的时间。

如果是四荒用地经营权，根据《民法典》第342条及《土地承包法》第53条[③]的相关规定，需经依法登记取得权属证书，因此金融机构应注意核查权利主体是否已取得相应的权属证书。

如果是通过流转方式取得土地经营权的，鉴于《土地承包法》对于不同

---

① 如前文所分析，因为历史原因，不排除目前现实中也依然会存在土地承包经营权的可能性，但为了遵循相关立法思路与趋势，笔者在下文中统一使用“土地经营权”的表述。

② **《土地承包法》**

第三十八条 土地经营权流转应当遵循以下原则：

（一）依法、自愿、有偿，任何组织和个人不得强迫或者阻碍土地经营权流转；

（二）不得改变土地所有权的性质和土地的农业用途，不得破坏农业综合生产能力和农业生态环境；

（三）流转期限不得超过承包期的剩余期限；

（四）受让方须有农业经营能力或者资质；

（五）在同等条件下，本集体经济组织成员享有优先权。

③ **《土地承包法》**

第五十三条 通过招标、拍卖、公开协商等方式承包农村土地，经依法登记取得权属证书的，可以依法采取出租、入股、抵押或者其他方式流转土地经营权。

流转方式所要求的程序也各不相同，以及不同时期的《农村土地承包法》规定也不尽相同，因此金融机构需根据相应时期的《农村土地承包法》及其他相关法律法规与司法解释判断其所取得的土地经营权是否存在权属不清或权属瑕疵。需要特别注意的是，根据《土地承包纠纷司法解释》第 13 条①的规定，承包人转让土地承包经营权的，须经发包方同意，否则转让合同无效。此外，根据《土地承包法》第 47 条②的规定，受让方以土地经营权进行担保还应提供承包方书面同意文件以及发包方备案文件。

此外，还应核查承包合同及流转协议中关于土地经营权丧失或收回的相关约定，以及土地经营权人是否存在可能导致土地经营权丧失的相应违约行为。

三、禁止抵押的财产范围发生变化

有关禁止抵押财产的规定中删除了耕地土地使用权，同时，将禁止抵押的社会公益设施限缩为“公益目的的非营利法人”所拥有的相关设施。总体而言，反向扩大了可用于抵押的财产范围。

（一）新旧法律条文对比

1. 原规定

《担保法》

第三十七条 下列财产不得抵押：

（一）土地所有权；

（二）耕地、宅基地、自留地、自留山等集体所有的土地使用权，但本

---

① **《土地承包纠纷司法解释》**

第十三条 承包方未经发包方同意，采取转让方式流转其土地承包经营权的，转让合同无效。但发包方无法定理由不同意或者拖延表态的除外。

② **《土地承包法》**

第四十七条 承包方可以用承包地的土地经营权向金融机构融资担保，并向发包方备案。受让方通过流转取得的土地经营权，经承包方书面同意并向发包方备案，可以向金融机构融资担保。

担保物权自融资担保合同生效时设立。当事人可以向登记机构申请登记；未经登记，不得对抗善意第三人。

实现担保物权时，担保物权人有权就土地经营权优先受偿。

土地经营权融资担保办法由国务院有关部门规定。

法第三十四条第（五）项、第三十六条第三款规定的除外；

（三）学校、幼儿园、医院等以公益为目的的事业单位、社会团体的教育设施、医疗卫生设施和其他社会公益设施；

（四）所有权、使用权不明或者有争议的财产；

（五）依法被查封、扣押、监管的财产；

（六）依法不得抵押的其他财产。

《物权法》

第一百八十四条 下列财产不得抵押：

（一）土地所有权；

（二）耕地、宅基地、自留地、自留山等集体所有的土地使用权，但法律规定可以抵押的除外；

（三）学校、幼儿园、医院等以公益为目的的事业单位、社会团体的教育设施、医疗卫生设施和其他社会公益设施；

（四）所有权、使用权不明或者有争议的财产；

（五）依法被查封、扣押、监管的财产；

（六）法律、行政法规规定不得抵押的其他财产。

2. 新规定

《民法典》

第三百九十九条 下列财产不得抵押：

（一）土地所有权；

（二）宅基地、自留地、自留山等集体所有土地的使用权，但是法律规定可以抵押的除外；

（三）学校、幼儿园、医疗机构等为公益目的成立的非营利法人的教育设施、医疗卫生设施和其他公益设施；

（四）所有权、使用权不明或者有争议的财产；

（五）依法被查封、扣押、监管的财产；

（六）法律、行政法规规定不得抵押的其他财产。

《担保制度司法解释》

第六条 以公益为目的的非营利性学校、幼儿园、医疗机构、养老机构等提供担保的，人民法院应当认定担保合同无效，但是有下列情形之一的除外：

（一）在购入或者以融资租赁方式承租教育设施、医疗卫生设施、养老服务设施和其他公益设施时，出卖人、出租人为担保价款或者租金实现而在该公益设施上保留所有权；

（二）以教育设施、医疗卫生设施、养老服务设施和其他公益设施以外的不动产、动产或者财产权利设立担保物权。

登记为营利法人的学校、幼儿园、医疗机构、养老机构等提供担保，当事人以其不具有担保资格为由主张担保合同无效的，人民法院不予支持。

自然资源部《关于做好不动产抵押权登记工作的通知》

一、依法确定不动产抵押范围。学校、幼儿园、医疗机构、养老机构等为公益目的成立的非营利法人的教育设施、医疗卫生设施、养老设施和其他公益设施，以及法律、行政法规规定不得抵押的其他不动产，不得办理不动产抵押登记。

（二）法条对比、影响及建议

1. 法律条文变化分析

（1）在禁止抵押财产范围内删除了“耕地”。根据《土地承包法》第2条、第3条及第47条[①]的规定，耕地属于农村土地，实行承包经营制度，承包方可以以所承包耕地的土地经营权向金融机构融资担保。关于

---

① **《土地承包法》**

第二条 本法所称农村土地，是指农民集体所有和国家所有依法由农民集体使用的耕地、林地、草地，以及其他依法用于农业的土地。

第三条 国家实行农村土地承包经营制度。

农村土地承包采取农村集体经济组织内部的家庭承包方式，不宜采取家庭承包方式的荒山、荒沟、荒丘、荒滩等农村土地，可以采取招标、拍卖、公开协商等方式承包。

第四十七条 承包方可以用承包地的土地经营权向金融机构融资担保，并向发包方备案。受让方通过流转取得的土地经营权，经承包方书面同意并向发包方备案，可以向金融机构融资担保。

担保物权自融资担保合同生效时设立。当事人可以向登记机构申请登记；未经登记，不得对抗善意第三人。

实现担保物权时，担保物权人有权就土地经营权优先受偿。

土地经营权融资担保办法由国务院有关部门规定。

土地经营权抵押的分析详见本书第三章第二节第二条的分析，此处不再赘述。

（2）将不得抵押的教育设施、医疗卫生设施和其他社会公益设施限缩为“公益目的的非营利法人”所有的相关设施。结合《担保制度司法解释》第6条的规定，对于营利法人所有的教育设施、医疗卫生设施和其他社会公益设施则可以抵押。关于非营利法人担保无效的例外情形以及营利法人设施担保的相关分析详见本书第三章第二节第十九条，此处不再赘述。根据《民法典》第87条①的规定，非营利法人的判断标准是“不向出资人、设立人或者会员分配所取得利润”。

2. 对资管业务的影响

可用于抵押的财产范围更广，耕地的土地经营权及营利法人的公益设施亦可作为抵押物。

3. 对金融机构开展资管业务的建议

（1）如本书第三章第二节第二条所分析，由于《土地承包法》第38条对于土地经营权的流转设定了一系列的规则，所以需要注意此类土地经营权处置困难的问题，建议金融机构审慎接受土地经营权抵押担保。与之类似，营利法人公益设施的处置在实践操作中也可能存在障碍，建议审慎选择担保物并充分评估担保物价值和处置难度。

（2）如确需接受耕地的土地经营权担保的，根据《土地承包法》第47条的规定，金融机构需注意核实抵押人是否为承包方，若抵押人为承包方的，其以土地经营权向金融机构提供担保则应向发包方备案；若抵押人为经过流转取得的土地经营权的受让方，其以土地经营权向金融机构提供担保应经过承包人书面同意，并向发包方备案。

---

① **《民法典》**

第八十七条 为公益目的或者其他非营利目的成立，不向出资人、设立人或者会员分配所取得利润的法人，为非营利法人。

非营利法人包括事业单位、社会团体、基金会、社会服务机构等。

四、建立动产和权利担保统一登记制度

建立动产和权利担保统一登记制度，有利于促进动产及权利担保融资业务的发展，但同时也对金融机构的前期调查与中后期管理能力提出了更高的要求与挑战。

（一）新旧法律条文对比

1. 原规定

《担保法》

第四十一条 当事人以本法第四十二条规定的财产抵押的，应当办理抵押物登记，抵押合同自登记之日起生效。

第四十二条 办理抵押物登记的部门如下：

（一）以无地上定着物的土地使用权抵押的，为核发土地使用权证书的土地管理部门；

（二）以城市房地产或者乡（镇）、村企业的厂房等建筑物抵押的，为县级以上地方人民政府规定的部门；

（三）以林木抵押的，为县级以上林木主管部门；

（四）以航空器、船舶、车辆抵押的，为运输工具的登记部门；

（五）以企业的设备和其他动产抵押的，为财产所在地的工商行政管理部门。

第四十三条 当事人以其他财产抵押的，可以自愿办理抵押物登记，抵押合同自签订之日起生效。

当事人未办理抵押物登记的，不得对抗第三人。当事人办理抵押物登记的，登记部门为抵押人所在地的公证部门。

《物权法》

第一百八十条 债务人或者第三人有权处分的下列财产可以抵押：

（一）建筑物和其他土地附着物；

（二）建设用地使用权；

（三）以招标、拍卖、公开协商等方式取得的荒地等土地承包经营权；

（四）生产设备、原材料、半成品、产品；

（五）正在建造的建筑物、船舶、航空器；

（六）交通运输工具；

（七）法律、行政法规未禁止抵押的其他财产。

抵押人可以将前款所列财产一并抵押。

第一百八十一条 经当事人书面协议，企业、个体工商户、农业生产经营者可以将现有的以及将有的生产设备、原材料、半成品、产品抵押，债务人不履行到期债务或者发生当事人约定的实现抵押权的情形，债权人有权就实现抵押权时的动产优先受偿。

第一百八十八条 以本法第一百八十条第一款第四项、第六项规定的财产或者第五项规定的正在建造的船舶、航空器抵押的，抵押权自抵押合同生效时设立；未经登记，不得对抗善意第三人。

第一百八十九条 企业、个体工商户、农业生产经营者以本法第一百八十一条规定的动产抵押的，应当向抵押人住所地的工商行政管理部门办理登记。抵押权自抵押合同生效时设立；未经登记，不得对抗善意第三人。

依照本法第一百八十一条规定抵押的，不得对抗正常经营活动中已支付合理价款并取得抵押财产的买受人。

2. 新规定

《民法典》

第四百零三条 以动产抵押的，抵押权自抵押合同生效时设立；未经登记，不得对抗善意第三人。

《担保制度司法解释》

第五十四条 动产抵押合同订立后未办理抵押登记，动产抵押权的效力按照下列情形分别处理：

（一）抵押人转让抵押财产，受让人占有抵押财产后，抵押权人向受让人请求行使抵押权的，人民法院不予支持，但是抵押权人能够举证证明受让人知道或者应当知道已经订立抵押合同的除外；

（二）抵押人将抵押财产出租给他人并移转占有，抵押权人行使抵押权的，租赁关系不受影响，但是抵押权人能够举证证明承租人知道或者应当知道已经订立抵押合同的除外；

（三）抵押人的其他债权人向人民法院申请保全或者执行抵押财产，人民法院已经作出财产保全裁定或者采取执行措施，抵押权人主张对抵押财产优先受偿的，人民法院不予支持；

（四）抵押人破产，抵押权人主张对抵押财产优先受偿的，人民法院不予支持。

国务院《关于实施动产和权利担保统一登记的决定》

一、自 2021 年 1 月 1 日起，在全国范围内实施动产和权利担保统一登记。

二、纳入动产和权利担保统一登记范围的担保类型包括：

（一）生产设备、原材料、半成品、产品抵押；

（二）应收账款质押；

（三）存款单、仓单、提单质押；

（四）融资租赁；

（五）保理；

（六）所有权保留；

（七）其他可以登记的动产和权利担保，但机动车抵押、船舶抵押、航空器抵押、债券质押、基金份额质押、股权质押、知识产权中的财产权质押除外。

三、纳入统一登记范围的动产和权利担保，由当事人通过中国人民银行征信中心（以下简称征信中心）动产融资统一登记公示系统自主办理登记，并对登记内容的真实性、完整性和合法性负责。登记机构不对登记内容进行实质审查。

四、中国人民银行要加强对征信中心的督促指导。征信中心具体承担服务性登记工作，不得开展事前审批性登记。征信中心要做好系统建设和维护工作，保障系统安全、稳定运行，建立高效运转的服务体系，不断提高服务效率和质量。

五、国家市场监督管理总局不再承担“管理动产抵押物登记”职责。中国人民银行负责制定生产设备、原材料、半成品、产品抵押和应收账款质押统一登记制度，推进登记服务便利化。中国人民银行、国家市场监督管理总局应当明确生产设备、原材料、半成品、产品抵押登记的过渡安排，妥善做好存量信息的查询、变更、注销服务和数据移交工作，确保有关工作的连续性、稳定性、有效性。

（二）法条对比、影响及建议

1. 法律条文变化分析

在《民法典》实施前，根据《担保法》及《物权法》的规定，不同类型的动产和权利担保登记职责分散在不同的部门，由各登记部门对登记资料进行实质审查，由于信息不对称、透明度和公示性不足以及各部门办理程序与尺度不统一，容易导致重复担保、虚假融资、受偿顺序难以明确、登记及查询效率低、登记时间成本高等问题，使得金融机构前期尽职调查极为不便，大幅提升了动产抵押融资的成本，降低了动产融资的接受度，严重影响了动产融资的发展。而中小企业的大部分资产均为存货及应收账款债权，因此通过此类资产盘活实现融资目的也存在困难。《民法典》中删除了有关担保物权具体登记机构的规定，为建立统一的动产抵押和权利质押登记制度留下空间。国务院《关于实施动产和权利担保统一登记的决定》的颁布标志着我国动产和权利担保统一登记制度正式建立。当事人通过网上系统自主登记及查询，登记机构不再对登记内容进行实质审查，明显提高了登记和查询效率，提升了金融机构等担保权人接受动产和权利担保的意愿，免去了融资企业到现场提交材料办理登记的负担。为融资企业和金融机构双方均提供了便利。

2. 对资管业务的影响

随着登记制度的完善以及供应链金融行业的迅速发展，预计动产及权利融资将日益增多，融资主体范围也将由过去以房地产开发企业等拥有不动产资产的企业扩大至具有动产资产盘活需求的中小企业，在房地产企业融资监管政策日益趋严的情况下，这对金融机构而言无疑也是利好的。

但亦需注意，动产价值贬值风险较高，同样受国家经济发展和行业发展状况的影响，其价值的波动幅度也较大，而且动产抵押的抵押权无法对抗正常经营活动中已经支付合理价款并取得抵押财产的买受人（详细分析见本书

第三章第二节第六条），所以动产容易发生转移后无法确定最终去向的风险。此外，就提单、仓单等权利质押而言，由于融资方对其盈利水平、质押权利情况等掌握更多更真实准确的内部信息，处于信息优势地位，而导致金融机构及其他交易参与方可能处于信息劣势地位，这种信息的不对称容易滋生虚假仓单、货权不明、重复质押、押品减值与灭失等风险，例如著名的“上海钢贸事件”“青岛港铜贸事件”等，此类项目对金融机构的前期调查与中后期监管能力均提出了较高要求。

3. 对金融机构开展资管业务的建议

金融机构接受动产抵押及权利质押担保时需注意以下几点：

（1）动产抵押的抵押权在抵押合同生效时设立，当担保人以动产向金融机构提供抵押担保时，金融机构应确保不存在任何可能导致担保合同无效的情形，以确保动产抵押的抵押权有效设立。

（2）动产抵押采用登记对抗主义，金融机构应及时在中国人民银行征信中心动产融资统一登记公示系统办理抵押登记手续。对于权利质押而言，有权利凭证的，质权自权利凭证交付质权人时设立；无权利凭证的，质权自办理出质登记时设立。由于仓单质押存在前文分析的诸多风险，金融机构应注意查询是否同时存在仓单质押和仓储物担保、保管人签发多份仓单并设立多份仓单质押的情形。《担保制度司法解释》第59条①对仓单质押的设立进行了特别的规定，并规定了重复担保时按公示的先后顺序确定清偿顺序，因此建议金融机构不仅应要求出质人对仓单进行背书并经保管人签章后交付，同时也要通过在人民银行征信中心动产融资统一登记公示系统办理相应的质押

---

① **《担保制度司法解释》**

第五十九条 存货人或者仓单持有人在仓单上以背书记载“质押”字样，并经保管人签章，仓单已经交付质权人的，人民法院应当认定质权自仓单交付质权人时设立。没有权利凭证的仓单，依法可以办理出质登记的，仓单质权自办理出质登记时设立。

出质人既以仓单出质，又以仓储物设立担保，按照公示的先后确定清偿顺序；难以确定先后的，按照债权比例清偿。

保管人为同一货物签发多份仓单，出质人在多份仓单上设立多个质权，按照公示的先后确定清偿顺序；难以确定先后的，按照债权比例受偿。

存在第二款、第三款规定的情形，债权人举证证明其损失系由出质人与保管人的共同行为所致，请求出质人与保管人承担连带赔偿责任的，人民法院应予支持。

登记进行公示。

（3）签订担保合同时应注意按照《担保制度司法解释》第53条①的规定在担保合同中对担保财产进行明确的描述，该描述应能达到合理、准确识别抵押财产的目的。

（4）抵押合同/质押合同及融资合同签署前应审慎评估担保物的价值；在融资合同及抵押合同/质押合同中设置相应的抵押率及/或质押率，设置低于设定的抵押率或质押率时的救济措施，例如有权要求融资方及担保方提供符合债权人要求的新担保，或债权人有权宣布债权提前到期；在融资款发放后应实时跟踪关注担保物的价值变化、所有权变动情况，根据合同约定及时采取相应的补救措施。

（5）接受动产抵押时，还应关注本书后文（如第三章第二节第六条至第九条）中关于动产抵押的其他风险及建议。

五、流押（质）条款的效力——抵押（质）权人仅就抵押（质押）财产优先受偿

相较于《物权法》《担保法》《担保法司法解释》，《民法典》缓和了流押/流质条款的效力，肯定了抵押（质押）担保本身有效，但抵押（质）权人不能直接取得担保财产的所有权，总体而言更有利于保护债权人的利益。

（一）新旧法律条文对比

1. 原规定

《物权法》

第一百八十六条 抵押权人在债务履行期届满前，不得与抵押人约定债务人不履行到期债务时抵押财产归债权人所有。

第二百一十一条 质权人在债务履行期届满前，不得与出质人约定债务人不履行到期债务时质押财产归债权人所有。

---

① 《担保制度司法解释》

第五十三条 当事人在动产和权利担保合同中对担保财产进行概括描述，该描述能够合理识别担保财产的，人民法院应当认定担保成立。

《担保法》

第四十条 订立抵押合同时，抵押权人和抵押人在合同中不得约定在债务履行期届满抵押权人未受清偿时，抵押物的所有权转移为债权人所有。

第六十六条 出质人和质权人在合同中不得约定在债务履行期届满质权人未受清偿时，质物的所有权转移为质权人所有。

《担保法司法解释》

第五十七条第一款 当事人在抵押合同中约定，债务履行期届满抵押权人未受清偿时，抵押物的所有权转移为债权人所有的内容无效。该内容的无效不影响抵押合同其他部分内容的效力。

第九十六条 本解释第五十七条、第六十二条、第六十四条、第七十一条、第七十二条、第七十三条、第七十四条、第八十条之规定，适用于动产质押。

2. 新规定

《民法典》

第四百零一条 抵押权人在债务履行期限届满前，与抵押人约定债务人不履行到期债务时抵押财产归债权人所有的，只能依法就抵押财产优先受偿。

第四百二十八条 质权人在债务履行期限届满前，与出质人约定债务人不履行到期债务时质押财产归债权人所有的，只能依法就质押财产优先受偿。

（二）法条对比、影响及建议

1. 法律条文变化分析

考虑到抵押（出质）人在设立抵押（质）权时处于弱势地位，如果肯定抵押（出质）人以自己价值远高于被担保主债权金额的抵押（质）物向抵押（质）权人提供担保并约定流押（流质）条款的效力，会违反平等及公平原则，在某些情形下甚至会产生以虚假借贷关系进行资产转移、逃避债务、利益输送、行贿、洗钱的违法行为。基于此，《担保法》《物权法》《担保法司法解释》明确流押条款及流质条款无效。但在学理讨论中，对于流押（流质）条款效力存在一定争议，《民法典》第401条、第428条对禁止流押（流质）条款进行了柔化处理，一方面肯定了抵押（质押）担保本身有效，肯定了抵押权人/质权人对抵押/质押财产的优先受偿权；另一方面明确抵押（质）权人不能直接取得担保财产的所有权。

2. 对资管业务的影响

相较于《担保法》《物权法》《担保法司法解释》，《民法典》的相关规定对债权人更为有利。且根据《适用民法典时间效力的规定》第7条①的规定，《民法典》施行前签署合同中所涉及的流押（质）条款也适用《民法典》的有关规定。

根据相关规定，金融机构作为抵押（质）权人开展资管业务时，若与抵押（出质）人约定流押（流质）条款的，在债务人不履行到期债务时，虽无权要求抵押（出质）人转移抵押（质押）财产所有权，但能依照《民法典》第410条或第436条②的规定行使抵押（质）权，即抵押（质）权人可以与抵押（出质）人协议以抵押（质押）财产折价，也可就拍卖、变卖抵押（质押）财产所得价款优先受偿。但需注意，《民法典》第401条及第428条适用的是“抵押权人”及“质权人”的表述，笔者认为这暗含了适用这两个法律条文的前提条件是抵押权或质押权已经依法设定，即不动产抵押已经依法办理了相应的抵押登记手续，动产质押及权利质押已经办理了相应的质物交付、权利凭证交付或登记手续。

特别需要金融机构关注的是，在构成让与担保的交易中，关于债务人的债务无法按期足额清偿时，将担保标的归属于被担保人的约定也可能适用流

---

① **《适用民法典时间效力的规定》**

第七条 民法典施行前，当事人在债务履行期限届满前约定债务人不履行到期债务时抵押财产或者质押财产归债权人所有的，适用民法典第四百零一条和第四百二十八条的规定。

② **《民法典》**

第四百一十条 债务人不履行到期债务或者发生当事人约定的实现抵押权的情形，抵押权人可以与抵押人协议以抵押财产折价或者以拍卖、变卖该抵押财产所得的价款优先受偿。协议损害其他债权人利益的，其他债权人可以请求人民法院撤销该协议。

抵押权人与抵押人未就抵押权实现方式达成协议的，抵押权人可以请求人民法院拍卖、变卖抵押财产。

抵押财产折价或者变卖的，应当参照市场价格。

第四百三十六条 债务人履行债务或者出质人提前清偿所担保的债权的，质权人应当返还质押财产。

债务人不履行到期债务或者发生当事人约定的实现质权的情形，质权人可以与出质人协议以质押财产折价，也可以就拍卖、变卖质押财产所得的价款优先受偿。

质押财产折价或者变卖的，应当参照市场价格。

押（流质）条款而被认定为无效。因此，在部分让与担保项目中，可考虑设置委托管理条款、以物抵债程序约定等交易避险安排，缓释约定效力瑕疵风险。同时也建议金融机构充分评估司法实践的不确定性，合理优化交易结构。

3. 对金融机构开展资管业务的建议

规范合同内容，严格按照抵押及质押的相关规定及时办理相应的登记或交付手续，确保能依法就担保财产优先受偿，在充分考虑司法实践不确定性的同时合理设置避险交易方案。

六、《物权法》正常经营活动中买受人保护规则的适用范围从浮动抵押扩大至动产抵押

《民法典》第404条的规定可能导致抵押权的实现受到正常经营买受人保护规则的影响，甚至影响在《民法典》实施前已经设立的动产抵押。

（一）新旧法律条文对比

1. 原规定

《物权法》

第一百八十一条 经当事人书面协议，企业、个体工商户、农业生产经营者可以将现有的以及将有的生产设备、原材料、半成品、产品抵押，债务人不履行到期债务或者发生当事人约定的实现抵押权的情形，债权人有权就实现抵押权时的动产优先受偿。

第一百八十九条 企业、个体工商户、农业生产经营者以本法第一百八十一条规定的动产抵押的，应当向抵押人住所地的工商行政管理部门办理登记。抵押权自抵押合同生效时设立；未经登记，不得对抗善意第三人。

依照本法第一百八十一条规定抵押的，不得对抗正常经营活动中已支付合理价款并取得抵押财产的买受人。

2. 新规定

《民法典》

第四百零四条 以动产抵押的，不得对抗正常经营活动中已经支付合理价款并取得抵押财产的买受人。

《担保制度司法解释》

第五十六条 买受人在出卖人正常经营活动中通过支付合理对价取得已被设立担保物权的动产，担保物权人请求就该动产优先受偿的，人民法院不予支持，但是有下列情形之一的除外：

（一）购买商品的数量明显超过一般买受人；

（二）购买出卖人的生产设备；

（三）订立买卖合同的目的在于担保出卖人或者第三人履行债务；

（四）买受人与出卖人存在直接或者间接的控制关系；

（五）买受人应当查询抵押登记而未查询的其他情形。

前款所称出卖人正常经营活动，是指出卖人的经营活动属于其营业执照明确记载的经营范围，且出卖人持续销售同类商品。前款所称担保物权人，是指已经办理登记的抵押权人、所有权保留买卖的出卖人、融资租赁合同的出租人。

（二）法条对比、影响及建议

1. 法律条文变化分析

《物权法》第189条仅规定设置浮动抵押的抵押权不得对抗正常经营活动中已经支付合理价款并取得抵押财产的买受人。《民法典》第404条将适用范围从“浮动抵押”扩大至“动产抵押”，即以动产提供抵押担保而设立的抵押权均不得对抗正常经营活动中已经支付合理价款并取得抵押财产的买受人（该等买受人以下简称正常经营买受人，该等规则以下简称正常经营买受人保护规则）。这是因为正常经营买受人作为普通消费者并没有在购买商品时逐个查询该商品是否存在抵押权的习惯，亦无须承担如此之高的注意义务，如果动产抵押权具有对抗正常经营买受人的效力，则在抵押权实现时将损害正常经营买受人对于该抵押动产的所有权，必将导致买受人在购买动产时耗费大量成本核查买卖标的上是否存在抵押权，从而提高交易成本并降低交易效率，不利于动产交易的稳定性，影响抵押人的正常经营及资金回流。但正常经营买受人保护规则的设计初衷，在很大程度上就是为了保护消费者的合法利益，防止因为动产担保的追及，干扰正常交易。实践中，以营利为目的的商人在大宗商品买卖交易中，因可能构成异常交易，往往被排除在正常经营买受人规则之外。[①]《担保制度司法解释》第 56 条对正常经营买受人保护规则排除适用情形进行了明确规定。

需特别提示注意的是，《民法典》第 406 条第 1 款规定："抵押期间，抵押人可以转让抵押财产。当事人另有约定的，按照其约定。抵押财产转让的，抵押权不受影响。"如何理解《民法典》第 406 条第 1 款与《民法典》第 404 条之间的关系呢？笔者认为，《民法典》第 404 条属于特别规定，《民法典》第 406 条属于一般规定，在满足《民法典》第 404 条规定的情况下适用第 404 条规定，否则适用《民法典》第 406 条规定。

2. 对资管业务的影响

《民法典》第 404 条的规定可能对抵押权的实现产生不利影响，且根据《适用民法典时间效力的规定》，在《民法典》实施前已经设立的动产抵押也可能适用该规定。

3. 对金融机构开展资管业务的建议

（1）建议在抵押权人签署抵押合同时明确约定抵押期间抵押人不得转让抵押财产，并明确抵押人的相应违约赔偿责任以及抵押权人在此类情形发生时有权宣布债权提前到期。

（2）明确约定若抵押人将抵押财产转让的，抵押权人有权要求抵押人将转让所得价款用于向抵押权人提前清偿债务或者提存，并考虑是否需要对抵押人的银行账户及公司印章进行监管或共管。

（3）如已发生抵押物销售的，抵押权人应注意核实买受人是否符合正常经营买受人的认定标准，是否符合《担保制度司法解释》第 56 条规定的排除适用正常经营买受人保护规则的情形。

（4）对于在《民法典》实施前已经设立的动产抵押，应及时核查抵押物的销售情况，参照上述建议签署相应的补充协议或增加其他补救措施。

---

① 王利明：《论正常经营买受人规则》，载《东方法学》2021 年第 4 期。

七、抵押权设立前抵押财产已出租并转移占有的，原租赁关系不受该抵押权影响

《民法典》对“抵押不破租赁”规则作了调整，总体而言对抵押权人及承租人均更为公平公正，能较好地防止倒签合同等道德风险对承租权及抵押权造成损害，更有利于抵押权人及承租人预判风险，减少不必要的损失。

（一）新旧法律条文对比

1. 原规定

《担保法》

第四十八条 抵押人将已出租的财产抵押的，应当书面告知承租人，原租赁合同继续有效。

《担保法司法解释》

第六十五条 抵押人将已出租的财产抵押的，抵押权实现后，租赁合同在有效期内对抵押物的受让人继续有效。

《物权法》

第一百九十条 订立抵押合同前抵押财产已出租的，原租赁关系不受该抵押权的影响。抵押权设立后抵押财产出租的，该租赁关系不得对抗已登记的抵押权。

2. 新规定

《民法典》

第四百零五条 抵押权设立前，抵押财产已经出租并转移占有的，原租赁关系不受该抵押权的影响。

（二）法条对比、影响及建议

1. 法律条文变化分析

《民法典》第405条在《物权法》第190条基础上作了三处调整，分别为：

（1）将“订立抵押合同前”修改为“抵押权设立前”。就动产抵押而言，抵押合同的订立往往就意味着抵押权已经设立，但就不动产抵押而言，

在仅签订抵押合同未办理登记时，抵押权尚未设立，当事人只能依据抵押合同享有债权性质的权利，此种权利效力上要弱于物权，更不用说弱于可以对抗物权的符合条件的租赁权了。尤其是抵押合同何时订立难以判断，在当事人之间恶意串通倒签抵押合同而法院又缺乏认定手段的情况下，租赁权的保护将会面临极大挑战。就此而言，本条将在后的抵押权限于已经设立的抵押权，而非仅仅签订抵押合同，不仅逻辑上更为周延，操作确认方面也更为便捷、明晰。①

（2）将“抵押财产已出租的”修改为“抵押财产已经出租并转移占有的”，增加了“并转移占有”作为租赁关系对抗抵押权的前提条件。法律之所以赋予债权性质的租赁权以对抗所有权、抵押权等物权的效力的原因是为了保护承租人对租赁物使用状态的稳定，而使用的前提则是占有。同理，在出租人与承租人恶意串通倒签租赁合同而法院又缺乏认定手段的情况下，抵押权的保护也面临极大挑战，“占有”具有一定的公示功能，对于抵押权人而言亦具有一定的风险提示作用。该修改可以减少不真实的租赁关系及尚未实际履行的租赁关系对抵押权的影响。根据此项变更，即使抵押权设立之前订立了租赁合同，在抵押权设立之后才将租赁物转移占有的，也不适用抵押不破租赁原则。但亦应关注，对于何谓“转移占有”以及如何在实践中判断“转移占有”并留存相关证明材料，也可能存在不确定性和争议，需要结合实际情况进行判断，充分保留相关证明材料。

（3）删除了《物权法》第 190 条中“抵押权设立后抵押财产出租的，该租赁关系不得对抗已登记的抵押权”的内容。笔者认为，在抵押权设立前已签署租赁合同但尚未进行租赁物转移占有的情况下，租赁权尚不能对抗抵押权，在抵押权设立后发生的租赁关系自然就更不能对抗在先设立的抵押权。

但需要注意的是，最高人民法院民法典贯彻实施工作领导小组认为，在先的不动产抵押权已经设立或者动产抵押已经办理登记的，抵押权均可以对

① 最高人民法院民法典贯彻实施工作领导小组主编：《中华人民共和国民法典物权编理解与适用》，人民法院出版社 2020 年版，第 1085 页。

抗租赁权。但对于动产抵押设立后又将财产出租的，该租赁关系能否对抗未经登记的动产抵押权？租赁权不是担保物权，因而不能简单参照《民法典》第415条有关登记对抗的规定，确定抵押权人能否对抗后设立的租赁权，具体来说：承租人未实际占有租赁物的，其享有的仅为一般债权，依照《民法典》第403条之规定，不得对抗物权性质的动产抵押权。如果承租人已经实际占有租赁物，则要看其是否为恶意当事人，以确定能否产生对抗效力：其为恶意承租人的，不能对抗抵押权；反之，为善意承租人的，可以对抗抵押权。从举证责任的角度看，应当推定承租人为善意当事人，由抵押权人举证推翻有关善意的推定。实践中，除非承租人与抵押关系当事人之间具有某种密切的关系，否则，将很难推翻有关善意的推定，毕竟该抵押权未办理登记手续。[①]

在适用抵押不破租赁规则的情况下，租赁关系随着租赁物所有权的转移而移转，抵押权人在实现抵押权时，租赁合同对抵押物的受让人继续有效。

2. 对资管业务的影响

“抵押不破租赁”规则中对于抵押权与租赁权成立先后顺序的判断标准，由原来的对“合同签署”的时间顺序进行比较变更为对“抵押权设立”与“租赁物转移占有”时点进行比较，对抵押权人及承租人均更为公平公正，能较好地降低倒签合同等道德风险对承租权及抵押权的损害。而且因为抵押权设立与租赁物转移占有所具有的公示作用，对抵押权人与承租人而言均在一定程度上起到了事前风险提示的效果，有利于双方充分评估风险，减少不必要的损失。

3. 对金融机构开展资管业务的建议

金融机构在资管业务中作为抵押权人时，应注意以下几点：

（1）确保抵押合同有效、抵押人具有处分权，对于不动产抵押物而言，还应及时办理抵押登记，同时对动产而言也建议办理抵押登记手续，虽然是

① 最高人民法院民法典贯彻实施工作领导小组主编：《中华人民共和国民法典物权编理解与适用》，人民法院出版社2020年版，第1087页。

否办理抵押登记手续不影响动产抵押权的设立，但办理抵押登记可取得对抗善意第三人的效力。

（2）核查抵押物上是否存在租赁关系，若存在租赁关系的，除要求抵押人书面披露抵押物上全部租赁信息（如承租人、租赁期限、租赁物位置等，避免抵押人与承租人通过倒签租赁合同等方式损害抵押权人权益）及对租赁合同进行审查外，还应通过实地走访核查等方式就抵押物是否已经被承租人实际占有进行核查，若已被承租人实际占有的，需慎重评估此租赁关系对未来抵押权顺利实现是否有影响。

（3）《民法典》未就“抵押权设立后抵押财产出租的，该租赁关系不得对抗已登记的抵押权”作出明确规定，虽然笔者已经从立法文义及其逻辑出发在第三章第二节第七条的“法律条文变化分析”第（3）点中提出了自己的理解和观点，但为避免发生争议，仍建议抵押权人要求抵押人在抵押合同中明确承诺未经抵押权人书面同意不得将抵押财产进行出租或设立其他权利负担。

八、除当事人另有约定外，抵押期间抵押人可转让抵押财产，但应及时通知抵押权人

抵押期间抵押人可转让抵押财产，当事人另有约定除外。无论抵押人与抵押权人如何约定，均不影响抵押物转让合同的效力，但有关约定及其登记情况将影响抵押物所有权变动效果。如抵押物所有权发生变动的，抵押权具有追及效力。

（一）新旧法律条文对比

1. 原规定

《担保法》

第四十九条 抵押期间，抵押人转让已办理登记的抵押物的，应当通知抵押权人并告知受让人转让物已经抵押的情况；抵押人未通知抵押权人或者未告知受让人的，转让行为无效。

转让抵押物的价款明显低于其价值的，抵押权人可以要求抵押人提供相应的担保；抵押人不提供的，不得转让抵押物。

抵押人转让抵押物所得的价款，应当向抵押权人提前清偿所担保的债权或者向与抵押权人约定的第三人提存。超过债权数额的部分，归抵押人所有，不足部分由债务人清偿。

《担保法司法解释》

第六十七条 抵押权存续期间，抵押人转让抵押物未通知抵押权人或者未告知受让人的，如果抵押物已经登记的，抵押权人仍可以行使抵押权；取得抵押物所有权的受让人，可以代替债务人清偿其全部债务，使抵押权消灭。受让人清偿债务后可以向抵押人追偿。

如果抵押物未经登记的，抵押权不得对抗受让人，因此给抵押权人造成损失的，由抵押人承担赔偿责任。

《物权法》

第一百九十一条 抵押期间，抵押人经抵押权人同意转让抵押财产的，应当将转让所得的价款向抵押权人提前清偿债务或者提存。转让的价款超过债权数额的部分归抵押人所有，不足部分由债务人清偿。

抵押期间，抵押人未经抵押权人同意，不得转让抵押财产，但受让人代为清偿债务消灭抵押权的除外。

2. 新规定

《民法典》

第四百零六条 抵押期间，抵押人可以转让抵押财产。当事人另有约定的，按照其约定。抵押财产转让的，抵押权不受影响。

抵押人转让抵押财产的，应当及时通知抵押权人。抵押权人能够证明抵押财产转让可能损害抵押权的，可以请求抵押人将转让所得的价款向抵押权人提前清偿债务或者提存。转让的价款超过债权数额的部分归抵押人所有，不足部分由债务人清偿。

《担保制度司法解释》

第四十三条 当事人约定禁止或者限制转让抵押财产但是未将约定登记，抵押人违反约定转让抵押财产，抵押权人请求确认转让合同无效的，人民法院不予支持；抵押财产已经交付或者登记，抵押权人请求确认转让不发生物权效力的，人民法院不予支持，但是抵押权人有证据证明受让人知道的除外；

抵押权人请求抵押人承担违约责任的，人民法院依法予以支持。

当事人约定禁止或者限制转让抵押财产且已经将约定登记，抵押人违反约定转让抵押财产，抵押权人请求确认转让合同无效的，人民法院不予支持；抵押财产已经交付或者登记，抵押权人主张转让不发生物权效力的，人民法院应予支持，但是因受让人代替债务人清偿债务导致抵押权消灭的除外。

自然资源部《关于做好不动产抵押权登记工作的通知》

三、保障抵押不动产依法转让。当事人申请办理不动产抵押权首次登记或抵押预告登记的，不动产登记机构应当根据申请在不动产登记簿“是否存在禁止或限制转让抵押不动产的约定”栏记载转让抵押不动产的约定情况。有约定的填写“是”，抵押期间依法转让的，应当由受让人、抵押人（转让人）和抵押权人共同申请转移登记；没有约定的填写“否”，抵押期间依法转让的，应当由受让人、抵押人（转让人）共同申请转移登记。约定情况发生变化的，不动产登记机构应当根据申请办理变更登记。

《民法典》施行前已经办理抵押登记的不动产，抵押期间转让的，未经抵押权人同意，不予办理转移登记。

（二）法条对比、影响及建议

1. 法律条文变化分析

在《民法典》实施之前，对于抵押人是否可以转让已设立抵押权的抵押财产以及转让效力问题，《担保法》《担保法司法解释》《物权法》的规定不尽一致且相互矛盾，导致实践中对于未经抵押权人同意而签署的转让合同效力问题以及抵押权人同意转让的意思表示是否产生抵押权消灭的后果等问题莫衷一是。

《民法典》第406条首先明确了除当事人另行约定，在抵押期间，抵押人可以转让抵押财产，抵押人不因对抵押财产设立抵押而丧失其对抵押财产的处分权。在此基础上《民法典》及《担保制度司法解释》充分尊重当事人的意思自治，可由抵押人与抵押权人对抵押期间抵押人是否禁止和限制抵押财产转让进行约定。该条规定肯定了抵押权的追及效力，明确抵押财产转让的，抵押权不受影响。同时，规定抵押人应将抵押财产转让事宜通知抵押权人。抵押权人有证据证明抵押财产转让可能损害抵押权的，则抵押权人有权请求抵押人将转让所得的价款向抵押权人提前清偿债务或者提存。

无论抵押权人与抵押人如何约定，均不因此导致抵押财产的转让合同无效。而抵押物是否发生物权变动效果以及抵押权对受让人的效力，则需要结合《民法典》第403条[①]的规定，根据抵押合同是否约定了禁止或限制转让、有关约定是否办理了登记以及抵押物受让人是否为恶意等情况而有所区别：

（1）有禁止或限制转让约定但未将该约定登记：若已依法完成抵押财产交付或登记，但抵押权人有证据证明受让人知道存在禁止或限制转让抵押约定（以下简称恶意受让人），则抵押物不发生所有权变动；若已依法完成抵押财产交付或登记，且受让人非恶意受让人，则抵押物发生所有权变动，受让人取得带有抵押权的抵押物；若未依法完成抵押财产交付或登记，则抵押物不发生所有权变动。

（2）有禁止或限制转让约定且已将该约定登记：不发生物权转移效力；但受让人代为清偿债务导致抵押权消灭的，受让人在依法完成抵押财产交付或登记后取得无抵押权的抵押物。

（3）无禁止或限制转让约定且已将抵押权登记：受让人在依法完成抵押财产交付或登记后取得带有抵押权的抵押物。

（4）无禁止或限制转让约定且未将抵押权登记的：此时，抵押权要么未设立（抵押物为不动产的），要么因未经登记而不具有对抗善意第三人的效力（抵押物为动产的），因此受让人在依法完成抵押财产交付或登记后取得无抵押权的抵押物。

需要特别注意的是，虽然《民法典》肯定了抵押权的追及效力，在抵押权已登记的情形下，即使抵押物所有权发生变动，抵押权不受影响，但抵押权的追及效力依然存在法律及实际操作中的诸多障碍。例如：当抵押物为不

---

① 《民法典》

第四百零三条 以动产抵押的，抵押权自抵押合同生效时设立；未经登记，不得对抗善意第三人。

动产时，只要不动产的买受人符合《九民纪要》第125条、第126条，[①] 最高人民法院《关于人民法院办理执行异议和复议案件若干问题的规定》（2020年修正）第28条、第29条[②]规定的条件，则可以排除对该不动产的强制执行，从而使不动产上的抵押权形同消灭；当抵押物为动产时，抵押权不能对抗正常经营买受人（详细分析见本书第三章第二节第六条）；此外，实

① **《九民纪要》**

125.【案外人系商品房消费者】实践中，商品房消费者向房地产开发企业购买商品房，往往没有及时办理房地产过户手续。房地产开发企业因欠债而被强制执行，人民法院在对尚登记在房地产开发企业名下但已出卖给消费者的商品房采取执行措施时，商品房消费者往往会提出执行异议，以排除强制执行。对此，《最高人民法院关于人民法院办理执行异议和复议案件若干问题的规定》第29条规定，符合下列情形的，应当支持商品房消费者的诉讼请求：一是在人民法院查封之前已签订合法有效的书面买卖合同；二是所购商品房系用于居住且买受人名下无其他用于居住的房屋；三是已支付的价款超过合同约定总价款的百分之五十。人民法院在审理执行异议之诉案件时，可参照适用此条款。

问题是，对于其中"所购商品房系用于居住且买受人名下无其他用于居住的房屋"如何理解，审判实践中掌握的标准不一。"买受人名下无其他用于居住的房屋"，可以理解为在案涉房屋同一设区的市或者县级市范围内商品房消费者名下没有用于居住的房屋。商品房消费者名下虽然已有1套房屋，但购买的房屋在面积上仍然属于满足基本居住需要的，可以理解为符合该规定的精神。

对于其中"已支付的价款超过合同约定总价款的百分之五十"如何理解，审判实践中掌握的标准也不一致。如果商品房消费者支付的价款接近于百分之五十，且已按照合同约定将剩余价款支付给申请执行人或者按照人民法院的要求交付执行的，可以理解为符合该规定的精神。

126.【商品房消费者的权利与抵押权的关系】根据《最高人民法院关于建设工程价款优先受偿权问题的批复》第1条、第2条的规定，交付全部或者大部分款项的商品房消费者的权利优先于抵押权人的抵押权，故抵押权人申请执行登记在房地产开发企业名下但已销售给消费者的商品房，消费者提出执行异议的，人民法院依法予以支持。但应当特别注意的是，此情况是针对实践中存在的商品房预售不规范现象为保护消费者生存权而作出的例外规定，必须严格把握条件，避免扩大范围，以免动摇抵押权具有优先性的基本原则。因此，这里的商品房消费者应当仅限于符合本纪要第125条规定的商品房消费者。买受人不是本纪要第125条规定的商品房消费者，而是一般的房屋买卖合同的买受人，不适用上述处理规则。

② **最高人民法院《关于人民法院办理执行异议和复议案件若干问题的规定》（2020年版）**

第二十八条 金钱债权执行中，买受人对登记在被执行人名下的不动产提出异议，符合下列情形且其权利能够排除执行的，人民法院应予支持：

（一）在人民法院查封之前已签订合法有效的书面买卖合同；

（二）在人民法院查封之前已合法占有该不动产；

（三）已支付全部价款，或者已按照合同约定支付部分价款且将剩余价款按照人民法院的要求交付执行；

（四）非因买受人自身原因未办理过户登记。

第二十九条 金钱债权执行中，买受人对登记在被执行的房地产开发企业名下的商品房提出异议，符合下列情形且其权利能够排除执行的，人民法院应予支持：

（一）在人民法院查封之前已签订合法有效的书面买卖合同；

（二）所购商品房系用于居住且买受人名下无其他用于居住的房屋；

（三）已支付的价款超过合同约定总价款的百分之五十。

践中如动产抵押物发生多次转让，没有抵押人及历次转让的当事人配合的，抵押权人通常很难确定抵押物的最终去向，从而无法实现其抵押权。

2. 对资管业务的影响

金融机构在开展融资性质的资管业务时，通常会作为抵押权人接受抵押担保，而在开展消费类服务信托性质的资管业务时，又需要作为买受人受让或购买相关资产，而此类资产上或许存在抵押权。《民法典》及《担保制度司法解释》对抵押物转让合同的效力、转让行为对抵押物所有权及抵押权产生的效力均进行了明确规定，金融机构在开展上述不同业务时有了更明确的法律依据。

3. 对金融机构开展资管业务的建议

（1）如前文所述，抵押权的追及效力存在诸多障碍，因此，在金融机构作为抵押权人的情况下，笔者建议抵押权人通过协议方式与抵押人明确约定禁止或限制抵押人在抵押期间转让抵押财产以及抵押人违反该约定时的违约责任及抵押权人的救济措施，约定抵押人应配合办理上述抵押登记，并将登记手续办理完毕作为融资款项发放前提条件之一。抵押合同签署后应及时按照《自然资源部关于做好不动产抵押权登记工作的通知》将禁止或限制抵押财产转让的约定进行登记。注意加强对于抵押物的中后期管理，关注抵押物的状况及抵押人是否存在违约转让抵押物的情形，并根据交易文件采取相应的救济措施及追究抵押人的违约责任。

（2）在金融机构作为资产买受人时，建议在法定登记机构查询标的资产是否设立了抵押权，如已存在登记的抵押权则除特殊交易安排外应拒绝购买该资产。如不存在登记的抵押权，则应在标的资产购买合同中要求出让人承诺标的资产不存在抵押权等任何权利负担，并严格约定出让人违反承诺的违约责任。同时应及时办理标的资产的交付及登记手续。

九、同一财产上已登记的多个抵押权及可登记担保物权的清偿顺序

对于除抵押权之外的其他可登记担保物权而言，首次在立法层面确定了清偿顺序。克服了《物权法》上欠缺顺位一般规则的弊端。

（一）新旧法律条文对比

1. 原规定

《担保法》

第五十四条 同一财产向两个以上债权人抵押的，拍卖、变卖抵押物所得的价款按照以下规定清偿：

（一）抵押合同以登记生效的，按照抵押物登记的先后顺序清偿；顺序相同的，按照债权比例清偿；

（二）抵押合同自签订之日起生效的，该抵押物已登记的，按照本条第（一）项规定清偿；未登记的，按照合同生效时间的先后顺序清偿，顺序相同的，按照债权比例清偿。抵押物已登记的先于未登记的受偿。

《担保法司法解释》

第五十八条 当事人同一天在不同的法定登记部门办理抵押物登记的，视为顺序相同。

因登记部门的原因致使抵押物进行连续登记的，抵押物第一次登记的日期，视为抵押登记的日期，并依此确定抵押权的顺序。

《物权法》

第一百九十九条 同一财产向两个以上债权人抵押的，拍卖、变卖抵押财产所得的价款依照下列规定清偿：

（一）抵押权已登记的，按照登记的先后顺序清偿；顺序相同的，按照债权比例清偿；

（二）抵押权已登记的先于未登记的受偿；

（三）抵押权未登记的，按照债权比例清偿。

2. 新规定

《民法典》

第四百一十四条 同一财产向两个以上债权人抵押的，拍卖、变卖抵押财产所得的价款依照下列规定清偿：

（一）抵押权已经登记的，按照登记的时间先后确定清偿顺序；

（二）抵押权已经登记的先于未登记的受偿；

（三）抵押权未登记的，按照债权比例清偿。

其他可以登记的担保物权，清偿顺序参照适用前款规定。

（二）法条对比、影响及建议

1. 法律条文变化分析

《民法典》第414条是在《物权法》第199条的基础上进行修改的，主要是将“登记的先后顺序”修改为“登记的时间先后”，删除了“顺序相同的，按照债权比例清偿”，并增加了“其他可以登记的担保物权，清偿顺序参照适用前款规定”作为本条第2款。

结合《担保法司法解释》第58条的规定，之所以会出现顺序相同的抵押权是因为历史上我国有一些地方的土地使用权、在建工程和/或房屋所有权由不同的机构管理和登记，而按照“房地一体”抵押原则，两个抵押权的范围均包括建设用地使用权和建筑物，从而导致不同抵押权人同一天在不同登记机关办理登记时，无法确定登记的先后顺序。[①] 而自2015年3月1日起施行的《不动产登记暂行条例》第6条[②]已统一了我国不动产登记机构，即不再存在就同一抵押物具有不同法定登记部门的情形，根据《不动产登记暂行条例实施细则》第67条[③]，应按抵押权登记受理时间的先后顺序依次办理登记并在不动产登记簿上记载。且现在多采用电子化登记系统进行登记，即使是同一天办理的多个抵押权，登记系统也能够区分登记时间的先后，登记机关基础设施建设已经逐步进入成熟阶段。

《民法典》第414条因其第2款规定而成为竞存担保物权之间顺位先后的

---

① 最高人民法院民法典贯彻实施工作领导小组主编：《中华人民共和国民法典物权编理解与适用》，人民法院出版社2020年版，第1125页。

② **《不动产登记暂行条例》**

第六条 国务院国土资源主管部门负责指导、监督全国不动产登记工作。

县级以上地方人民政府应当确定一个部门为本行政区域的不动产登记机构，负责不动产登记工作，并接受上级人民政府不动产登记主管部门的指导、监督。

③ **《不动产登记暂行条例实施细则》**

第六十七条 同一不动产上设立多个抵押权的，不动产登记机构应当按照受理时间的先后顺序依次办理登记，并记载于不动产登记簿。当事人对抵押权顺位另有约定的，从其规定办理登记。

一般规则，克服了《物权法》上欠缺顺位一般规则的弊端，意义重大。① 根据《民法典》的规定，其他可以登记的担保物权包括无权利凭证的权利质权、基金份额与股权质权、知识产权质权、应收账款质权以及可登记的非典型担保物权。

2. 对资管业务的影响

根据前述分析，《民法典》的上述修改对于抵押权并无实质影响。对于其他可登记的担保物权而言，则首次在立法层面确定了清偿顺序。但值得提示的是《民法典》对可登记的权利质权均采取登记生效主义，所以实质上对于可登记的权利质权而言，《民法典》第 414 条第 1 款仅有第 1 项有适用空间。

3. 对金融机构开展资管业务的建议

金融机构接受可登记物权担保的，应及时向法定登记机构办理登记。

十、同一财产上的抵押权与质权的清偿顺序规则变更

抵押权与质权竞存时的清偿顺序规则发生重大变更，对动产质权和抵押权按照公示时间先后确定清偿顺位。

（一）新旧法律条文对比

1. 原规定

《担保法司法解释》

第七十九条 同一财产法定登记的抵押权与质权并存时，抵押权人优先于质权人受偿。

同一财产抵押权与留置权并存时，留置权人优先于抵押权人受偿。

2. 新规定

《民法典》

第四百一十五条 同一财产既设立抵押权又设立质权的，拍卖、变卖该财产所得的价款按照登记、交付的时间先后确定清偿顺序。

① 高圣平：《民法典担保制度及其配套司法解释理解与适用》，中国法制出版社 2021 年版，第 727 页。

（二）法条对比、影响及建议

1. 法律条文变化分析

《民法典》第 415 条是在《担保法司法解释》第 79 条的基础上修改而成。对于抵押权与质权的受偿顺序，《担保法》体系下就动产抵押权分别采取了登记生效和登记对抗两种模式，动产抵押权也就有了“法定登记的抵押权”和“自愿登记的抵押权”之分。[①]《担保法司法解释》第 79 条对“法定登记的抵押权”与质权竞存时的清偿顺序作了规定，但并未对“自愿登记的抵押权”与质权竞存时的清偿顺序进行明确。《物权法》对于动产抵押统一采取了登记对抗模式，因此动产不再存在“法定登记的抵押权”，但《物权法》并未对同一物上抵押权与质权并存时的清偿顺序进行规定，因此在《物权法》实施后对于《担保法司法解释》第 79 条第 1 款是否仍然适用在实践中存在争议。为此，《九民纪要》第 65 条规定“同一动产上同时设立质权和抵押权的，应当参照适用《物权法》第 199 条的规定，根据是否完成公示以及公示先后情况来确定清偿顺序……担保法司法解释第 79 条第 1 款不再适用”。《民法典》吸收了《九民纪要》的上述规定，对动产质权和抵押权按照公示时间先后确定清偿顺位，也与《民法典》第 414 条的逻辑保持一致。

2. 对资管业务的影响

由于不动产抵押物不可能出现抵押权与质权竞合的情形，因此《民法典》的上述修改对不动产抵押物并无实质影响。但担保物为动产时，上述规则的改变则对抵押权人产生了较大的不利影响，抵押权不再当然优先于质权，而是按照公示的先后顺序确定清偿顺序。动产抵押权以登记作为公示方式，相对而言不容易存在造假的可能，且查询成本及取证成本也更低。而动产质权以交付为公示方式，相对而言容易出现出质人与质权人串通损害抵押权人利益的情况，给动产抵押权人造成了更高的抵押权设立前的调查成本及抵押权实现时的取证成本。

---

① 高圣平：《民法典担保制度及其配套司法解释理解与适用》，中国法制出版社 2021 年版，第 739 页。

3. 对金融机构开展资管业务的建议

（1）金融机构接受动产抵押担保时，除了要关注本书中有关动产抵押的注意事项外，还应事先在现场走访调查抵押物权属及占有状况，如已设立其他担保物权，则应谨慎评估抵押物的价值及担保债权金额，审慎评估是否接受其作为抵押物。

（2）如仍需接受动产抵押的，应在抵押合同中详细描述抵押物的现状（包括但不限于抵押物的权属及占有情况、是否存在其他担保权利、担保权利的设立时间、担保期间、担保金额等）。如有可能，还应取得其他担保权人对其他担保权利设立时间、担保期间及担保金额的书面确认文件。

十一、新增动产抵押物购买价款超级优先权规则

《民法典》新创购买价款超级优先权制度，一方面，金融机构登记在先的抵押权将劣后于这种购买价款超级优先权；另一方面，金融机构为购买动产提供融资时满足相应的条件亦可享有购买价款超级优先权。

（一）新旧法律条文对比

1. 原规定

为《民法典》新增内容，无原规定。

2. 新规定

《民法典》

第四百一十六条 动产抵押担保的主债权是抵押物的价款，标的物交付后十日内办理抵押登记的，该抵押权人优先于抵押物买受人的其他担保物权人受偿，但是留置权人除外。

《担保制度司法解释》

第五十七条 担保人在设立动产浮动抵押并办理抵押登记后又购入或者以融资租赁方式承租新的动产，下列权利人为担保价款债权或者租金的实现而订立担保合同，并在该动产交付后十日内办理登记，主张其权利优先于在先设立的浮动抵押权的，人民法院应予支持：

（一）在该动产上设立抵押权或者保留所有权的出卖人；

（二）为价款支付提供融资而在该动产上设立抵押权的债权人；

（三）以融资租赁方式出租该动产的出租人。

买受人取得动产但未付清价款或者承租人以融资租赁方式占有租赁物但是未付清全部租金，又以标的物为他人设立担保物权，前款所列权利人为担保价款债权或者租金的实现而订立担保合同，并在该动产交付后十日内办理登记，主张其权利优先于买受人为他人设立的担保物权的，人民法院应予支持。

同一动产上存在多个价款优先权的，人民法院应当按照登记的时间先后确定清偿顺序。

（二）法条对比、影响及建议

1. 法律条文变化分析

《民法典》第416条为新增条款，引进了源于美国《统一商法典》第9~103条等法律条文规定的购买金担保权制度（Purchase－money Security Interest）。从字面意思理解，《民法典》第416条规定，在转让方将标的物转让给买受人，并与买受人约定分期付款，为担保买受人按约定支付转让价款，买受人以标的物为抵押物向转让方提供抵押担保，并在10日内办理了抵押登记手续的情形下，若买受人在前述抵押登记手续办理前将标的物抵押给了不知情的第三方并且办理完毕抵押登记手续的，则虽然转让方享有的抵押权登记时间在第三方享有的抵押物权登记时间之后，但在这种情形下，转让方的抵押权仍优先于第三方抵押权受偿，我国多数学者将其称为“购买价款超级优先权”。

《民法典》第396条规定：“企业、个体工商户、农业生产经营者可以将现有的以及将有的生产设备、原材料、半成品、产品抵押，债务人不履行到期债务或者发生当事人约定的实现抵押权的情形，债权人有权就抵押财产确定时的动产优先受偿。”实践中若债务人通过赊购或分期付款方式新增购买上述动产资产，转让方通常会要求其提供担保，且担保方式通常是在购买的该等资产上设置抵押担保，若《民法典》未新增“购买价款超级优先权”制度，则鉴于《民法典》第414条规定的同一财产上竞存的抵押权按登记先后顺序确定受偿顺序，在债务人已在其现有及将有的动产资产上设置了浮动抵押的情况下，债务人在未来生产经营过程中通过赊购方式（或分期付款方式）新增购买同类动产资产将变得困难，从整体来看不利于社会整体生产效率的提高。《民法典》第416条消除了转让方的上述顾虑，有利于促成交易，改善受让人生产状况，也提高了其向浮动抵押权人偿还融资款项的能力。此外，赋予购买价款抵押权优先效力也不会改变在先抵押权人特别是浮动抵押权人的担保权益：浮动抵押权人的抵押权仍然由抵押人的原有财产作为第一性担保，同时随着新增财产的加入，抵押人抵押财产扩大，原浮动抵押权人事实上还获得了对新增财产的第二性担保利益。因此，“购买价款超级优先权”制度总体上符合交易各方的利益，不会损害债务人信用或增加交易风险。[①]

转让方主张“购买价款超级优先权”仍有下列限制：（1）抵押担保的主债权必须是转让方对买受人享有的该抵押物购买价款支付请求权；（2）“购买价款超级优先权”应于标的物交付后10日内办理抵押登记；（3）“购买价款超级优先权”不能凌驾于留置权之上。留置权属于法定担保物权，依据法律规定产生，而抵押权和质权是意定担保物权，依据当事人合意产生，我国《物权法》及《民法典》立法中均保持留置权与抵押权竞存时留置权优先的一贯立场，同一动产上同时存在超级优先权（本质仍为抵押权）和留置权时，留置权人仍然是第一顺位优先受偿。

2. 对资管业务的影响

在金融机构开展的资管业务中，若担保债务人履行其对金融机构负有的债务，抵押人以其现有及将有的动产向金融机构提供浮动抵押时，即使在先办理了抵押登记手续，就存在“购买价款超级优先权”的抵押物行使担保权时，金融机构的债权仍劣后于抵押登记在后的“购买价款超级优先权”权利人的债权受偿。

此外，根据《担保制度司法解释》第57条的规定，为购买该动产提供

① 最高人民法院民法典贯彻实施工作领导小组主编：《中华人民共和国民法典物权编理解与适用》，人民法院出版社2020年版，第1134页。

融资服务的融资机构，例如，所有权保留的出卖人、为价款支付提供融资的而在该动产上设立抵押权的债权人以及以融资租赁方式出租该动产的出租人，亦可享有“购买价款超级优先权”。这是因为上述融资机构所起到的作用及扮演的角色实际上与赊购（分期付款）中的出卖人具有一定的相似性，也同样符合购买金担保权制度的核心价值。

3. 对金融机构开展资管业务的建议

（1）金融机构在接受抵押人以将有的动产提供浮动抵押担保前，应考虑抵押人可能在其将有的动产上设置“购买价款超级优先权”，并考虑是否接受抵押或在评估抵押财产价值时，将此类因素对金融机构抵押权实现产生的影响纳入评估范围。

（2）金融机构在接受抵押人以其新购置的动产提供抵押担保前，应注意“购买价款超级优先权”只要在转让方将有关动产交付于抵押人之日起10日内办理抵押登记均可有效设立，因此只能于动产交付后届满10日（鉴于《民法典》未明确规定是10日内提交办理申请还是办理完毕，可适当进一步延长时限）后进行查询方可确定抵押物上是否存在“购买价款超级优先权”。但在此期间，可能存在其他一般抵押权人先办理抵押登记的情形。因此，仍建议第一时间办理抵押登记，虽然此一般抵押权劣后于“购买价款超级优先权”，但可优先于登记时间在后的其他一般抵押权。同时，金融机构可将融资款项的发放时间设置在抵押人取得动产之日起10日或可查询抵押登记情况的合理时间之后，并可在相应的交易文件中约定若届时存在“购买价款超级优先权”的，金融机构有权不再发放融资款或有权要求抵押人或融资人另行提供符合金融机构要求的其他担保措施。

（3）金融机构为购买该动产提供融资服务的，为确保金融机构能享有“购买价款超级优先权”，金融机构应该：

①在转让方向债务人交付动产后的10日内办理抵押登记手续（由于《民法典》未明确规定是10日内提交办理申请还是办理完毕，建议在10日内办理完毕抵押登记手续）。

②在融资合同中明确约定融资款项用于购置抵押财产，并要求债务人提供购置抵押财产的相关合同、发票、交付证明等资料证明真实的借款用途，

并明确所购标的的详细情况。

③可采用受托支付方式将融资款项直接支付至转让方指定账户作为购置价款。

④可要求债务人在购置抵押财产时与转让方约定先交付抵押财产后支付货款，在债务人取得抵押财产后10日内办理完毕抵押登记手续，并于办理完毕后发放融资款项。

十二、最高额抵押权项下债权的确定事由

《民法典》第423条明确规定，因抵押财产被查封、扣押导致最高额抵押权项下抵押权人债权确定的前提是抵押权人知道或者应当知道抵押财产被查封、扣押，此外，《民法典》第423条还明确规定了除债务人、抵押人被撤销以外，债务人、抵押人发生《民法典》第69条规定的其他解散事由的，最高额抵押权项下抵押权人的债权确定。

（一）新旧法律条文对比

1. 原规定

《物权法》

第二百零六条 有下列情形之一的，抵押权人的债权确定：

（一）约定的债权确定期间届满；

（二）没有约定债权确定期间或者约定不明确，抵押权人或者抵押人自最高额抵押权设立之日起满二年后请求确定债权；

（三）新的债权不可能发生；

（四）抵押财产被查封、扣押；

（五）债务人、抵押人被宣告破产或者被撤销；

（六）法律规定债权确定的其他情形。

《担保法司法解释》

第八十一条 最高额抵押权所担保的债权范围，不包括抵押物因财产保全或者执行程序被查封后或债务人、抵押人破产后发生的债权。

2. 新规定

《民法典》

第四百二十三条 有下列情形之一的，抵押权人的债权确定：

（一）约定的债权确定期间届满；

（二）没有约定债权确定期间或者约定不明确，抵押权人或者抵押人自最高额抵押权设立之日起满二年后请求确定债权；

（三）新的债权不可能发生；

（四）抵押权人知道或者应当知道抵押财产被查封、扣押；

（五）债务人、抵押人被宣告破产或者解散；

（六）法律规定债权确定的其他情形。

（二）法条对比、影响及建议

1. 法律条文变化分析

(1)《民法典》第423条是在《物权法》第206条的基础上修改而成，主要变化为在第4项中的"抵押财产被查封、扣押"之前增加了"抵押权人知道或者应当知道"。此前，在最高人民法院《关于人民法院民事执行中查封、扣押、冻结财产的规定》(2008年修正)（以下简称《查扣冻规定》）第27条中对于查封、扣押的财产有类似的规定："人民法院查封、扣押被执行人设定最高额抵押权的抵押物的，应当通知抵押权人。抵押权人受抵押担保的债权数额自收到人民法院通知时起不再增加。人民法院虽然没有通知抵押权人，但有证据证明抵押权人知道查封、扣押事实的，受抵押担保的债权数额从其知道该事实时起不再增加。"但实践中，大量案例表明不同法院对《物权法》第206条与《查扣冻规定》第27条之间关系的理解存在偏差（其中笔者选取了判决日期较新的最高人民法院判例，详见下文）。此次《民法典》在《物权法》基础上部分吸收了上述司法解释的规定，并进一步完善表述，将"抵押权人应当知道抵押财产被查封、扣押"亦纳入最高额抵押债权确定事由。同时，也同步修改了《查扣冻规定》，使《民法典》与《查扣冻规定》保持一致，有效防止司法实践中对此产生解释分歧。下面结合一个案例，对此问题作进一步的探讨。

案例：福建上杭农村商业银行股份有限公司、王某借款纠纷［（2018）最高法民终787号］

2010年5月18日，福建省荣达矿业集团有限公司（以下简称荣达公司）（借款人）与上杭农商行（贷款人、抵押权人）、林某达（抵押人）签订一份《最高额抵押借款合同》，约定：从2010年5月18日起至2013年5月17日止，由贷款人在最高额贷款余额1200万元内，根据借款人的需要向借款人分次发放贷款。抵押人自愿以有权处分的财产（见"抵押物清单明细"，包括案涉上杭县振兴路、米仓路的房产）作为抵押物，为借款人提供担保。后借款人未履行到期债务偿还义务，2013年6月13日，上杭农商行作为申请人，以林某达、吴某琳为被申请人，荣达公司作为第三人，在上杭县人民法院提出实现担保物权申请。

在确认本案中抵押物担保的主债权范围的过程中，一审法院认为，《物权法》第206条规定，"有下列情形之一的，抵押权人的债权确定：……（四）抵押财产被查封、扣押……"《担保法司法解释》第81条规定，"最高额抵押权所担保的债权范围，不包括抵押物因财产保全或者执行程序被查封后或债务人、抵押人破产后发生的债权"。本案中，上杭农商行与林某达等签订《最高额抵押借款合同》并办理登记手续，但案涉抵押物已于2011年7月21日被法院查封，此时，上杭农商行的最高额抵押债权已经确定。上杭农商行在此后于2012年5月28日、6月20日、9月19日、2013年1月9日向荣达公司发放的贷款合计1200万元本金及利息不应纳入最高额抵押担保债权范围，应认定为普通债权。

二审法院认为，《物权法》第206条规定："有下列情形之一的，抵押权人的债权确定：……（四）抵押财产被查封、扣押……"据此，当发生抵押财产被查封、扣押的情形时，最高额抵押权所担保债权确定。同时，《查扣冻规定》第27条规定："人民法院查封、扣押被执行人设定最高额抵押权的抵押物的，应当通知抵押权人。抵押权人受抵押担保的债权数额自收到人民法院通知时起不再增加。人民法院虽然没有通知抵押权人，但有证据证明抵押权人知道查封、扣押事实的，受抵押担保的债权数额从其知道该事实时起不再增加。"据此，人民法院在查封、扣押设定有最高额抵押权的抵押物时，应当通知最高额抵押权人，最高额抵押权人自收到人民法院查封通知时起受抵押担保的债权数额确定。上杭农商行上诉主张一审法院认定事实、适用法律错误均源于对《物权法》第206条与《查扣冻规定》第27条的理解与争议。一审法院适用《物权法》第206条的规定，即如果出现抵押物被查封的事实，则最高额抵押权的债权数额即确定，而上杭农商行则认为应当适用《查扣冻规定》第27条的规定，即最高额抵押债权数额的确定应当以收到人民法院通知为准。本院认为，《物权法》第206条与《查扣冻规定》第27条的规定并不冲突，《物权法》第206条是对最高额抵押权所担保债权确定事由作出的规定，即出现该条规定的几项事由时，最高额抵押债权数额的确定就满足了实体要件；而《查扣冻规定》第27条则是对最高额抵押债权数额的确定明确了具体的时间节点，即最高额抵押权担保的债权数额自抵押权人收到人民法院通知时或从抵押权人知悉抵押物被查封的事实时起不再增加，可以理解为最高额抵押债权数额确定的程序要件。既有债权数额确定的原因事由，又有债权数额确定的时间节点，《物权法》与《查扣冻规定》的规定结合起来就解决了何事、何时最高额抵押债权数额确定这一问题。本案中，案涉抵押房产于2011年7月21日被人民法院查封且未通知抵押权人上杭农商行，荣达公司与上杭农商行签订的《最高额抵押借款合同》约定的贷款最后到期日为2013年5月17日，上杭农商行在案涉抵押房产被查封后于2012年5月28日、6月20日、9月19日，2013年1月9日四次向荣达公司发放贷款共计1200万元。设定最高额抵押权主要目的是为连续性融资交易提供担保，提高交易效率，若在贷款还款没有异常情况下，要求最高额抵押权人在每次发放贷款时仍要对借款人或抵押物的状态进行重复实质审查，则有违最高额抵押权设立的立法目的。因此，最高额抵押债权数额的确定应当以人民法院查封抵押物且抵押权人收到人民法院通知时为准更为合理。

另外，根据《查扣冻规定》第27条第2款的规定，若有证据证明最高额抵押权人知道人民法院查封抵押物的事实，则最高额抵押债权数额应当从其知道查封时确定。本案中，要分析人民法院向上杭农商行才溪支行送达协助执行通知书及相关民事裁定书能否视为上杭农商行已经知悉案涉房产被查封的事实。首先，才溪支行是上杭农商行的下属支行，其并非案涉《最高额抵押借款合同》的一方当事人，人民法院向才溪支行送达财产保全裁定及协助冻结林某达的银行账号的通知并不能当然视为已向上杭农商行通知案涉房产查封的事实。其次，才溪支行虽不具有独立法人地位，但基于银行业的经营特殊性，其与单位的内设部门不同，支行在授权范围内有一定的自主经营管理能力，具有相对独立性，在本案中并无证据表明才溪支行有代表上杭农商行接收相关法律文书的权限和职责。最后，人民法院送达给才溪支行的（2011）闽民初字第22－2号民事裁定书的内容为“裁定冻结林某达银行存款5723万元或查封、扣押等值的财产”，才溪支行签署的《协助查询存款通知书（回执）》和《协助冻结存款通知书（回执）》，针对的也是查询并冻结林某达的银行账户等事项，不能苛责才溪支行应从该裁定书及相关通知书中推断出人民法院要查封案涉上杭农商行已享有最高额抵押权的两处房产，更不能据此推定上杭农商行知道案涉房产已经被查封的事实。

据此，因现有证据不能证明上杭农商行在最高额抵押期限和范围内发放1200万元贷款前知道案涉抵押房产被查封的事实，故其对案涉抵押房产处置所得价款享有优先受偿权，一审判决该项认定事实和适用法律有误，本院予以纠正。

（2）《民法典》第423条将《物权法》第206条规定的最高额抵押担保抵押权人的债权确定事由中的“债务人、抵押人被宣告破产或者被撤销”修改为“债务人、抵押人被宣告破产或者解散”，即将“被撤销”修改为“解散”。《民法典》第69条规定：“有下列情形之一的，法人解散：（一）法人章程规定的存续期间届满或者法人章程规定的其他解散事由出现；（二）法人的权力机构决议解散；（三）因法人合并或者分立需要解散；（四）法人依法被吊销营业执照、登记证书，被责令关闭或者被撤销；（五）法律规定的其他情形。”法人依法被撤销是法人解散的事由之一，因此《民法典》第423条在《物权法》第206条的基础上扩大了债权确定事由的范围，除了法人被撤销外，还包含《民法典》第69条规定的其他法人解散事由。

2. 对资管业务的影响

金融机构在资管业务中通常以抵押权人身份出现，而担保债权确认时间关系到能被纳入抵押担保范围的债权范围及金额，所以对抵押权人极为重要。如上述分析，《民法典》本条的修改统一了《物权法》与《查扣冻规定》中关于抵押物被查封、扣押时债权确定时间的规定，能有效防止司法实践中对此产生解释分歧，使这一规则的适用更清晰明确。此外，抵押权人的债权确定不再局限于债务人或抵押人被撤销，债务人、抵押人发生《民法典》第69条规定的任何解散事由，都会导致抵押财产担保的主债权范围确定。

对于“知道或应当知道”如何认定，最高人民法院上述案例中的观点可供参考。即可以从以下方面进行考量：采取查封、扣押措施的人民法院是否通知了抵押权人，通知对象是否为抵押权人本人，通知的内容是否能清晰明确地体现出查封、扣押的对象是抵押物，是否有其他证据能证明抵押权人知道或应当知道存在查封或扣押情形。

3. 对金融机构开展资管业务的建议

金融机构在开展资管业务过程中，若抵押人以其合法持有的抵押财产向金融机构提供最高额抵押担保的，应注意在抵押合同及主债权合同中约定若抵押人、债务人被宣告破产或发生《民法典》第69条规定的解散事由时应当及时通知抵押权人，并应在实操中关注抵押人、债务人是否发生解散事由。

十三、在可以出质的权利范围中新增将来持有的应收账款

《民法典》第440条在法律层面将出质人有处分权的“将有的应收账款”纳入可出质权利范围，未来金融机构接受出质人以其将有应收账款提供质押担保将具有更明确的法律依据。

（一）新旧法律条文对比

1. 原规定

《物权法》

第二百二十三条 债务人或者第三人有权处分的下列权利可以出质：

（一）汇票、支票、本票；

（二）债券、存款单；

（三）仓单、提单；

（四）可以转让的基金份额、股权；

（五）可以转让的注册商标专用权、专利权、著作权等知识产权中的财产权；

（六）应收账款；

（七）法律、行政法规规定可以出质的其他财产权利。

2. 新规定

《民法典》

第四百四十条 债务人或者第三人有权处分的下列权利可以出质：

（一）汇票、本票、支票；

（二）债券、存款单；

（三）仓单、提单；

（四）可以转让的基金份额、股权；

（五）可以转让的注册商标专用权、专利权、著作权等知识产权中的财产权；

（六）现有的以及将有的应收账款；

（七）法律、行政法规规定可以出质的其他财产权利。

《担保制度司法解释》

第六十一条 以现有的应收账款出质，应收账款债务人向质权人确认应收账款的真实性后，又以应收账款不存在或者已经消灭为由主张不承担责任的，人民法院不予支持。

以现有的应收账款出质，应收账款债务人未确认应收账款的真实性，质权人以应收账款债务人为被告，请求就应收账款优先受偿，能够举证证明办理出质登记时应收账款真实存在的，人民法院应予支持；质权人不能举证证明办理出质登记时应收账款真实存在，仅以已经办理出质登记为由，请求就应收账款优先受偿的，人民法院不予支持。

以现有的应收账款出质，应收账款债务人已经向应收账款债权人履行了债务，质权人请求应收账款债务人履行债务的，人民法院不予支持，但是应收账款债务人接到质权人要求向其履行的通知后，仍然向应收账款债权人履行的除外。

以基础设施和公用事业项目收益权、提供服务或者劳务产生的债权以及其他将有的应收账款出质，当事人为应收账款设立特定账户，发生法定或者约定的质权实现事由时，质权人请求就该特定账户内的款项优先受偿的，人民法院应予支持；特定账户内的款项不足以清偿债务或者未设立特定账户，质权人请求折价或者拍卖、变卖项目收益权等将有的应收账款，并以所得的价款优先受偿的，人民法院依法予以支持。

（二）法条对比、影响及建议

1. 法律条文变化分析

《民法典》第440条在《物权法》第223条的基础上明确将出质人“将有的应收账款”纳入可出质财产范围内。在《民法典》颁布之前，虽然《物权法》未明确将有的应收账款是否可以出质，但中国人民银行颁布的《应收账款质押登记办法》（包括历次修订版本）均明确应收账款包括现有的和未来的金钱债权。司法实践中（如下列案例所示），基本也认可以未来应收账款作为出质财产的做法。《民法典》在法律层面对此予以进一步肯定与确认。同时，《担保制度司法解释》对未来应收账款质权的实现方式进行了具体明确，即如当事人为应收账款设立特定账户的，行使质权时可直接就该特定账户内的款项优先受偿，特定账户内的款项不足以清偿债务或者未设立特定账户的，行使质权时可就应收账款折价、拍卖、变卖所得价款优先受偿。下面结合一个案例，对此问题进行进一步探讨。

案例：贵阳市云岩区黔商市西小额贷款股份有限公司、中国长城资产管理股份有限公司贵州省分公司借款合同纠纷、保证合同纠纷二审民事判决书［（2019）最高法民终73号］

长城资产贵州分公司与市西小贷公司签订《质押担保协议》，确认主合同为2014年7月15日签订的《债权转让协议》和《委托清收协议》，担保的主债权为自2014年7月15日起至2015年7月14日主合同项下约定业务所形成的债权，最高债权本金余额为10,070万元，资金占用费遵照主合同约定，质押物为合同签署日市西小贷公司对外贷款已形成的部分应收账款，以及截止主合同项下约定的债务全部还清时止市西小贷公司对外贷款形成的应收账款。双方当事人于同日在中国人民银行征信中心办理了应收账款质押登记，并分别于2014年10月29日、2015年1月26日办理两次变更登记。

关于长城资产贵州分公司对应收账款是否享有优先受偿权的问题。一审法院认为：根据《物权法》第228条第1款①“以应收账款出质的，当事人应当订立书面合同。质权自信贷征信机构办理出质登记时设立”的规定，应收账款成为质押标的的前提是其应当是真实有效的特定化的债权，债权人接受质押之前应当核实应收账款的真实性和准确数额，且双方当事人应当签订书面合同并办理出质登记。本案中，长城资产贵州分公司提交了该应收账款产生的部分基础合同及转款凭证，能够认定该应收账款是基于市西小贷公司与借款人之间的借贷关系而实际产生的债权，市西小贷公司对应收账款的真实性也已确认，双方当事人已签订《质押担保协议》并在相关机构办理了应收账款出质登记，质权已经设立，故对长城资产贵州分公司关于对应收账款拍卖、变卖所得价款享有优先受偿权的诉讼请求，一审法院予以支持。最高院二审维持原判。

2. 对资管业务的影响

金融机构在开展资管业务的过程中，可根据《民法典》第440条规定接受出质人以其未来享有的应收账款质押并可按照《担保制度司法解释》第61条规定的质权实现方式行使质权。

3. 对金融机构开展资管业务的建议

金融机构接受出质人以应收账款质押，根据相关法律法规及司法案例，应注意以下内容：

（1）根据《民法典》第427条②以及相关案例③中人民法院的观点，出

---

① 《民法典》

第四百四十五条第一款 以应收账款出质的，质权自办理出质登记时设立。

② 《民法典》

第四百二十七条 设立质权，当事人应当采用书面形式订立质押合同。

质押合同一般包括下列条款：

（一）被担保债权的种类和数额；

（二）债务人履行债务的期限；

（三）质押财产的名称、数量等情况；

（四）担保的范围；

（五）质押财产交付的时间、方式。

③ 江苏省高级人民法院民事判决书，（2015）苏商终字第00021号；

江苏省南京市中级人民法院民事判决书，（2015）宁商终字第701号；

安徽省高级人民法院民事判决书，（2017）皖民终70号。

质人及质权人应在质押合同中明确约定被担保债权的种类和数额、债务人履行债务的期限、质押财产的名称及数量等情况、担保的范围、质押财产交付的时间和方式等各项要素，并应注意质押的应收账款的确定性及具体性，即使是针对未来的债权，也应存在基础关系而确定其在将来一定期限内会产生、债权金额亦可根据基础关系的相关因素而得以预见，若出质债权不确定，以其质押，则出质的债权因可能具有无法实现的风险而影响其担保功能的发挥，出质人的其他债权人对出质人的履行债务能力将难以预见，亦将损害出质人的其他债权人的利益，与该制度发挥应收账款潜在价值、满足企业经营需要的设立目的相悖。所质押的未来应收账款产生的期间应是明确的。

（2）金融机构在接受出质人以未来应收账款设立的质押时，若设置特定账户的，则有利于未来对特定账户内的资金优先受偿，根据相关案例①中人民法院的观点，金融机构应尽量保证该特定账户内的资金全部源于所质押应收账款产生的收入，避免因账户内资金非基于所质押应收账款产生，而导致不能对特定账户内的资金主张优先受偿权。此外，对于金融机构是否需对特定账户进行“控制”，目前《民法典》及《担保制度司法解释》均未作进一步规定，为保障金融机构权益及便于金融机构行使质权，建议金融机构对该特定账户进行全封闭式监管。

十四、担保合同的从属性

金融机构一般会在担保合同中约定主合同无效时担保合同继续有效或担保人对主合同无效的法律后果承担担保责任，《民法典》实施后此类约定无效，主合同无效时担保合同也无效。

（一）新旧法律条文对比

1. 原规定

《担保法》

第五条 担保合同是主合同的从合同，主合同无效，担保合同无效。担

① 陕西省汉中市中级人民法院民事判决书，（2016）陕民终 1009 号。

保合同另有约定的，按照约定。

担保合同被确认无效后，债务人、担保人、债权人有过错的，应当根据其过错各自承担相应的民事责任。

《物权法》

第一百七十二条 设立担保物权，应当依照本法和其他法律的规定订立担保合同。担保合同是主债权债务合同的从合同。主债权债务合同无效，担保合同无效，但法律另有规定的除外。

担保合同被确认无效后，债务人、担保人、债权人有过错的，应当根据其过错各自承担相应的民事责任。

2. 新规定

《民法典》

第三百八十八条 设立担保物权，应当依照本法和其他法律的规定订立担保合同。担保合同包括抵押合同、质押合同和其他具有担保功能的合同。担保合同是主债权债务合同的从合同。主债权债务合同无效的，担保合同无效，但是法律另有规定的除外。

担保合同被确认无效后，债务人、担保人、债权人有过错的，应当根据其过错各自承担相应的民事责任。

第六百八十二条 保证合同是主债权债务合同的从合同。主债权债务合同无效的，保证合同无效，但是法律另有规定的除外。

保证合同被确认无效后，债务人、保证人、债权人有过错的，应当根据其过错各自承担相应的民事责任。

《担保制度司法解释》

第二条 当事人在担保合同中约定担保合同的效力独立于主合同，或者约定担保人对主合同无效的法律后果承担担保责任，该有关担保独立性的约定无效。主合同有效的，有关担保独立性的约定无效不影响担保合同的效力；主合同无效的，人民法院应当认定担保合同无效，但是法律另有规定的除外。

因金融机构开立的独立保函发生的纠纷，适用《最高人民法院关于审理独立保函纠纷案件若干问题的规定》。

第三条 当事人对担保责任的承担约定专门的违约责任，或者约定的担保责任范围超出债务人应当承担的责任范围，担保人主张仅在债务人应当承担的责任范围内承担责任的，人民法院应予支持。

担保人承担的责任超出债务人应当承担的责任范围，担保人向债务人追偿，债务人主张仅在其应当承担的责任范围内承担责任的，人民法院应予支持；担保人请求债权人返还超出部分的，人民法院依法予以支持。

（二）法条对比、影响及建议

1. 法律条文变化分析

在“担保合同是主债权债务合同的从合同”这一点上，从《担保法》到《物权法》再到《民法典》都体现了基本一致的肯定态度，其区别在于《担保法》中明确了对于主合同无效后担保合同的效力可由双方当事人在合同中另行约定，而《物权法》与《民法典》中却明确排除了当事人的这种约定权利。可是，由于《物权法》只适用于物权担保合同，并不当然适用于保证担保，所以在《民法典》正式实施之前的法律实践中，保证合同的当事人是否有权就主合同无效后保证合同的效力问题进行约定，就成为一个“问题”。随着《民法典》的正式实施，其中的相关规定相较于《担保法》与《物权法》更为严格与全面，分别对物权担保合同及保证合同都作出了具体规定，对于由合同双方当事人自行对主合同无效情形下的物权担保合同和保证合同的效力作出独立性约定的权利均明确进行了排除，平息了上述涉及保证合同的相关争议。

此外，根据《担保制度司法解释》第3条①，担保合同的从属性还体现在担保范围上，担保人承担的担保责任不应大于主债务。

早在2007年5月30日的全国民商事审判工作会议上，当时最高人民法院相关领导在讲话中就提到，这里应当注意到，由于独立担保的实质是否定

① **《担保制度司法解释》**

第三条 当事人对担保责任的承担约定专门的违约责任，或者约定的担保责任范围超出债务人应当承担的责任范围，担保人主张仅在债务人应当承担的责任范围内承担责任的，人民法院应予支持。

担保人承担的责任超出债务人应当承担的责任范围，担保人向债务人追偿，债务人主张仅在其应当承担的责任范围内承担责任的，人民法院应予支持；担保人请求债权人返还超出部分的，人民法院依法予以支持。

担保合同从属性，不再适用担保法律中为担保人提供的各种保护措施，诸如未经担保人同意而变更担保合同场合下担保人的免责，担保人因主债权债务合同无效、被撤销、诉讼时效或强制执行期限完成而产生的抗辩权，以及一般保证人独有的先诉抗辩权等。因此，独立担保是一种担保责任非常严厉的担保。虽然担保实务和审判实践对独立担保的适用范围存在争议，笔者认为，考虑到独立担保责任的异常严厉性，以及使用该制度可能产生欺诈和滥用权利的弊端，尤其是为了避免严重影响或动摇我国担保法律制度体系的基础，目前独立担保只能在国际商事交易中使用。《物权法》第 172 条第 1 款“但法律另有规定的除外”的规定，进一步表明当事人不能约定独立性担保物权的立场。因此，对于独立担保的处理，应当坚持维护担保制度的从属性规则，在主合同有效的前提下，若当事人在非国际商事交易领域约定独立保证或独立担保物权，应当否定担保的独立性，并将其转换为有效的从属性连带保证或担保物权。下面结合一个案例，对此问题进行进一步探讨。

案例：北京中铁建物资贸易有限公司、天津市长芦盐业集团有限公司确认合同无效纠纷［（2018）最高法民申 6281 号］

审理法院认为，按照《物权法》第 172 条第 1 款的规定，在法律对独立物保有特别规定的情形下，才能认定独立物保有效，否则，独立物保无效。该条排除了当事人约定独立物保的有效性。由于该条是对担保人提供独立物保的规定，而本案规定的是提供独立保证的情形，物保与人保并不相同，故本案不能直接援引《物权法》的该条规定进行裁判。《担保法》第 5 条第 1 款规定：“担保合同是主合同的从合同，主合同无效，担保合同无效。担保合同另有约定的，按照约定。”当事人对独立担保有约定的，可以从约定。但基于法理，对该条规定应限缩解释，考虑到独立担保责任的异常严厉性，以及使用该制度可能产生欺诈和滥用权利的弊端，尤其是为了避免严重影响或动摇我国担保法律制度体系的基础，在司法实践中独立担保只能在国际商事交易中使用，不能在国内市场交易中运用。基于上述分析，原审判决认定案涉《担保合同》中当事人关于独立担保的约定无效，并无不当。

笔者理解，虽然《担保法》对当事人之间关于担保效力独立于主合同效力的约定作出了法律规定，但是结合上述讲话中的观点及本书援引的上述司法案例可知，即使在《民法典》颁布之前，独立担保也仅能在国际商事交易中使用，不在国内市场交易中运用。而《民法典》生效后，更是在立法层面明确肯定了此种观点。《民法典》的此处修改也体现了在立法层面上从原来的强调保护债权人利益开始向同步注重保护担保人利益的态度转变，更有利于鼓励担保及促进商事活动的健康可持续发展。

2. 对资管业务的影响

资管业务尤其是融资类项目中通常会设置物权担保和/或保证担保作为增信措施，为排除主合同无效对担保合同效力的不利影响，金融机构往往在担保合同中约定主合同无效时，担保合同仍然有效。该约定在《民法典》施行前的效力尚存在争议，但是《民法典》颁布后该约定就会被认定为无效约定。当主合同有效时，担保合同中约定担保独立性的条款无效，但不会因此导致担保合同无效。但是，如果主合同无效，则担保合同也会被认定为无效。

此外，金融机构通常会在担保合同中约定担保人的违约责任，根据《担保制度司法解释》，担保人最终需承担的责任不应该超过债权人可对主债务人主张的债务总额。如存在担保人超额支付的情况，则担保人可就超额部分向债权人主张不当得利返还。

3. 对金融机构开展资管业务的建议

（1）金融机构从事资管业务过程中，应更为严格地审查主合同条款，避免发生主合同无效导致担保合同无效的情形。

（2）部分金融机构已经在担保合同中约定在主合同无效的情形下，担保人对主合同项下债务人应当承担的支付义务承担连带支付义务，但是这种连带支付义务的约定可能被认定为担保人对主合同无效的法律后果承担担保责任，从而可能被法院认定为无效。笔者在实务中，也注意到部分金融机构在担保合同签署的同时另行签署一份附生效条件的担保合同，约定担保人对主合同无效、被撤销、被解除时债务人的支付、返还、赔偿责任承担担保责任，该担保合同自主合同被认定为无效、被撤销或被解除时生效。但此种操作在抵押或质押担保中会存在一定的障碍，即相关的抵质押登记机构可能会不予办理相应的抵押或质押登记。上述变通解决方案均有待司法实践的进一步检验，但在现阶段可能会在一定范围内成为部分金融机构为了规避独立担保约定效力风险的尝试。

十五、公司未经内部决议程序对外担保的效力

除特别情形或债权人为善意之外，公司对外提供担保未作出内部决议的，担保合同对公司不发生效力。

（一）新旧法律条文对比

1. 原规定

此为新增内容，法律法规层面原先并无规定。《九民纪要》中虽对此问题有所涉及，但不能作为裁判依据进行援引，只可作为人民法院的说理依据。

《九民纪要》

17. 【违反《公司法》第16条构成越权代表】为防止法定代表人随意代表公司为他人提供担保给公司造成损失，损害中小股东利益，《公司法》第16条对法定代表人的代表权进行了限制。根据该条规定，担保行为不是法定代表人所能单独决定的事项，而必须以公司股东（大）会、董事会等公司机关的决议作为授权的基础和来源。法定代表人未经授权擅自为他人提供担保的，构成越权代表，人民法院应当根据《合同法》第50条关于法定代表人越权代表的规定，区分订立合同时债权人是否善意分别认定合同效力：债权人善意的，合同有效；反之，合同无效。

18. 【善意的认定】前条所称的善意，是指债权人不知道或者不应当知道法定代表人超越权限订立担保合同。《公司法》第16条对关联担保和非关联担保的决议机关作出了区别规定，相应地，在善意的判断标准上也应当有所区别。一种情形是，为公司股东或者实际控制人提供关联担保，《公司法》第16条明确规定必须由股东（大）会决议，未经股东（大）会决议，构成越权代表。在此情况下，债权人主张担保合同有效，应当提供证据证明其在订立合同时对股东（大）会决议进行了审查，决议的表决程序符合《公司法》第16条的规定，即在排除被担保股东表决权的情况下，该项表决由出席会议的其他股东所持表决权的过半数通过，签字人员也符合公司章程的规定。

另一种情形是，公司为公司股东或者实际控制人以外的人提供非关联担保，根据《公司法》第16条的规定，此时由公司章程规定是由董事会决议还是股东（大）会决议。无论章程是否对决议机关作出规定，也无论章程规定决议机关为董事会还是股东（大）会，根据《民法总则》第61条第3款关于“法人章程或者法人权力机构对法定代表人代表权的限制，不得对抗善意相对人”的规定，只要债权人能够证明其在订立担保合同时对董事会决议或者股东（大）会决议进行了审查，同意决议的人数及签字人员符合公司章程的规定，就应当认定其构成善意，但公司能够证明债权人明知公司章程对决议机关有明确规定的除外。

债权人对公司机关决议内容的审查一般限于形式审查，只要求尽到必要的注意义务即可，标准不宜太过严苛。公司以机关决议系法定代表人伪造或者变造、决议程序违法、签章（名）不实、担保金额超过法定限额等事由抗辩债权人非善意的，人民法院一般不予支持。但是，公司有证据证明债权人明知决议系伪造或者变造的除外。

19.【无须机关决议的例外情况】存在下列情形的，即便债权人知道或者应当知道没有公司机关决议，也应当认定担保合同符合公司的真实意思表示，合同有效：

（1）公司是以为他人提供担保为主营业务的担保公司，或者是开展保函业务的银行或者非银行金融机构；

（2）公司为其直接或者间接控制的公司开展经营活动向债权人提供担保；

（3）公司与主债务人之间存在相互担保等商业合作关系；

（4）担保合同系由单独或者共同持有公司三分之二以上有表决权的股东签字同意。

2. 新规定

《担保制度司法解释》

第七条 公司的法定代表人违反公司法关于公司对外担保决议程序的规定，超越权限代表公司与相对人订立担保合同，人民法院应当依照民法典第六十一条和第五百零四条①等规定处理：

（一）相对人善意的，担保合同对公司发生效力；相对人请求公司承担担保责任的，人民法院应予支持。

（二）相对人非善意的，担保合同对公司不发生效力；相对人请求公司承担赔偿责任的，参照适用本解释第十七条②的有关规定。

法定代表人超越权限提供担保造成公司损失，公司请求法定代表人承担赔偿责任的，人民法院应予支持。

第一款所称善意，是指相对人在订立担保合同时不知道且不应当知道法定代表人超越权限。相对人有证据证明已对公司决议进行了合理审查，人民法院应当认定其构成善意，但是公司有证据证明相对人知道或者应当知道决议系伪造、变造的除外。

第八条 有下列情形之一，公司以其未依照公司法关于公司对外担保的规定作出决议为由主张不承担担保责任的，人民法院不予支持：

（一）金融机构开立保函或者担保公司提供担保；

（二）公司为其全资子公司开展经营活动提供担保；

（三）担保合同系由单独或者共同持有公司三分之二以上对担保事项有表决权的股东签字同意。

---

① **《民法典》**

第六十一条 依照法律或者法人章程的规定，代表法人从事民事活动的负责人，为法人的法定代表人。

法定代表人以法人名义从事的民事活动，其法律后果由法人承受。

法人章程或者法人权力机构对法定代表人代表权的限制，不得对抗善意相对人。

第五百零四条 法人的法定代表人或者非法人组织的负责人超越权限订立的合同，除相对人知道或者应当知道其超越权限外，该代表行为有效，订立的合同对法人或者非法人组织发生效力。

② **《担保制度司法解释》**

第十七条 主合同有效而第三人提供的担保合同无效，人民法院应当区分不同情形确定担保人的赔偿责任：

（一）债权人与担保人均有过错的，担保人承担的赔偿责任不应超过债务人不能清偿部分的二分之一；

（二）担保人有过错而债权人无过错的，担保人对债务人不能清偿的部分承担赔偿责任；

（三）债权人有过错而担保人无过错的，担保人不承担赔偿责任。

主合同无效导致第三人提供的担保合同无效，担保人无过错的，不承担赔偿责任；担保人有过错的，其承担的赔偿责任不应超过债务人不能清偿部分的三分之一。

上市公司对外提供担保，不适用前款第二项、第三项的规定。

（二）法条对比、影响及建议

1. 法律条文变化分析

虽然《公司法》规定公司对外提供担保的应经公司股东会或董事会决议，若公司为其股东提供担保的，必须经公司股东会表决同意，且被担保的股东不得参与表决。但是，若未经内部决议，公司对外提供担保的效力判断上却并无相关法律法规或司法解释明确规定，且在司法实践中也并无统一的裁判规则。《九民纪要》虽对此进行了明确，但鉴于《九民纪要》并非司法解释，在审判中不能作为裁判依据进行援引，只能作为人民法院的说理依据。但《担保制度司法解释》对此予以明确，若未经符合《公司法》及公司章程规定的内部决议，法定代表人代表公司与债权人订立担保合同的，除非债权人为善意第三人，否则担保合同对公司不发生效力；若公司未经内部决议程序对外担保的，则除去司法解释明确规定的几种情形外，公司不承担担保责任。下面结合一个案例，对此问题进行进一步的探讨。

案例：塔城华宝房地产开发有限责任公司与新疆中泰进出口贸易有限公司、新疆中劲贸易有限公司等买卖合同纠纷［（2021）新民终203号］

2018年4月2日，中泰公司与中劲公司签订《钢材的销售、采购合同》一份，约定中泰公司向中劲公司供应钢材，合同签订金额以实际发生金额为准。2018年11月1日，华宝房地产公司向中泰公司及库尔勒银行出具《担保承诺书》，该合同加盖华宝房地产公司公章及其法定代表人李某红私章。经法院向中泰公司、华宝房地产公司与李某红询问，均认可华宝房地产公司向中泰公司出具的《担保承诺书》未经华宝房地产公司股东会决议。二审法院认为：《公司法》第16条第1款规定："公司向其他企业投资或者为他人提供担保，依照公司章程的规定，由董事会或者股东会、股东大会决议；公司章程对投资或者担保的总额及单项投资或者担保的数额有限额规定的，不得超过规定的限额。"《担保制度司法解释》第8条规定："有下列情形之一，公司以其未依照公司法关于公司对外担保的规定作出决议为由主张不承担担保责任的，人民法院不予支持：（一）金融机构开立保函或者担保公司提供担保；（二）公司为其全资子公司开展经营活动提供担保；（三）担保合同系由单独或者共同持有公司三分之二以上对担保事项有表决权的股东签字同意。上市公司对外提供担保，不适用前款第二项、第三项的规定。”本案中，华宝房地产公司由李某红、李某桂、刘某超共同出资成立，其中李某红出资比例占 80%，持有公司 2/3 以上表决权。李某红作为控制股东，为促成中泰公司与中劲公司顺利履行双方签订的钢材买卖合同，在《担保承诺书》上盖章确认，虽未经股东会决议，但华宝房地产公司对外提供的不动产抵押担保的《担保承诺书》应认定为合法有效。

在上述案例中，法院根据《担保制度司法解释》第 8 条规定，认为对于非上市公司而言，若担保合同系由单独或者共同持有非上市公司 2/3 以上对担保事项有表决权的股东签字同意，则即使未经公司决议程序，公司也依然需要承担相应的担保责任。

2. 对资管业务的影响

金融机构开展资管业务过程中，公司法人作为保证人提供保证担保的，是否经过《公司法》及公司章程规定的内部决议程序及债权人是否对此进行了合理审查至关重要。《民法典》以及《担保制度司法解释》中对合理审查的标准并未规定，《九民纪要》第 18 条具有一定参照价值。由于金融机构相较于一般债权人更为专业，且监管规定或相关业务指引（如中国人民银行、中国银行保险监督管理委员会、中国证券监督管理委员会、国家外汇管理局《关于规范金融机构资产管理业务的指导意见》，《证券公司及基金管理公司子公司资产证券化业务尽职调查工作指引》，《信托公司受托责任尽职指引》等）中均规定金融机构开展相应的资管业务需按勤勉尽责原则履行受托管理职责并进行尽职调查，因此对于金融机构而言，其在对担保人内部决议审核方面负有更高的注意义务。

3. 对金融机构开展资管业务的建议

（1）金融机构开展资管业务过程中，应核查担保人在工商部门备案的公司章程，了解公司章程中对其提供担保所需内部决议程序的相关规定。但若金融机构明确知道担保人实际执行的最新公司章程或股东协议与在工商登记部门备案的公司章程约定不一致的，则应按工商备案版本与公司最新版本中较严格的标准确定担保人提供担保应履行的内部决议程序。涉及国有企业的，建议进一步确认其三重一大规定中对于担保程序和决议层级的相关规定。

（2）担保人为其股东或者实际控制人提供关联担保的，应要求担保人提供股东（大）会决议，且排除被担保股东表决权，该项表决由出席会议的其他股东所持表决权的过半数或公司章程要求的更高决策比例的股东通过，签字人员也应符合公司章程的规定。

（3）担保人为其股东或者实际控制人以外的人提供非关联担保的，应根据担保人的公司章程判断应出具的决议为董事会决议还是股东（大）会决议，如无法准确判断的，建议要求担保人出具股东（大）会决议。同意决议的人数及签字人员应符合公司章程的规定。

十六、未经上市公司对外公告披露上市公司对外提供的担保无效

债权人接受上市公司提供担保的，需审查是否符合“上市公司公开披露的关于担保事项已经董事会或者股东大会决议通过的信息”。

（一）新旧法律条文对比

1. 原规定

《九民纪要》

22.【上市公司为他人提供担保】债权人根据上市公司公开披露的关于担保事项已经董事会或者股东大会决议通过的信息订立的担保合同，人民法院应当认定有效。

2. 新规定

《担保制度司法解释》

第九条 相对人根据上市公司公开披露的关于担保事项已经董事会或者股东大会决议通过的信息，与上市公司订立担保合同，相对人主张担保合同对上市公司发生效力，并由上市公司承担担保责任的，人民法院应予支持。

相对人未根据上市公司公开披露的关于担保事项已经董事会或者股东大会决议通过的信息，与上市公司订立担保合同，上市公司主张担保合同对其不发生效力，且不承担担保责任或者赔偿责任的，人民法院应予支持。

相对人与上市公司已公开披露的控股子公司订立的担保合同，或者相对人与股票在国务院批准的其他全国性证券交易场所交易的公司订立的担保合同，适用前两款规定。

（二）法条对比、影响及建议

1. 法律条文变化分析

上市公司对外担保会影响广大中小股东和潜在股东的利益，如果其违规对外提供担保，会影响证券市场的健康发展。因此，对于上市公司的对外担保，为保护证券投资者的利益，《证券法》、中国证券监督管理委员会、原中国银行业监督管理委员会《关于规范上市公司对外担保行为的通知》、《上市公司信息披露管理办法》、《上海证券交易所股票上市规则》及《深圳证券交易所股票上市规则》等法律、部门规章、交易所交易规则中对上市公司对外担保均采取了较一般公司对外担保更严格的规制态度，其中的核心便是上市公司对外担保的信息披露机制。在监管规则之下，只要上市公司及其控股子公司对外提供的是合规担保，上市公司都会进行公告，但上述规则并未对上市公司未进行信息披露而提供的担保的效力问题进行规定。《九民纪要》虽对此进行了明确，但鉴于《九民纪要》并非司法解释，在审判中不能作为裁判依据进行援引，只能作为人民法院的说理依据。《民法典》在上述基础上对上市公司担保效力作出了有别于一般公司的规定，即担保权人在接受上市公司及其子公司的担保时无须审查其董事会或股东会决议，仅需审查“上市公司公开披露的关于担保事项已经董事会或者股东大会决议通过的信息”。需要特别注意的是《担保制度司法解释》第8条规定的例外情形并不适用于上市公司，即使上市公司存在此类例外情形，但若未经合法决议程序并进行公开披露，对外提供的担保依然对上市公司不发生效力。下面结合一个案例，对此问题进行进一步探讨。

案例：深圳赫美集团股份有限公司等与王磊等金融借款合同纠纷［（2021）京民终21号］

2018年3月1日，盛京银行（授信人，甲方）与北京华璟商贸有限公司（受信人，乙方）签订合同编号为1070190118000002的《授信合同》；2018年3月1日，北京华璟商贸有限公司（借款人）与盛京银行（贷款人）签订合同编号为1070110218000003的《借款合同》；2018年3月1日，盛京银行（债权人）分别与赫美集团（保证人、上市公司）、皇巢公司（保证人）签订《最高额保证合同》，其中与赫美集团签订的《最高额保证合同》未经股东大会审议通过且未经公告。二审法院认为，在为他人提供担保方面，上市公司对外担保的合同必须要公开披露。根据深圳证券交易所和上海证券交易所的上市规则，上市公司所有为他人提供担保的事项，因影响到广大中小投资者的利益和整个证券市场的健康发展，都必须公开披露。因此，与上市公司订立担保合同的相对人是否善意的判断标准是相对人是否根据公开披露的担保信息订立担保合同。相对人根据公开披露的担保信息订立的担保合同，对公司发生效力。相对人没有根据公开披露的担保信息订立的担保合同，对公司不发生效力。本案一审法院已经查明，盛京银行与赫美集团签订的《最高额保证合同》未经股东大会审议通过且未经公告。故在赫美集团没有公开披露《最高额保证合同》的情况下，即使担保事项已经持有赫美集团2/3以上表决权的股东书面签字盖章同意，盛京银行与赫美集团签订《最高额保证合同》，亦非善意，《最高额保证合同》对赫美集团亦不发生法律效力。一审法院认定赫美集团因内部管理不规范、存在过错，对北京华璟商贸有限公司不能清偿债务的1/2向盛京银行承担赔偿责任，并无不当。

在上述案例中，作为上市公司，赫美集团签署的《最高额保证合同》虽然已由持有其2/3以上表决权的股东书面签字盖章同意，但因未经赫美集团股东大会审议通过且未经公告，该合同对赫美集团并不发生效力。

2. 对资管业务的影响

金融机构开展资管业务过程中，如接受上市公司及其子公司的担保，需审查“上市公司公开披露的关于担保事项已经董事会或者股东大会决议通过的信息”，否则将会影响担保的效力。

但是，《民法典》及《担保制度司法解释》项下也仍有尚未明确的问题，例如对“上市公司及其子公司”的范围如何认定，另如在中华人民共和国境内注册的境外上市公司，其在境内的子公司对外提供担保是否适用本规则？此外，实践中上市公司对于担保的信息披露一般既有采取逐笔披露的，又有采取汇总方式披露的，对于汇总式披露的效力以及该模式项下债权人的审查程度如何？

基于上述问题，笔者结合实践操作理解，认为纳入上市公司并表范围内的子公司对外提供担保的，均应由上市公司进行披露和公告；部分观点①认为根据《公司法》第2条②以及《上市公司检查办法》《上市公司治理准则》的有关规定③，上述法律及监管规则语境下的上市公司指向在境内设立且股票在境内证券交易所上市交易的股份有限公司，且《担保制度司法解释》第9条确立的司法裁判规则与中国证监会对境内证券交易所上市公司的监管要求不无关系，因此，需要回到中国证监会对此类公司的证券监管框架下进行研判，以H股为例，结合《证券法》《境外上市特别规定》《上市公司信息披露管理办法》等规定，证监会仅对证券同时在境内、境外公开发行或交易的上市公司，要求其履行境内外同步信息披露的义务，H股上市公司上市后的证券合规主要还是遵循香港特别行政区证券监管机构的属地要求。因此，对于境内注册但于境外上市的公司及其境内控股子公司、境外注册并于境外上市的公司及其境内控股子公司所提供的担保，则并不适用《民法典》及

---

① 张乐、沙骏、李文敏：《民法典担保制度下，债权人如何审查上市公司对外担保？》，载微信公众号“金融监管研究院”，https：//mp. weixin. qq. com/mp/profile_ ext？ action = home&_ _ biz = MzA3MjkyODI1Nw = = &scene = 124&uin = &key = &devicetype = Windows + 10 + x64&version = 6303004c&lang = zh_ CN&a8scene = 7&fontgear = 2。

② **《公司法》**

第二条 本法所称公司是指依照本法在中国境内设立的有限责任公司和股份有限公司。

③ **《上市公司检查办法》**

第二条 本办法适用于在上海证券交易所、深圳证券交易所上市的公司。……

《上市公司治理准则》

第二条 本准则适用于依照《公司法》设立且股票在中国境内证券交易所上市交易的股份有限公司。

《担保制度司法解释》关于信息披露的相关规定。但特别之处是，若此类公司的主营业地[①]为境内，则该类主体存在仍然适用《担保制度司法解释》的可能。此外，从严格角度来说，笔者认为汇总式披露模式下对于总额度、已用额度等事宜，审查范围会更宽。目前，在此方面尚无足够案例可供笔者就相关司法实践情况进行汇总和明确分析，但从《九民纪要》到《担保制度司法解释》的规则变化来看，出于治理上市公司违规担保的目的，人民法院对于上市公司对外担保时相对人的审查义务存在持越来越严格的态度的趋势，后续需要进一步关注司法机关在债权人根据上市公司汇总式信息披露的信息与担保人所签署的担保合同的效力认定上所表现出来的态度和倾向。

3. 对金融机构开展资管业务的建议

（1）金融机构开展资管业务过程中，接受上市公司及其子公司的担保需审查“上市公司公开披露的有关担保事项已经董事会或者股东大会决议通过”。

（2）在相应的资管合同中向投资者充分披露审查情况及揭示相应风险。

（3）若涉及境外上市公司的，建议取得境外律师就境外上市公司信息披露情况符合上市交易所所在地法律法规及交易所规则规定的法律意见。其中，就常见的在我国内地注册又在我国香港特别行政区上市公司是否需要适用《民法典》《担保制度司法解释》进行公告的问题，在能取得我国香港特别行政区律师客观且准确的正面意见的前提下笔者倾向于认为在我国香港特别行政区上市的公司不单独披露担保事项对于担保效力可能造成影响的风险基本可控。建议同时在担保合同中由担保人保证，根据我国香港特别行政区的法律、法规及上市公司相关规定，其提供担保的手续合法有效。如因此类担保被认定无效的，则担保人承诺承担赔偿责任。

---

① **《涉外民事关系法律适用法》**

第十四条 法人及其分支机构的民事权利能力、民事行为能力、组织机构、股东权利义务等事项，适用登记地法律。

法人的主营业地与登记地不一致的，可以适用主营业地法律。法人的经常居所地，为其主营业地。

十七、企业法人分支机构及职能部门的担保效力

《民法典》施行后，金融机构与企业法人分支机构或职能部门签署担保合同的，需根据企业法人的性质而分别要求提供相应的决议文件或授权文件。

（一）新旧法律条文对比

1. 原规定

《担保法》

第十条 企业法人的分支机构、职能部门不得为保证人。

企业法人的分支机构有法人书面授权的，可以在授权范围内提供保证。

《担保法司法解释》

第十七条 企业法人的分支机构未经法人书面授权提供保证的，保证合同无效。因此给债权人造成损失的，应当根据担保法第五条第二款的规定处理。

企业法人的分支机构经法人书面授权提供保证的，如果法人的书面授权范围不明，法人的分支机构应当对保证合同约定的全部债务承担保证责任。

企业法人的分支机构经营管理的财产不足以承担保证责任的，由企业法人承担民事责任。

企业法人的分支机构提供的保证无效后应当承担赔偿责任的，由分支机构经营管理的财产承担。企业法人有过错的，按照担保法第二十九条的规定处理。

第十八条 企业法人的职能部门提供保证的，保证合同无效。债权人知道或者应当知道保证人为企业法人的职能部门的，因此造成的损失由债权人自行承担。

债权人不知保证人为企业法人的职能部门，因此造成的损失，可以参照担保法第五条第二款的规定和第二十九条的规定处理。

2. 新规定

《民法典》中删除了关于企业法人的分支机构及职能部门对外提供担保的相关规定。

《担保制度司法解释》

第十一条 公司的分支机构未经公司股东（大）会或者董事会决议以自己的名义对外提供担保，相对人请求公司或者其分支机构承担担保责任的，人民法院不予支持，但是相对人不知道且不应当知道分支机构对外提供担保未经公司决议程序的除外。

金融机构的分支机构在其营业执照记载的经营范围内开立保函，或者经有权从事担保业务的上级机构授权开立保函，金融机构或者其分支机构以违反公司法关于公司对外担保决议程序的规定为由主张不承担担保责任的，人民法院不予支持。金融机构的分支机构未经金融机构授权提供保函之外的担保，金融机构或者其分支机构主张不承担担保责任的，人民法院应予支持，但是相对人不知道且不应当知道分支机构对外提供担保未经金融机构授权的除外。

担保公司的分支机构未经担保公司授权对外提供担保，担保公司或者其分支机构主张不承担担保责任的，人民法院应予支持，但是相对人不知道且不应当知道分支机构对外提供担保未经担保公司授权的除外。

公司的分支机构对外提供担保，相对人非善意，请求公司承担赔偿责任的，参照本解释第十七条的有关规定处理。

（二）法条对比、影响及建议

1. 法律条文变化分析

根据《担保法》及《担保法司法解释》的规定，企业法人分支机构或职能部门提供担保分四种情况：

（1）企业法人的分支机构可在法人授权范围内提供保证；

（2）分支机构经法人授权提供保证但授权范围不明的，对合同约定的全部债务承担保证责任；

（3）分支机构未经法人授权而提供保证的，保证合同无效；

（4）企业法人的职能部门提供保证的，保证合同无效。

而《民法典》中删除了之前关于企业法人分支机构及职能部门提供担保的规定，但《民法典》第 74 条第 2 款规定“分支机构以自己的名义从事民事活动，产生的民事责任由法人承担；也可以先以该分支机构管理的财产承担，不足以承担的，由法人承担”。同时，根据《担保制度司法解释》第11条的规定可知：

（1）对于一般的公司分支机构所提供的担保效力，需根据其是否经公司合法有效的决议程序进行判断：

①经过对外担保决议程序决议后，公司分支机构以自己名义对外提供担保的，担保合同有效，相应的担保责任由公司或分支机构承担；

②未经公司对外担保决议程序决议，公司分支机构以自己名义对外提供担保的，担保合同对公司及分支机构不发生效力，但相对人不知道且不应当知道分支机构对外提供担保未经公司决议程序的除外。

（2）对于金融机构的分支机构对外提供开立保函与提供保函之外的其他担保进行了不同规定：

①在营业执照记载的经营范围内开立保函，或者经有权从事担保业务的上级机构授权开立保函，保函有效，相应的担保责任由金融机构或分支机构承担；

②未经金融机构授权提供保函之外的担保，金融机构及其分支机构不承担相应的担保责任，但相对人为善意（不知道且不应当知道分支机构对外提供担保未经金融机构授权）的除外。

（3）对于担保公司的分支机构对外提供担保的情形，根据此司法解释的规定，会产生如下法律后果：

分支机构对外提供担保需担保公司授权，未经授权而对外提供的担保，担保公司及其分支机构不承担相应的担保责任，但相对人为善意（不知道且不应当知道分支机构对外提供担保未经担保公司授权）的除外。下面结合一个具体案例，进一步探讨这一问题。

案例：青海宏信混凝土有限公司诉海天建设集团有限公司青海分公司、海天建设集团有限公司、安多汇鑫矿业有限责任公司等民间借贷纠纷［（2019）最高法民终1535号］

西宁汇升工贸有限责任公司（以下简称西宁汇升公司）向青海宏信混凝

土有限公司（以下简称青海宏信公司）借款2000万元，双方于2016年12月12日签订《协议书》，确认西宁汇升公司欠青海宏信公司3500万元。崔某辉在连带保证人处签字并持海天建设集团有限公司青海分公司印章在案涉《协议书》连带保证人处盖章。审理法院认为虽然青海宏信公司与海天青海分公司就案涉债务的担保达成一致意见，但海天青海分公司作为海天集团公司的分支机构，未取得海天集团公司同意其对外担保的书面授权，海天集团公司事后亦未对该担保行为进行追认，故青海宏信公司与海天青海分公司之间的担保合同无效。

上述案例中事实的发生和判决的作出均在《民法典》实施之前，法院基于《担保法》及《担保法司法解释》的规定，认定海天青海分公司未取得其总公司同意其对外担保的书面授权，从而判决海天青海分公司签署的担保合同无效。若本案发生在《民法典》实施之后，笔者认为根据《担保制度司法解释》第11条的规定，法院的审查重点将变为海天青海分公司对外担保是否经过其总公司的内部决议以及相对人是否为善意。

2. 对资管业务的影响

《民法典》及《担保制度司法解释》并未禁止企业法人分支机构签署担保合同，但对于分支机构提供担保发生担保效力的前提条件进行了更为具体的规定，对接受担保的主体而言，所承担的审查义务比过去也更严格。金融机构在接受企业法人分支机构所提供的担保时，应注意区分不同的企业类型：

（1）对于一般的企业法人分支机构所提供的担保，需审核其是否已经过企业法人合法有效的决议程序。此处需注意区分上市公司、非上市公司对外担保的不同决议程序以及承担担保责任的前提条件，具体见本书第三章第二节第十五条及第十六条的内容。

（2）对于金融机构的分支机构所提供的担保需按照担保的类别作出区分，如为开立保函，则需审核其营业执照中的经营范围是否包括开立保函，或者是否取得了具有有权从事担保业务的上级机构的合法有效授权。对于其提供的开立保函之外的其他担保，则需取得金融机构的合法有效授权。

（3）对于担保公司的分支机构所提供的担保，需取得担保公司的合法有效授权。

3. **对金融机构开展资管业务的建议**

原则上，尽量由企业法人直接提供担保。如需由企业法人的分支机构提供担保，则：

（1）接受企业法人分支机构所提供的担保时，应要求其提供企业法人公司章程及允许其提供所涉担保的决议文件，并注意审查决议是否符合公司章程的要求。

（2）接受金融机构的分支机构开立的保函，应审核该分支机构营业执照的营业范围中是否载明了保函业务，如无，则要求提供其提供有权从事担保业务的上级机构同意该分支机构对外提供担保的书面授权文件。

（3）接受担保公司分支机构提供的担保时，应要求其提供担保公司同意该分支机构对外提供担保的书面授权文件。

十八、居民委员会及村民委员会的担保效力

《民法典》新增关于居民委员会及村民委员会对外提供担保效力的规定，《民法典》规定居民委员会及村民委员会属于基层群众性自治组织法人，明确其是否能够提供担保，对资管业务中担保人的法律尽职调查、担保合同签署及担保风险防范等方面均产生了较大影响。

（一）新旧法律条文对比

1. 原规定

为新增内容，无原规定。

2. 新规定

《担保制度司法解释》

第五条第二款 居民委员会、村民委员会提供担保的，人民法院应当认定担保合同无效，但是依法代行村集体经济组织职能的村民委员会，依照村民委员会组织法规定的讨论决定程序对外提供担保的除外。

（二）法条对比、影响及建议

1. 法律条文变化分析

《民法典》及《担保制度司法解释》施行之前，法律并未明确居民委员会及村民委员会签署的担保合同效力问题，如下列案例所示，在司法实践中最高人民法院认为村民委员会并不在法律禁止作保证人的范围内，因此村民委员会具有提供担保的资格。

案例：大同北都农村商业银行股份有限公司与大同市南郊区新旺乡新胜村村民委员会、大同市新胜农工商总公司债务转移合同纠纷［（2016）最高法民申2784号］

审理法院认为《担保法》第8～10条规定，国家机关，学校、幼儿园、医院等以公益为目的的事业单位、社会团体，企业法人的分支机构、职能部门不得为保证人，村民委员会并不在法律禁止做保证人的范围内。此外，《村民委员会组织法》第35条规定，村民委员会成员实行任期和离任经济责任审计，审计包括六种事项，其中第5项为本村资金管理使用以及本村集体资产、资源的承包、租赁、担保、出让情况，征地补偿费的使用、分配情况。据此，村民委员会具有提供担保的资格。

《担保制度司法解释》明确规定居民委员会及村民委员会对外签署担保合同的，担保合同无效。但是根据《民法典》第99条以及第101条①，农村集体经济组织依法取得法人资格，未设立村集体经济组织的，村民委员会可以依法代行村集体经济组织的职能。因此，对于村民委员会对外提供的担保作出了例外规定，即在满足以下两个条件后村民委员会提供的担保有效：(1)该村民委员会为依法代行村集体经济组织职能的村民委员会；(2)村民

① **《民法典》**

第九十九条　农村集体经济组织依法取得法人资格。

法律、行政法规对农村集体经济组织有规定的，依照其规定。

第一百零一条　居民委员会、村民委员会具有基层群众性自治组织法人资格，可以从事为履行职能所需要的民事活动。

未设立村集体经济组织的，村民委员会可以依法代行村集体经济组织的职能。

委员会提供对外担保已经经过《村民委员会组织法》规定的讨论决定程序。

2. 对资管业务的影响

居民委员会及村民委员会提供对外担保时担保合同的效力不再是法律空白之地，其中居民委员会提供对外担保的，担保合同无效；村民委员会对外提供担保的，原则上担保合同无效，但在特定情形下（村民委员会依法代行村集体经济组织职能且对外提供担保已经经过村民委员会组织法规定的讨论决定程序）提供的对外担保除外。根据《村民委员会组织法》第 22 条、第 24 ~ 26 条的规定①，笔者认为村集体经济组织对外提供担保属于《村民委员会组织法》第 24 条第 8 项的“以借贷、租赁或者其他方式处分村集体财产”，应经过村民会议讨论决定，同时该会议需符合《村民委员会组织法》

① **《村民委员会组织法》**

第二十二条 召开村民会议，应当有本村十八周岁以上村民的过半数，或者本村三分之二以上的户的代表参加，村民会议所作决定应当经到会人员的过半数通过。法律对召开村民会议及作出决定另有规定的，依照其规定。

召开村民会议，根据需要可以邀请驻本村的企业、事业单位和群众组织派代表列席。

第二十四条 涉及村民利益的下列事项，经村民会议讨论决定方可办理：

（一）本村享受误工补贴的人员及补贴标准；

（二）从村集体经济所得收益的使用；

（三）本村公益事业的兴办和筹资筹劳方案及建设承包方案；

（四）土地承包经营方案；

（五）村集体经济项目的立项、承包方案；

（六）宅基地的使用方案；

（七）征地补偿费的使用、分配方案；

（八）以借贷、租赁或者其他方式处分村集体财产；

（九）村民会议认为应当由村民会议讨论决定的涉及村民利益的其他事项。

村民会议可以授权村民代表会议讨论决定前款规定的事项。

法律对讨论决定村集体经济组织财产和成员权益的事项另有规定的，依照其规定。

第二十五条 人数较多或者居住分散的村，可以设立村民代表会议，讨论决定村民会议授权的事项。村民代表会议由村民委员会成员和村民代表组成，村民代表应当占村民代表会议组成人员的五分之四以上，妇女村民代表应当占村民代表会议组成人员的三分之一以上。

村民代表由村民按每五户至十五户推选一人，或者由各村民小组推选若干人。村民代表的任期与村民委员会的任期相同。村民代表可以连选连任。

村民代表应当向其推选户或者村民小组负责，接受村民监督。

第二十六条 村民代表会议由村民委员会召集。村民代表会议每季度召开一次。有五分之一以上的村民代表提议，应当召集村民代表会议。

村民代表会议有三分之二以上的组成人员参加方可召开，所作决定应当经到会人员的过半数同意。

第22条与第26条的规定。

需特别注意：根据《村民委员会组织法》第25条的规定，设立村民代表会议的，村民代表会议讨论决定的事项应该为村民会议授权的事项。如下列案例所示，实践中，代行村集体经济组织职能的村民委员会对外提供担保，即使经过村民代表会议讨论决定，但如果未经过村民会议授权的，担保合同依然存在无效的风险。下面结合一个案例，对此问题进行进一步的探讨。

案例：修文县龙场镇中山居民委员会、王某梅民间借贷纠纷［（2019）黔民终779号］

喻某祥为原修文县龙场镇城北村村民委员会（以下简称城北村委会）原主任，其因修文县龙腾佳苑项目建设开发需要，向王某梅借款。2014年1月22日，城北村委会召开村民代表会议并形成《修文县龙场镇城北村村民代表会议决议》，决议同意用城北村××中心楼和××村综合楼和现有村办公楼的所有资产向银行贷款或个人担保、抵押，该决议经到会代表签字并按手印确认。同年6月13日，城北村委会再次召开村民代表会议，并于当日形成一份会议记录及两份《修文县龙场镇城北村村民代表会议决议》。根据《会议记录簿》所载记录内容"……一、同意用城北村综合大楼（产权证号：筑房权证修文字第××）土地使用权和房产权作价600万元向王某梅个人为喻某祥和山泰房地产公司抵押担保借款500万元，资金用于龙腾佳苑项目建设开发，期限为一年……"两份决议均经参会村民代表（应到40人、实到36人）签字并按手印。

随后王某梅（出借方）与喻某祥（借款方）、城北村委会（担保方）签订了相应的《借款合同》及《抵押担保合同》，并办理了相应的抵押登记。后因喻某祥未按期还款，担保人原城北村委会亦未履行担保责任，王某梅提起诉讼。

二审法院（贵州省高级人民法院）认为：原城北村在签订案涉《抵押担保合同》前并未召开过全体村民会议。现有证据不能证明2014年6月13日城北村村委会召开的村民代表会议取得了全体村民的授权，可以对案涉抵押担保事项作出决议，因案涉房屋系全体村民的集体财产，对该财产以借贷、租赁或者其他方式处分应当经全体村民会议讨论决定方可办理，故2014年6月13日城北村村民代表会决议同意用城北村综合大楼土地使用权和房产权作价600万元为喻某祥向王某梅的借款500万元作抵押担保的决议因违反民主议定程序及相关法律规定而无效，则依据该决议所签订的《抵押担保合同》无效，作为不动产物权登记的基础已不再成立，故在修文县城乡规划建设局办理的抵押登记（修房他证修文县字第××号）亦无效。

3. 对金融机构开展资管业务的建议

金融机构在开展资管业务过程中，如遇村民委员会或居民委员会提供对外担保的情形，则面临担保合同无效的风险。其中，建议金融机构拒绝居民委员会提供的担保。如担保人为村民委员会的，应注意审核下列几个方面的信息：

（1）严格审查该村民委员会是否为依法代行村集体经济组织职能的村民委员会，如果不是，其提供的担保合同无效，建议金融机构拒绝接受；

（2）如该村民委员会为依法代行村集体经济组织职能的村民委员会，则应要求村民委员会提供村民会议的书面决定，以及村民自治章程、村规民约，审查村民会议的决定程序是否合法合规。如提供的为村民代表会议的决议文件，金融机构还应当要求提供村民会议授权村民代表会议对所涉担保事项进行决议的书面授权文件。

十九、以公益为目的的非营利法人、非法人组织担保无效的例外情形

《民法典》根据以公益为目的的法人、非法人组织是否具有营利性，对其提供担保的效力及例外情形进行了不同规定。

（一）新旧法律条文对比

1. 原规定

《担保法》

第九条 学校、幼儿园、医院等以公益为目的的事业单位、社会团体不得为保证人。

第三十七条 学校、幼儿园、医院等以公益为目的的事业单位、社会团

体的教育设施、医疗卫生设施和其他社会公益设施不得抵押。

《担保法司法解释》

第五十三条 学校、幼儿园、医院等以公益为目的的事业单位、社会团体，以其教育设施、医疗卫生设施和其他社会公益设施以外的财产为自身债务设定抵押的，人民法院可以认定抵押有效。

2. 新规定

《民法典》

第六百八十三条第二款 以公益为目的的非营利法人、非法人组织不得为保证人。

《担保制度司法解释》

第六条 以公益为目的的非营利性学校、幼儿园、医疗机构、养老机构等提供担保的，人民法院应当认定担保合同无效，但是有下列情形之一的除外：

（一）在购入或者以融资租赁方式承租教育设施、医疗卫生设施、养老服务设施和其他公益设施时，出卖人、出租人为担保价款或者租金实现而在该公益设施上保留所有权；

（二）以教育设施、医疗卫生设施、养老服务设施和其他公益设施以外的不动产、动产或者财产权利设立担保物权。

登记为营利法人的学校、幼儿园、医疗机构、养老机构等提供担保，当事人以其不具有担保资格为由主张担保合同无效的，人民法院不予支持。

（二）法条对比、影响及建议

1. 法律条文变化分析

对于以公益为目的法律主体对外提供担保的效力问题，《民法典》及《担保制度司法解释》根据此类法律主体对外提供的担保类型以及此类主体是否具有营利性质，对其是否能够对外提供担保分别进行了规定。以公益为目的的非营利法人、非法人组织不得对外提供保证担保，这与《担保法》的规定是保持一致的，其对外提供物的担保时原则上担保合同无效，但是有下列例外情形：（1）对于公益设施以外的财产设立担保物权的；（2）在新增公益设施时，有关新增公益设施的出卖人、出租人为担保有关设施的价款或租金而在有关公益设施上保留所有权的。而营利性的学校、幼儿园、医疗机构、养老机构则可以对外提供担保。下面结合两个案例，进一步了解这一问题。

案例一：遂宁众泰房地产开发有限公司、遂宁银行股份有限公司金龙支行金融借款合同纠纷［（2019）川民终103号］

2016年12月29日，遂宁银行金龙支行（贷款人）与众泰公司（借款人）签订《固定资产借款合同》。同日，遂宁银行金龙支行与张某颖、杨某、向某宇、南山学校、向某平、张某秀、张某晶签订《保证合同》，合同约定：张某颖、杨某、向某宇、南山学校、向某平、张某秀、张某晶自愿为遂宁银行金龙支行与众泰公司签订的《固定资产借款合同》项下的贷款提供连带责任保证担保。南山学校于2013年5月10日在遂宁市民政局领取《民办非企业单位登记证书》，尚未选择登记为营利性的民办学校。二审审理法院认为南山学校面向社会招生（包括义务教育招生），服务于全体社会成员的利益，是以公益为目的的民办非企业法人，故认定其满足《担保法》第9条规定的主体资格的法律要件，符合该条规范的立法目的。一审判决南山学校依据其签订的《保证合同》，对众泰公司的上述借款本息承担连带保证责任，属适用法律不当。一审法院判决南山学校对众泰公司未履行的债务承担连带清偿责任，将会损害社会公共利益和他人的合法权益，本院对该结果依法予以纠正。遂宁银行金龙支行与张某颖、杨某、向某宇、南山学校、向某平、张某秀、张某晶签订的《保证合同》，涉及南山学校的部分应属无效。

案例二：马鞍山中加双语学校、新时代信托股份有限公司金融借款合同纠纷［（2017）最高法民终297号］

2013年5月30日，新时代信托公司与中加投资公司签订了《信托贷款合同》，同日，中加双语学校与新时代信托公司签订《保证合同》，由中加双语学校为中加投资公司在《信托贷款合同》项下的义务向新时代信托公司提供无限连带责任保证担保。因中加投资公司未按时足额支付本金及其他利息，新时代信托公司向内蒙古自治区高级人民法院提起诉讼，要求中加投资公司偿还本金、利息、罚息及复利等，并要求包括中加双语学校在内的担保人履行担保义务。二审中，最高人民法院认为判断中加双语学校是否具备保证人的主体资格，应以其是否以公益为目的为要件，对此应综合审查其登记情况和实际运行情况。目前中加双语学校依照《民办非企业单位登记管理暂行条例》登记为民办非企业单位，尚未选择登记为营利性民办学校，故应依据《民办教育促进法》（2003 年 9 月 1 日起实施）及《民办非企业单位登记管理暂行条例》认定中加双语学校的性质。而且根据中加双语学校的章程，中加双语学校出资人不享有学校财产所有权，对学校的盈余未约定个人分配规则，对学校解散之后的剩余财产约定了明确的处置规则，符合公益性事业具有非营利性的界定。营利性法人区别于非营利性法人的重要特征，不是“取得利润”而是“利润分配给出资人”。中加双语学校章程明确了出资人暂不收取回报，新时代信托公司也未举证证明中加双语学校通过修改章程，报审批机关批准后收取回报。新时代信托公司以民办学校收取费用和合理回报认为中加双语学校具有营利性，本院不予支持。本案中，中加双语学校登记证书中记载业务主管单位为马鞍山市教育局，业务范围为九年一贯制学校、普通高级中学，其招生范围包括义务教育阶段学生。因此，中加双语学校面向社会招生（包括义务教育招生），服务于全体社会成员的利益，是以公益为目的的民办非企业法人。依据现有证据，目前能够认定中加双语学校符合《担保法》第 9 条关于保证人主体资格法律要件。故中加双语学校与新时代信托公司签订的案涉《保证合同》及保证条款无效，中加双语学校的上诉请求成立，应予支持。一审判决关于案涉 1 亿元贷款用于中加双语学校扩建工程，中加双语学校是民办学校，有公益性质，但仍以盈利为目的，且不是有关行政机关核准的事业单位，也不是社会团体的认定，适用法律错误，应予纠正。

笔者注意到在《民法典》生效之前，人民法院在审理担保人为学校的案例中，除考虑该学校是否为事业单位、社会团体，是否具有公益性外，也在考虑学校是否为营利性质。笔者认为，鉴于《民法典》对于营利性质和非营利性质的公益法人及非法人组织对外担保的效力规定完全不同，在《民法典》生效后，是否具有营利性质将进一步成为判断担保合同效力的关键因素。

2. 对资管业务的影响

登记为营利法人的学校、幼儿园、医疗机构、养老机构可以提供担保，而以公益为目的的非营利性学校、幼儿园、医疗机构、养老机构在满足一定条件时亦可对外提供物的担保，一定程度上扩大了资管业务中可向金融机构提供担保的主体范围以及担保物的范围。

仍需注意的是，对于民办学校，根据原国家工商行政管理总局、教育部《关于营利性民办学校名称登记管理有关工作的通知》第 1 条①以及《民办学校分类登记实施细则》第 7 条、第 9 条②的规定，非营利性民办学校可根据条件登记为民办非企业单位与事业单位，营利性民办学校应登记为公司法人。但如前面案例所述，目前部分民办学校被登记为民办非企业单位，对于此类民办学校是否属于以公益为目的以及是否为非营利性还存在一定的商榷空间。根据马鞍山中加双语学校、新时代信托股份有限公司金融借款合同纠纷二审判决中最高人民法院的观点，应综合审查其登记情况和实际运行情况来判断其是否具有公益性和营利性。

3. 对金融机构开展资管业务的建议

（1）金融机构开展资管业务过程中，如遇以公益为目的的学校、幼儿园、医疗机构、养老机构提供担保的，应着重审查上述主体是否被登记为营利法人，如登记为营利法人的，可接受其提供的保证及物的担保。如为非营利法人的，则上述主体无法提供保证担保，且仅能在满足特定条件的情况下方可提供物的担保。

---

① **原国家工商行政管理总局、教育部《关于营利性民办学校名称登记管理有关工作的通知》**

一、民办学校应当按照《中华人民共和国公司法》《中华人民共和国民办教育促进法》有关规定，登记为有限责任公司或者股份有限公司，其名称应当符合公司登记管理和教育相关法律法规的规定。

② **《民办学校分类登记实施细则》**

第七条　正式批准设立的非营利性民办学校，符合《民办非企业单位登记管理暂行条例》等民办非企业单位登记管理有关规定的到民政部门登记为民办非企业单位，符合《事业单位登记管理暂行条例》等事业单位登记管理有关规定的到事业单位登记管理机关登记为事业单位。

第九条　正式批准设立的营利性民办学校，依据法律法规规定的管辖权限到工商行政管理部门办理登记。

（2）如以公益为目的的非营利法人、非法人组织向金融机构提供物的担保的，鉴于“公益设施”尚无明确界定，存在一定的争议空间，建议金融机构从担保物的性质、用途等方面判断担保物是否为公益设施，无法判断的，需谨慎接受其作为担保物。

（3）对于未明确登记为营利性法人的公益目的主体，如仅从登记上无法判断是否为营利性质的，则应从其利润/收支结余的最终用途等方面评判其是否具有营利性。

二十、主合同有效担保合同无效情形下的责任承担方式

主合同有效而担保合同无效时，担保人仅在其存在过错的情形下对债权人不能得到清偿的部分承担赔偿责任。

（一）新旧法律条文对比

1. 原规定

《担保法司法解释》

第七条 主合同有效而担保合同无效，债权人无过错的，担保人与债务人对主合同债权人的经济损失，承担连带赔偿责任；债权人、担保人有过错的，担保人承担民事责任的部分，不应超过债务人不能清偿部分的二分之一。

2. 新规定

《担保制度司法解释》

第十七条第一款 主合同有效而第三人提供的担保合同无效，人民法院应当区分不同情形确定担保人的赔偿责任：

（一）债权人与担保人均有过错的，担保人承担的赔偿责任不应超过债务人不能清偿部分的二分之一；

（二）担保人有过错而债权人无过错的，担保人对债务人不能清偿的部分承担赔偿责任；

（三）债权人有过错而担保人无过错的，担保人不承担赔偿责任。

（二）法条对比、影响及建议

1. 法律条文变化分析

《民法典》及《担保制度司法解释》施行前，如主合同有效而担保合同无效的，只要债权人不存在过错，担保人与债务人即需对债权人的经济损失承担连带赔偿责任；《民法典》及《担保制度司法解释》施行后，如主合同有效而担保合同无效的，仅在担保人存在过错的情形下，担保人方需对债务人不能清偿的部分承担赔偿责任；若担保人无过错的，则无须承担赔偿责任。

2. 对资管业务的影响

主合同有效而担保合同无效的情形下，担保人是否需要承担责任不再仅以债权人是否存在过错作为判断标准，担保人无过错的则无须承担责任。《民法典》及《担保制度司法解释》关于担保人无过错而债权人有过错时，担保人是否需要承担法律责任的规定填补了立法空白。鉴于该规定，在资管业务开展过程中对于担保合同无效，担保人无过错的，作为债权人的金融机构则无法再追究担保人的责任，最终导致财产损失。更有甚者，若管理人未尽审慎义务的，可能被投资者追究受托管理责任。

3. 对金融机构开展资管业务的建议

金融机构开展资管业务过程中在尽职调查阶段应着重调查担保人主体资格、内部程序等，防止因担保人主体不适格、未按照《公司法》及公司章程规定出具相应的内部决议文件等原因导致的担保合同无效。在司法实践中，笔者注意到人民法院普遍认为金融机构具有较高的注意义务，因此金融机构在开展资管业务过程中更应关注担保人方面可能发生的导致担保合同无效的情形。

二十一、保证合同的订立形式

保证合同必须以书面方式订立，或为双方正式签署的保证合同，或为保证人单方作出的书面意思表示。

（一）新旧法律条文对比

1. 原规定

《担保法》

第九十三条 本法所称保证合同、抵押合同、质押合同、定金合同可以是单独订立的书面合同，包括当事人之间的具有担保性质的信函、传真等，也可以是主合同中的担保条款。

《担保法司法解释》

第二十二条 第三人单方以书面形式向债权人出具担保书，债权人接受且未提出异议的，保证合同成立。

主合同中虽然没有保证条款，但是，保证人在主合同上以保证人的身份签字或者盖章的，保证合同成立。

2. 新规定

《民法典》

第六百八十五条 保证合同可以是单独订立的书面合同，也可以是主债权债务合同中的保证条款。

第三人单方以书面形式向债权人作出保证，债权人接收且未提出异议的，保证合同成立。

（二）法条对比、影响及建议

1. 法律条文变化分析

《民法典》删除了主合同中无保证条款，但是保证人在主合同上以保证人身份签字或盖章的行为可认定保证合同成立的相关条款。但这是否表明这种情况下保证合同就不成立了呢？最高人民法院民事审判第二庭杨永清、麻锦亮法官在《〈民法典〉施行后〈担保法解释〉相关条文是否仍可作为说理依据（上）》一文中特意对该情况作出了说明：“《担保法解释》与《民法典》不冲突的内容，虽然不可以作为《民法典》施行后的担保行为引起的民事纠纷案件的裁判依据，但可以继续沿袭其审判思路审理相关案件。例如，《担保法解释》第22条第2款，该种情形就不典型。典型的担保合同要么是单独订立的书面合同，要么是主债权债务合同中的保证条款。《民法典》之所以没有吸收，是因为这类情况不典型。该规定实际上是当事人意思表示是否属于保证的判断问题。笔者认为，在该种情形下能够判断出在主合同上签字或者盖章的人有保证的意思表示，该签字或者盖章的事实，也可以解释为《民法典》第685条第1款规定的‘保证条款’。故对《民法典》施行后在主合同上签字或者盖章的担保纠纷案件，《担保法解释》第22条第2款的规定作为审判思路，可以继续沿袭。”下面结合一个案例，进一步了解这一问题。

案例：湖北宜顺房地产发展有限公司、陈某楷民间借贷纠纷［（2018）最高法民再478号］

马某里向陈某楷借款2895万元，并签署《借款协议》。2014年2月26日，马某里与出借人陈某楷签订《对账确认书》，对前述欠款本息进行对账确认，并在第三段约定：为确保债务履行，马某里及担保人宜顺公司愿意承担赔偿责任，赔偿责任包括借款本金、利息、罚息、违约金、实现债权的费用（包括诉讼费、律师费等）及其他相关费用。宜顺公司在上述《借款协议》《对账确认书》中作为担保人加盖了公章。

再审法院认为，通常情况下，保证合同应当包括被保证的主债权种类、数额，债务人履行债务的期限，保证的方式，保证担保的范围，保证的期间等内容。《担保法》第21条规定：“保证担保的范围包括主债权及利息、违约金、损害赔偿金和实现债权的费用。”第26条规定：“连带责任保证的保证人与债权人未约定保证期间的，债权人有权自主债务履行期届满之日起六个月内要求保证人承担保证责任。在合同约定的保证期间和前款规定的保证期间，债权人未要求保证人承担保证责任的，保证人免除保证责任。”法律已经明示了保证担保的范围内容，并与保证期间规定相区分。结合《对账确认书》第三段内容的文义，其应为对担保人宜顺公司承担担保责任范围所作出的约定，并非对保证期间的约定，更不能就此推断出“保证责任直至主债务本息还清时为止等类似内容的”的意思表示。原审判决认为该约定内容可以理解为当事人对保证期间约定不明有误，本院予以纠正。因此，在案涉担保条款没有对责任承担期间进行约定的情况下，保证期间依法应为主债务履行期届满之日起6个月。陈某楷有权自主债务履行期届满之日即2014年4月

1 日起 6 个月内要求宜顺公司承担保证责任，而出借人陈某楷未在上述保证期间内要求宜顺公司承担保证责任，其于 2016 年 3 月 8 日向一审法院起诉时已经超过法定保证期间，宜顺公司依法不应承担保证责任。

在上述案例中，虽然人民法院最终判决宜顺公司无须承担保证担保责任，但是理由为债权人未在保证期间向宜顺公司主张承担保证责任，因此再审法院认为宜顺公司在《借款协议》《对账确认书》中作为保证人加盖公章的行为已经构成签署保证合同。

2. 对资管业务的影响

根据最高人民法院民事审判第二庭杨永清、麻锦亮法官在上述文章中的观点及上述案例可知，在该种情形下能够判断出在主债权债务合同上签字或者盖章的人有保证的意思表示，该签字或者盖章的事实，也可以解释为《民法典》第 685 条第 1 款规定的“保证条款”。但需注意，在此种情形下，对于保证方式以及保证期间是无法推断出来的，属于无约定。根据《民法典》的相关规定，当事人对于保证方式无约定的，应该认定为按照一般保证承担保证责任，当事人对于保证期间无约定的，保证期间为主债务履行期限届满之日起 6 个月。

3. 对金融机构开展资管业务的建议

金融机构开展资管业务过程中，如设定保证担保作为增信措施，应要求保证人与其签署保证合同，或者由其单方出具含有提供保证担保意思表示的书面文件。笔者建议金融机构不再接受保证人仅以保证人身份在主债权债务合同上签字，该种情形下法院即使认定保证合同成立，但是鉴于对保证方式和保证期间无约定，将对债权人的担保效果产生不利影响。

二十二、对保证方式没有约定或约定不明的推定为一般保证

如保证合同未约定保证方式或约定不明确的，不再推定为连带责任保证，而是按照一般保证处理。

（一）新旧法律条文对比

1. 原规定

《担保法》

第十六条 保证的方式有：

（一）一般保证；

（二）连带责任保证。

第十九条 当事人对保证方式没有约定或者约定不明确的，按照连带责任保证承担保证责任。

2. 新规定

《民法典》

第六百八十六条 保证的方式包括一般保证和连带责任保证。

当事人在保证合同中对保证方式没有约定或者约定不明确的，按照一般保证承担保证责任。

《担保制度司法解释》

第二十五条 当事人在保证合同中约定了保证人在债务人不能履行债务或者无力偿还债务时才承担保证责任等类似内容，具有债务人应当先承担责任的意思表示的，人民法院应当将其认定为一般保证。

当事人在保证合同中约定了保证人在债务人不履行债务或者未偿还债务时即承担保证责任、无条件承担保证责任等类似内容，不具有债务人应当先承担责任的意思表示的，人民法院应当将其认定为连带责任保证。

（二）法条对比、影响及建议

1. 法律条文变化分析

法律法规对于保证方式的分类并无变化，仍然为一般保证与连带责任保证；但是若当事人在保证合同中并未对保证方式进行约定或者约定不明确、无法进行判断的，则向保证人的权益倾斜，不再认定为连带责任保证，按照一般保证处理。下面结合一个案例，对此问题进行进一步探讨。

案例：李某、云南天晖投资有限公司民间借贷纠纷［（2020）最高法民再84号］

王某与李某、云南天晖投资有限公司以及云南天晖房地产开发有限公司签订《借款合同》，约定李某、云南天晖投资有限公司以及云南天晖房地产开发有限公司共同向王某借款6000万元。2016年10月29日，李某向王某出具《还款确认书》，约定云南天晖投资有限公司及李某所直接、间接投资、控制参股的所有企业愿为李某、云南天晖投资有限公司所欠王某的债务（包括借款本金、利息、违约金以及债权人实现债权的费用）承担保证责任，保证期间自合同生效之日起至债务清偿之日止。王某分别与宾川天晖投资管理有限公司、宾川天晖商贸有限公司、宾川天晖农业发展有限公司签订《还款担保确认书》，约定三公司愿为李某、云南天晖投资有限公司所欠王某的债务（包括借款本金、利息、违约金以及债权人实现债权的费用）承担保证责任。一审法院认为因《还款确认书》及《还款担保确认书》未约定担保方式，依据《担保法》第19条"当事人对保证方式没有约定或者约定不明确的，按照连带责任保证承担保证责任"的规定，宾川天晖投资管理有限公司、宾川天晖商贸有限公司、宾川天晖农业发展有限公司、云南天晖商贸有限公司、云南天晖农业发展有限公司、兰坪天晖房地产开发有限公司应对案涉借款本息承担连带责任，承担责任后，有权向李某、云南天晖投资有限公司进行追偿。再审中，由于上述担保人并未提出再审申请，因此再审法院未再进一步审查。

上述判决发生于《民法典》生效前，笔者认为《民法典》生效后若当事人未约定保证形式或约定不明确的，应被认定为一般保证，而非连带责任保证。

2. **对资管业务的影响**

如保证合同中未对保证方式作约定或者约定不明确的，则通常原则上将按照一般保证处理，即债权人仅能在对债务人充分追索后，方可要求保证人承担保证责任。因此，一旦被认定为一般保证，将增加金融机构在资管业务中实现自身权益的成本，同时也可能导致投资者利益不能及时实现，并进而产生被追究受托管理责任的风险。

3. **对金融机构开展资管业务的建议**

虽然根据《担保制度司法解释》第25条的规定，实践中也可以通过对具体的文义和表述进行分析判断，并推理得出保证人到底承担的是一般保证责任还是连带保证责任，但是如果把保证性质的认定依据放在需要法官主观判断的文字表述上，可想而知将产生巨大的风险。因此，笔者建议金融机构在开展资管业务过程中，如设定连带责任保证担保作为增信措施的，应在保证合同中准确清晰地写明保证方式为连带责任保证，并避免出现类似保证人责任劣后于债务人清偿义务的内容，以此确保最终进入司法程序时，能够被法院明确认定为连带责任保证。

二十三、一般保证人行使先诉抗辩权的例外情形发生了调整

调整了债权人对抗一般保证人先诉抗辩权的情形，即债权人直接向一般保证人主张承担保证担保责任的情形发生了变化。

（一）新旧法律条文对比

1. **原规定**

《担保法》

第十七条　当事人在保证合同中约定，债务人不能履行债务时，由保证人承担保证责任的，为一般保证。

一般保证的保证人在主合同纠纷未经审判或者仲裁，并就债务人财产依法强制执行仍不能履行债务前，对债权人可以拒绝承担保证责任。

有下列情形之一的，保证人不得行使前款规定的权利：

（一）债务人住所变更，致使债权人要求其履行债务发生重大困难的；

（二）人民法院受理债务人破产案件，中止执行程序的；

（三）保证人以书面形式放弃前款规定的权利的。

2. **新规定**

《民法典》

第六百八十七条　当事人在保证合同中约定，债务人不能履行债务时，

由保证人承担保证责任的，为一般保证。

一般保证的保证人在主合同纠纷未经审判或者仲裁，并就债务人财产依法强制执行仍不能履行债务前，有权拒绝向债权人承担保证责任，但是有下列情形之一的除外：

（一）债务人下落不明，且无财产可供执行；

（二）人民法院已经受理债务人破产案件；

（三）债权人有证据证明债务人的财产不足以履行全部债务或者丧失履行债务能力；

（四）保证人书面表示放弃本款规定的权利。

（二）法条对比、影响及建议

1. 法律条文变化分析

一般保证人对债权人享有先诉抗辩权，即债权人仅能在主合同经过审判或仲裁，并就债务人财产进行强制执行仍不能履行债务后要求一般保证人承担保证担保责任。但是为保护债权人利益，法律规定在例外情形下债权人可直接要求一般保证人承担担保责任。《民法典》对相应的例外情形作出调整：一方面增加例外情形规定，明确如债权人有证据证明债务人的财产不足以履行全部债务或者丧失履行债务能力的，则一般保证人无法主张先诉抗辩权，债权人可直接要求一般保证人承担保证责任；另一方面对原有例外情形作出调整，明确无论债务人是否变更住所，只要债权人能够证明债务人下落不明，且无财产可供执行即可要求一般保证人承担保证责任；同时只要法院受理债务人破产案件，无论是否已作出了中止对债务人执行程序的裁定，一般保证人均无法再主张先诉抗辩权，这是因为根据《企业破产法》第19条[①]的规定，中止执行程序是人民法院受理破产申请后的法定法律后果，一旦法院受理债务人破产案件，债权人在此期间不能从主债务人处实现其债权，并且将来也极有可能无法再从主债务人处实现其债权。

---

① 《企业破产法》

第十九条 人民法院受理破产申请后，有关债务人财产的保全措施应当解除，执行程序应当中止。

2. **对资管业务的影响**

一方面，相较于《担保法》的规定，《民法典》第687条第2款第1项对债权人直接向一般保证人行使担保权提出了更为严格的要求，也更符合一般保证责任的本质，对保证人更为有利。另一方面，《民法典》第687条第2款第3项增加了债权人对抗一般保证人先诉抗辩权的情形，对金融机构来讲是一项有利规定，但是同时也增加了金融机构的举证责任。金融机构仅在能够证明债务人确实没有履行债务的能力或者财产不足以履行全部债务的情形下，方可直接向一般保证人主张承担保证担保责任，在实际操作中，金融机构可通过评估、审计、诉讼及执行核查、破产申请受理情况核查等方式收集相关证据资料。

3. **对金融机构开展资管业务的建议**

金融机构开展融资类资管业务过程中，应尽职履行受托管理责任，不仅要求债务人定期提交经营数据，进行定期或不定期审计，亦应定期自行或者委派专业人员在债务人经营场所进行现场检查，了解债务人的经营现状，以便在债务人不能按时履行债务时及时提出相关证据对抗一般保证人可能提出的先诉抗辩权，及时要求一般保证人履行保证担保责任，维护投资者利益。

二十四、适用最高额保证担保的主合同范围扩大

最高额保证担保对应的主合同类型不再进行限制，只要能够形成债权债务关系即能得到法律的认可。

（一）新旧法律条文对比

1. **原规定**

《担保法》

第十四条　保证人与债权人可以就单个主合同分别订立保证合同，也可以协议在最高债权额限度内就一定期间连续发生的借款合同或者某项商品交易合同订立一个保证合同。

2. **新规定**

《民法典》

第六百九十条 保证人与债权人可以协商订立最高额保证的合同，约定在最高债权额限度内就一定期间连续发生的债权提供保证。

最高额保证除适用本章规定外，参照适用本法第二编最高额抵押权的有关规定。

（二）法条对比、影响及建议

1. 法律条文变化分析

《民法典》删除了关于最高额保证担保主合同为借款合同或商品交易合同的规定，约定对一定期间内连续发生的债权均可设定最高额保证担保，最高额保证担保对应的主债权可以是借款合同与商品交易合同以外的其他形式的合同项下的债权，甚至可以是非合同关系形成的债权，例如不当得利返还之债、侵权行为之债等，扩大了最高额保证担保主合同类型的范围，更符合经济发展的要求。

2. 对资管业务的影响

近年来，随着资管业务监管政策的变化以及资管业务的发展，除传统的借贷关系外，还出现了多种交易结构，产生了多种债权债务形式，例如特定收益权转让即回购协议项下金融机构与回购义务人之间的债权债务关系；地产类项目中股权投资（或股权加债权投资）并通过原股东或其指定第三方对赌收购或模拟清算收购金融机构所持股权退出的交易结构中，金融机构与对赌回购义务人之间产生的债权债务关系等。《民法典》对最高额保证担保主合同类型限制的取消为金融机构在开展资管业务过程中对除借款合同以外的其他类型债权债务合同设定最高额保证担保提供了法律依据。

3. 对金融机构开展资管业务的建议

金融机构开展资管业务过程中，除借款合同外，还可对其他形式的债权债务设定最高额保证担保，但是应着重审查双方的合同约定是否能够形成债权债务关系，仅在双方能够形成真实债权债务关系时方能设定最高额保证。如为投资关系，即金融机构取得投资收益并未构成合同相对方确定的债务清偿义务时，仍然无法设定最高额保证担保。

二十五、保证期间约定不明时，保证期间的认定规则

保证合同中针对保证期间没有约定或者约定不明确时，保证期间均为主债务履行期限届满之日起 6 个月。

（一）新旧法律条文对比

1. 原规定

《担保法司法解释》

第三十二条 保证合同约定的保证期间早于或者等于主债务履行期限的，视为没有约定，保证期间为主债务履行期届满之日起六个月。

保证合同约定保证人承担保证责任直至主债务本息还清时为止等类似内容的，视为约定不明，保证期间为主债务履行期届满之日起二年。

2. 新规定

《民法典》

第六百九十二条第二款 债权人与保证人可以约定保证期间，但是约定的保证期间早于主债务履行期限或者与主债务履行期限同时届满的，视为没有约定；没有约定或者约定不明确的，保证期间为主债务履行期限届满之日起六个月。

《担保制度司法解释》

第三十二条 保证合同约定保证人承担保证责任直至主债务本息还清时为止等类似内容的，视为约定不明，保证期间为主债务履行期限届满之日起六个月。

（二）法条对比、影响及建议

1. 法律条文变化分析

《民法典》生效前，关于保证期间的约定存在三种情形：（1）债权人与保证人明确约定的保证期间；（2）保证合同中对保证期间未作约定的，保证期间为主债务履行期届满之日起 6 个月；（3）保证合同中对保证期间约定不明确的，保证期间为主债务履行期届满之日起 2 年。《民法典》统一了保证

合同中保证期间没有约定或者约定不明确时，保证期间的认定规则。前述两种情形下，保证期间均为主债务履行期限届满之日起 6 个月。除债权人与保证人明确约定的保证期间外，一般保证与连带保证的保证期间均为 6 个月。下面结合一个案例，看一看司法实务中是如何适用这些规则的。

案例：刘某石、高某民间借贷纠纷［（2021）鲁 04 民终 730 号］

2018 年 3 月 14 日，刘某向高某借款 10 万元。当日，高某（甲方）与刘某（乙方）、刘某石（丙方）签订《借款协议书》，约定：乙方为资金周转需要，向甲方借款人民币 10 万元整，丙方自愿为该债务提供连带责任担保，直至还清为止。后刘某向高某偿还利息 2 万元。

一审法院认为由于《借款协议书》中明确记载刘某石“自愿为该债务提供连带责任担保，直至还清为止”，根据《担保法司法解释》第 32 条规定，这种表述应被视为约定不明，保证期间为主债务履行期届满之日起 2 年，因此，刘某石辩称超过担保期限，一审法院不予采信。刘某石承担连带清偿责任后，有权向刘某追偿。二审法院认为保证行为发生在《民法典》生效之前，一审法院判决并无不当。

在上述案例中，若《借款协议书》签署于《民法典》生效后，则可适用《民法典》及《担保制度司法解释》相关规定，那么法院将会认为刘某石承担保证责任的保证期间为主债务履行期届满之日起 6 个月。但由于事实情况并非如此，因此虽然二审法院的判决是在《民法典》生效之后作出，但还是维持了一审法院的判决意见。

2. **对资管业务的影响**

保证期间是确定债权人承担保证责任的期间，关系到债权人的切身利益。金融机构以往在开展资管业务过程中为了保护自身的利益，通常会在保证合同中使用保证人承担保证责任直至主债务本息还清时为止之类的表述，《担保法司法解释》及《担保制度司法解释》均规定该类表述为约定不明，但《民法典》及《担保制度司法解释》生效后，对于保证期间约定不明的，保证期间从 2 年变更为 6 个月，对作为债权人的金融机构可能产生不利影响。因此，《民法典》生效后，金融机构开展资管业务过程中如需签署保证合同的，应对保证期间进行明确约定，一旦约定不明则保证期间将被认定为六个月，影响金融机构在项目发生风险时可向保证人要求其承担保证责任的期间。

另外需要注意的是，根据《适用民法典时间效力的规定》第 27 条①的规定，《民法典》施行前成立的保证合同，当事人对保证期间约定不明确，主债务履行期限届满至《民法典》施行之日不满 2 年，则当事人可主张保证期间为主债务履行期限届满之日起 2 年。

3. 对金融机构开展资管业务的建议

笔者建议金融机构在开展资管业务、签署保证合同过程中明确约定保证期间。约定的保证期间长于普通诉讼时效期间时，对于该约定的效力问题，理论中有不一致的观点：有观点认为属于意思自治范畴，有效；也有观点认为该约定排斥诉讼时效适用的实际后果，既有悖于诉讼时效规定的强制性，也游离于保证期间制度的规范目的，无效；还有观点认为自主债务履行期限届满 3 年期间的约定为有效约定，超过部分无效。目前笔者尚未找到特别明确的相关判例，谨慎起见，建议在保证合同中对于保证期间的约定表述为“保证期间为主债务履行期限届满之日起 3 年”。

同时，若项目发生风险需要要求保证人承担保证担保责任的，建议金融机构应及时根据保证方式的不同在保证期间内向债务人提起诉讼/仲裁（一般保证）或要求保证人承担连带保证责任（连带责任保证），避免发生因超过保证期间而无法向保证人主张权利的情况和风险。

二十六、最高额保证担保债权确定时间及保证期间的认定规则

最高额保证的保证期间有约定，从约定；未约定或者约定不明的，则分两种情形认定起算时点，期限为 6 个月。

---

① **《适用民法典时间效力的规定》**

第二十七条 民法典施行前成立的保证合同，当事人对保证期间约定不明确，主债务履行期限届满至民法典施行之日不满二年，当事人主张保证期间为主债务履行期限届满之日起二年的，人民法院依法予以支持；当事人对保证期间没有约定，主债务履行期限届满至民法典施行之日不满六个月，当事人主张保证期间为主债务履行期限届满之日起六个月的，人民法院依法予以支持。

（一）新旧法律条文对比

1. 原规定

《担保法》

第二十七条 保证人依照本法第十四条规定就连续发生的债权作保证，未约定保证期间的，保证人可以随时书面通知债权人终止保证合同，但保证人对于通知到债权人前所发生的债权，承担保证责任。

《担保法司法解释》

第三十七条 最高额保证合同对保证期间没有约定或者约定不明的，如最高额保证合同约定有保证人清偿债务期限的，保证期间为清偿期限届满之日起六个月。没有约定债务清偿期限的，保证期间自最高额保证终止之日或自债权人收到保证人终止保证合同的书面通知到达之日起六个月。

2. 新规定

《民法典》

第四百二十三条 有下列情形之一的，抵押权人的债权确定：

（一）约定的债权确定期间届满；

（二）没有约定债权确定期间或者约定不明确，抵押权人或者抵押人自最高额抵押权设立之日起满二年后请求确定债权；

（三）新的债权不可能发生；

（四）抵押权人知道或者应当知道抵押财产被查封、扣押；

（五）债务人、抵押人被宣告破产或者解散；

（六）法律规定债权确定的其他情形。

第六百九十条 保证人与债权人可以协商订立最高额保证的合同，约定在最高债权额限度内就一定期间连续发生的债权提供保证。

最高额保证除适用本章规定外，参照适用本法第二编最高额抵押权的有关规定。

《担保制度司法解释》

第三十条 最高额保证合同对保证期间的计算方式、起算时间等有约定的，按照其约定。

最高额保证合同对保证期间的计算方式、起算时间等没有约定或者约定不明，被担保债权的履行期限均已届满的，保证期间自债权确定之日起开始计算；被担保债权的履行期限尚未届满的，保证期间自最后到期债权的履行期限届满之日起开始计算。

前款所称债权确定之日，依照民法典第四百二十三条的规定认定。

（二）法条对比、影响及建议

1. 法律条文变化分析

对于最高额保证，涉及了两个重要的时点，一个是债权确定时点，另一个是保证期间起算时点。

只有在债权确定期间发生的债权才能被纳入担保的债权范围内。对于债权确定期间，《担保法》第 27 条表述为“保证期间”，但结合该条文“保证人对于通知到债权人前所发生的债权，承担保证责任”的表述分析，笔者理解该“保证期间”实际要表达的含义是“债权确定期间”的含义，而该条所表述的“保证人可以随时书面通知债权人终止保证合同”指的应该是停止将新发生的债权纳入保证的主债权范围。根据该条规定，双方未明确约定的则保证人可以随时书面通知债权人终止新增主债权。而根据《民法典》第 423 条，债权确定期间可由双方约定，如双方未约定或约定不明的，则依据该条所列示的情形来确定。

对于最高额保证的保证期间，在《民法典》生效前，若保证合同并未约定最高额保证担保的保证期间起算时点的，则保证期间确定分为两种情形：（1）如保证合同约定保证人清偿债务期限的，则保证期间自保证人清偿债务期限届满之日起算；（2）如保证合同未约定保证人清偿债务期限的，则保证期间自债权确定期间终止之日起算。《民法典》对保证合同未约定或未明确约定保证期间起算时间时如何确定进行了重新规定，即根据被担保债权的债务履行期限均届满之日与债权确定之日的先后顺序，确定保证期间的起算时点。在债权确定之日前，被担保债权履行期限均已经届满的，则保证期间自债权确定之日起算；若截至债权确定之日，被担保债权履行期限尚未全部届满的，则保证期间自最后到期债权的履行期限届满之日起算。

2. 对资管业务的影响

金融机构开展资管业务过程中经常需要与保证人签署最高额保证合同，《民法典》对于最高额保证担保的债权确定期间及保证期间起算时点的修改更有利于保护债权人的利益。即如双方对于最高额保证合同所担保的主债权发生期间未进行明确约定的，该期间的截止日不再由保证人单方通知决定。而对于最高额保证的保证期间起算时点无约定或约定不明的，以债权确定之日与最后到期债权的履行期限届满之日两者中的较晚之日起算最高额保证的保证期间。

3. 对金融机构开展资管业务的建议

鉴于保证期间起算时点与债权确定之日挂钩，而债权确定之日又存在《民法典》第423条规定的多种确定情形，为避免双方产生分歧而影响担保权的行使，建议金融机构一方面在最高额保证合同中明确约定债权确定期间，参考表述"保证人同意对债务人与债权人在某年某月某日至某年某月某日期间发生的本金金额为×××元的债务向债权人承担连带责任保证担保"，同时就担保主债权是仅限于本金还是包括利息、罚息等款项予以明确；另一方面积极关注保证人及债务人的情况，在出现《民法典》第423条所规定的情形时及时向债务人或保证人行使相应的权利。同时，对于保证期间的起算时点及保证期间亦应进行明确约定。

二十七、一般保证诉讼时效计算起点

一般保证诉讼时效的计算时点趋于复杂化，债权人应仔细甄别各种情形，避免一般保证诉讼时效经过，丧失胜诉权。

（一）新旧法律条文对比

1. 原规定

《担保法司法解释》

第三十四条第一款 一般保证的债权人在保证期间届满前对债务人提起诉讼或者申请仲裁的，从判决或者仲裁裁决生效之日起，开始计算保证合同的诉讼时效。

2. 新规定

《民法典》

第六百九十四条第一款 一般保证的债权人在保证期间届满前对债务人提起诉讼或者申请仲裁的，从保证人拒绝承担保证责任的权利消灭之日起，开始计算保证债务的诉讼时效。

《担保制度司法解释》

第二十八条 一般保证中，债权人依据生效法律文书对债务人的财产依法申请强制执行，保证债务诉讼时效的起算时间按照下列规则确定：

（一）人民法院作出终结本次执行程序裁定，或者依照民事诉讼法第二百五十七条第三项、第五项①的规定作出终结执行裁定的，自裁定送达债权人之日起开始计算；

（二）人民法院自收到申请执行书之日起一年内未作出前项裁定的，自人民法院收到申请执行书满一年之日起开始计算，但是保证人有证据证明债务人仍有财产可供执行的除外。

一般保证的债权人在保证期间届满前对债务人提起诉讼或者申请仲裁，债权人举证证明存在民法典第六百八十七条第二款但书规定②情形的，保证债务的诉讼时效自债权人知道或者应当知道该情形之日起开始计算。

（二）法条对比、影响及建议

1. 法律条文变化分析

《担保法司法解释》中仅规定，一般保证中债权人在保证期间内对债务人提起诉讼或申请仲裁的，保证债务的诉讼时效从判决或者仲裁裁决生效之

① 《民事诉讼法》

第二百六十四条 有下列情形之一的，人民法院裁定终结执行：……（三）作为被执行人的公民死亡，无遗产可供执行，又无义务承担人的……（五）作为被执行人的公民因生活困难无力偿还借款，无收入来源，又丧失劳动能力的……

② 《民法典》

第六百八十七条第二款 一般保证的保证人在主合同纠纷未经审判或者仲裁，并就债务人财产依法强制执行仍不能履行债务前，有权拒绝向债权人承担保证责任，但是有下列情形之一的除外：（一）债务人下落不明，且无财产可供执行；（二）人民法院已经受理债务人破产案件；（三）债权人有证据证明债务人的财产不足以履行全部债务或者丧失履行债务能力；（四）保证人书面表示放弃本款规定的权利。

日起开始计算。该规定并未考虑到因判决或仲裁裁决等各种原因而长期未作出的情况下一般保证人是否需承担保证担保责任处于不确定状态，且判决或仲裁裁决生效并不代表债务人已经不具备履行债务的能力，该规定不利于保护保证人且不符合一般保证的应有之义，同时也导致债权人长期无法实现债权。《民法典》对此规定进行了修改，明确债权人在保证期间内对债务人提起诉讼或申请仲裁的，若保证人拒绝承担保证责任的权利消灭，则可开始计算一般保证债务的诉讼时效。结合《民法典》第687条第2款，保证人拒绝承担保证责任的权利消灭的事由便是《民法典》第687条第2款但书中的四种情形，以及主合同纠纷已经审判或者仲裁且债权人就债务人财产依法强制执行但却仍不能履行债务的情形。结合《民事诉讼法》、最高人民法院《关于适用〈中华人民共和国民事诉讼法〉的解释》（2022年修正）及《关于严格规范终结本次执行程序的规定（试行）》的相关规则①，强制执行仍不能履行债务在司法实践中最终体现为：人民法院作出终结本次执行程序裁定、作出终结执行裁定，此外为避免因人民法院未作出上述裁定而使债权人无法行使保证担保权利的情形，还规定人民法院自收到申请执行书之日起一年内未作出上述裁定且保证人无证据证明债务人仍有可供执行的财产的，则保证人拒绝承担保证责任的权利消灭。下面结合一个案例，对此问题进行进一步探讨。

---

① **《民事诉讼法》**

第二百六十四条 有下列情形之一的，人民法院裁定终结执行：

（一）申请人撤销申请的；

（二）据以执行的法律文书被撤销的；

（三）作为被执行人的公民死亡，无遗产可供执行，又无义务承担人的；

（四）追索赡养费、扶养费、抚养费案件的权利人死亡的；

（五）作为被执行人的公民因生活困难无力偿还借款，无收入来源，又丧失劳动能力的；

（六）人民法院认为应当终结执行的其他情形。

最高人民法院《关于适用〈中华人民共和国民事诉讼法〉的解释》（2022年修正）

第五百一十七条 经过财产调查未发现可供执行的财产，在申请执行人签字确认或者执行法院组成合议庭审查核实并经院长批准后，可以裁定终结本次执行程序。

依照前款规定终结执行后，申请执行人发现被执行人有可供执行财产的，可以再次申请执行。再次申请不受申请执行时效期间的限制。

案例：洛阳市浪潮消防科技股份有限公司、高某灵借款合同纠纷［（2020）最高法民再130号］

2009年6月3日，浪潮消防药剂公司与河南一新投资管理有限公司签订借款协议。2009年6月4日，高某灵向浪潮消防药剂公司出具担保书，内容为："我为2009年6月4日，借入方为：河南一新投资管理有限公司，出借方为：洛阳市浪潮消防药剂有限公司，借款金额为：300万元整，并被要求于2009年6月12日归还借款的协议进行担保。若该笔借款的借款人未能按期归还该笔借款，则由我负责归还。"2009年7月21日，高某灵、韩某宏、李某忠三人签订"担保协议"一份，内容为："三门峡市金山工贸有限公司及法人代表李某忠本人自愿以公司资产及个人资产担保高某灵欠洛阳市浪潮消防药剂有限公司韩某宏现金300万元。欠款人高某灵承诺自签订本协议之日起三（叁）个月内将本欠款归还韩某宏，若在此时间内不能按时归还，我金山工贸公司及本人愿负责承担经济归还责任。此协议双方法人代表及本人无须盖章，签字生效。直至本息还清为止"。高某灵、韩某宏、李某忠分别以借款人、债权人、担保人的身份在协议上签字。后高某灵未按协议约定期限归还借款。再审法院认为，洛阳市浪潮科技股份有限公司（以下简称浪潮公司）已经在保证期间内向三门峡市金山工贸责任有限公司、李某忠主张保证责任，则应开始计算保证责任的诉讼时效。浪潮公司于2011年9月26日向灵宝市人民法院提起诉讼后，灵宝市人民法院将该案列入诉前调解程序，最终并未出具裁判文书。举重以明轻，即使从提起诉讼的2011年9月26日起计算两年的保证责任诉讼时效（2011年9月26日至2013年9月25日），2013年1月18日浪潮公司向三门峡市中级人民法院提起本案诉讼，也并未超过上述诉讼时效期间。

上述案例的事实和审判均发生在《民法典》施行之前，当事人的举证责任及人民法院审查的重点仅包括债权人对债务人提起诉讼或仲裁的时间以及相应判决或仲裁裁决的作出时间，并不包括债权人是否申请了对债务人的强制执行、执行结果以及债务人是否存在其他不能履行债务的情形。但是在《民法典》施行之后，上述情形均将成为争议焦点及法院的审查要点。

2. 对资管业务的影响

金融机构开展资管业务过程中，向一般保证人主张承担保证担保责任的诉讼时效起点不再是主债务判决或仲裁裁决作出之日，而是一般保证人拒绝承担保证责任的权利消灭之日（先诉抗辩权消灭之日），而根据《民法典》及《担保制度司法解释》的规定，先诉抗辩权消灭存在多种情形，一般保证诉讼时效的起算时点计算也分为多种情形，这对金融机构的投后管理职责与举证责任提出了更高的要求，要求金融机构更积极主动地关注债务人与保证人的情况，及时取得及保存相应的证据，在出现先诉抗辩权消灭事由时及时向保证人主张权利，以防出现一般债务诉讼时效经过的情况。上述管理职责的主动履行也将成为评判金融机构是否尽职履责的重要标准，从金融消费者权利保护角度考虑，金融机构有必要制定标准化的工作指引，妥当完成涉诉事项的处理工作。

3. 对金融机构开展资管业务的建议

建议金融机构完善相应的主债权债务合同及担保合同相关内容：

（1）在保证合同中增加保证人放弃先诉抗辩权的条款，参考表述为“保证人同意放弃先诉抗辩权（《民法典》第687条第2款规定项下的权利）”。

（2）增加债务人及保证人在出现财务状况恶化、破产等情形时的通知义务，保证人对债务人经营情况与履约情况的监督、报告义务以及相应的违约责任。

建议金融机构积极主动地关注债务人与保证人的情况，及时取得及保存相应的证据，就一般保证而言，在出现先诉抗辩权消灭事由时应及时向保证人主张权利，防止保证债务诉讼时效经过而丧失胜诉权。

二十八、主债权转让情形下保证责任的承担

未通知保证人，债权转让行为对其不生效；若保证合同明确禁止债权转让的，则债权转让时需取得保证人的书面同意。

（一）新旧法律条文对比

1. 原规定

《担保法》

第二十二条 保证期间，债权人依法将主债权转让给第三人的，保证人

在原保证担保的范围内继续承担保证责任。保证合同另有约定的，按照约定。

《担保法司法解释》

第二十八条 保证期间，债权人依法将主债权转让给第三人的，保证债权同时转让，保证人在原保证担保的范围内对受让人承担保证责任。但是保证人与债权人事先约定仅对特定的债权人承担保证责任或者禁止债权转让的，保证人不再承担保证责任。

2. **新规定**

《民法典》

第六百九十六条 债权人转让全部或者部分债权，未通知保证人的，该转让对保证人不发生效力。

保证人与债权人约定禁止债权转让，债权人未经保证人书面同意转让债权的，保证人对受让人不再承担保证责任。

（二）法条对比、影响及建议

1. 法律条文变化分析

通常而言保证人为债务人提供保证担保时，更为看重债务人履行债务的能力，无论债权人是否发生变化，均不会对保证人利益造成实质损害。《担保法》及《担保法司法解释》也遵循这一原则规定债权人转让主债权的，保证人仍然在原有保证担保的范围内继续承担保证责任，除非保证合同另有约定、约定主债权不得转让或者债权人已经与保证人明确保证人仅对特定债权人提供保证担保。《民法典》生效后，债权人对外转让主债权的，应通知保证人，否则对保证人不发生效力，引用了关于债权转让的原理。但是若保证人与债权人已经明确约定主债权不得转让的，则经保证人书面同意后，才能产生保证责任随主债权转让而转让的法律效果；未经保证人书面同意的，主债权转让效果依然发生，但保证人对新的债权人不再承担保证责任。下面结合一个案例，进一步探讨这一问题。

案例：陈某韩、黄某攀民间借贷纠纷［（2019）最高法民申6129号］

2011年8月19日，顾某平向黄某攀转账人民币1500万元。2013年12月24日，黄某攀向顾某平出具借条一份，其上载明“本人于2011年8月19

日向顾某平借款人民币1500万元……”，滁州市绿都房地产有限公司（以下简称绿都公司）于同日向顾某平出具《担保函》，载明“……本公司愿意对上述借款本息（利息计算至还清之日止）向出借人顾某平提供连带担保责任”。2017年6月17日，顾某平与陈某韩签订《个人债权转让协议书》。本案中，陈某韩以其已受让顾某平对黄某攀的债权为由，主张黄某攀应向其承担还款责任，绿都公司承担相应保证责任。法院认为，《担保函》中已明确绿都公司系向债权人顾某平提供连带担保责任，且没有证据证明陈某韩受让上述债权后曾向绿都公司发出通知，要求绿都公司向自己履行保证担保责任。则一审、二审法院综合上述情况认定绿都公司在涉案《担保函》中的意思表示是仅向顾某平承担保证责任，在陈某韩未能提供证据证明涉案债权转让已经通知到绿都公司，绿都公司也未就涉案借款保证作出其他意思表示的情况下，绿都公司不应向陈某韩承担保证责任。

上述案例中，最高人民法院认为一审、二审法院结合保证人在《担保函》中的表述“向出借人顾某平提供连带担保责任”以及主债权受让人未将其受让主债权的事宜通知保证人并要求保证人承担保证责任的事实，综合认定为绿都公司在涉案《担保函》中的意思表示是仅向顾某平承担保证责任并无不当，因此在受让人未就受让债权通知保证人且保证人也未就保证作出其他意思表示的情况下，不再对受让人承担保证责任。笔者认为，在《民法典》明确规定了债权转让时债权人通知义务的情况下，主债权人应更为注意履行相应的通知义务。

2. 对资管业务的影响

金融机构开展资管业务过程中，无论是处置债权或是受让债权均需要将保证人因素考虑在内，及时通知保证人，并在存在转让限制约定时要求取得保证人书面同意文件，增加了金融机构开展债权投资业务时的程序性要求。

3. 对金融机构开展资管业务的建议

金融机构开展资管业务过程中，涉及保证合同的，保证合同中表述应规范，合同正文中提及债权人时建议尽量用“债权人”替代债权人的公司名称，避免被认定为保证人具有仅向该特定债权人承担保证责任或禁止债权转让的意思。并明确约定，债权转让的，保证人仍应对债权受让人继续承担担保责任。

对外处置债权的，金融机构应及时通知保证人，并在保证合同中已经明确约定禁止主债权转让时，及时取得保证人的同意，防止由于未通知保证人或未取得保证人书面同意，导致新的债权人无法向保证人主张承担保证责任时要求金融机构承担责任；若金融机构作为债权受让方的，应重点关注原债权债务合同、保证合同中是否已经明确约定禁止主债权转让或保证人仅对特定对象提供保证担保，以及原债权人是否就债权转让行为通知了保证人，避免金融机构出现受让债权后无法向保证人主张承担保证责任，进而被投资者追究受托管理责任的风险。

二十九、共同保证规则

《民法典》对共同保证的类别认定、各保证人的责任承担、债权人主张保证责任的规则等都作了相应的调整。

（一）新旧法律条文对比

1. 原规定

《担保法》

第十二条　同一债务有两个以上保证人的，保证人应当按照保证合同约定的保证份额，承担保证责任。没有约定保证份额的，保证人承担连带责任，债权人可以要求任何一个保证人承担全部保证责任，保证人都负有担保全部债权实现的义务。已经承担保证责任的保证人，有权向债务人追偿，或者要求承担连带责任的其他保证人清偿其应当承担的份额。

《担保法司法解释》

第十九条　两个以上保证人对同一债务同时或者分别提供保证时，各保证人与债权人没有约定保证份额的，应当认定为连带共同保证。

连带共同保证的保证人以其相互之间约定各自承担的份额对抗债权人的，人民法院不予支持。

第二十条　连带共同保证的债务人在主合同规定的债务履行期届满没有

履行债务的，债权人可以要求债务人履行债务，也可以要求任何一个保证人承担全部保证责任。

连带共同保证的保证人承担保证责任后，向债务人不能追偿的部分，由各连带保证人按其内部约定的比例分担。没有约定的，平均分担。

第二十一条 按份共同保证的保证人按照保证合同约定的保证份额承担保证责任后，在其履行保证责任的范围内对债务人行使追偿权。

最高人民法院《关于已承担保证责任的保证人向其他保证人行使追偿权问题的批复》

根据《中华人民共和国担保法》第十二条的规定，承担连带责任保证的保证人一人或者数人承担保证责任后，有权要求其他保证人清偿应当承担的份额，不受债权人是否在保证期间内向未承担保证责任的保证人主张过保证责任的影响。

2. 新规定

《民法典》

第六百九十九条 同一债务有两个以上保证人的，保证人应当按照保证合同约定的保证份额，承担保证责任；没有约定保证份额的，债权人可以请求任何一个保证人在其保证范围内承担保证责任。

《担保制度司法解释》

第十三条 同一债务有两个以上第三人提供担保，担保人之间约定相互追偿及分担份额，承担了担保责任的担保人请求其他担保人按照约定分担份额的，人民法院应予支持；担保人之间约定承担连带共同担保，或者约定相互追偿但是未约定分担份额的，各担保人按照比例分担向债务人不能追偿的部分。

同一债务有两个以上第三人提供担保，担保人之间未对相互追偿作出约定且未约定承担连带共同担保，但是各担保人在同一份合同书上签字、盖章或者按指印，承担了担保责任的担保人请求其他担保人按照比例分担向债务人不能追偿部分的，人民法院应予支持。

除前两款规定的情形外，承担了担保责任的担保人请求其他担保人分担向债务人不能追偿部分的，人民法院不予支持。

第二十九条 同一债务有两个以上保证人，债权人以其已经在保证期间内依法向部分保证人行使权利为由，主张已经在保证期间内向其他保证人行使权利的，人民法院不予支持。

同一债务有两个以上保证人，保证人之间相互有追偿权，债权人未在保证期间内依法向部分保证人行使权利，导致其他保证人在承担保证责任后丧失追偿权，其他保证人主张在其不能追偿的范围内免除保证责任的，人民法院应予支持。

（二）法条对比、影响及建议

1. 法律条文变化分析

对于债权人而言，多个保证人共同为一笔债务提供担保的，若保证合同约定保证担保份额的，则保证人按照约定份额承担保证担保责任，债权人不能要求某一个保证人承担全部的保证责任；保证合同未约定保证担保份额的，则债权人有权向任一保证人主张承担保证范围内的全部债务。这在《民法典》施行前后都是一致的。

但对于各保证人之间的关系，《民法典》及《担保制度司法解释》改变了《担保法》及《担保法司法解释》按份共同保证与连带共同保证非此即彼的规定模式，而是根据各保证人之间对所担保的债务有无份额约定以及是否可以相互追偿，将共同保证再分为按份共同保证、不真正连带共同保证与连带共同保证。但需注意，上述连带共同保证中的连带，是指各保证人之间有连带关系，而非指保证人与债务人之间的连带关系。向债权人履行完毕保证责任后，不真正连带共同保证的保证人彼此之间不具有相互追偿关系，只能向债务人追偿；连带共同保证的保证人彼此之间则具有相互追偿关系。[①]

就每个保证人而言，保证期间单独计算及认定，债权人仅对部分保证人主张承担保证责任，不得对抗其他保证人主张保证期间经过的权利。同时，若该行为导致承担责任的保证人无法向其他保证人追偿的，则保证人可以主张在其不能追偿的范围内免除保证责任。下面结合一个案例，对此问题进行

---

① 高圣平：《民法典担保制度及其配套司法解释理解与适用》，中国法制出版社 2021 年版，第 218 页。

进一步探讨。

案例：杨某霞、周某志与恒丰银行股份有限公司重庆涪陵支行金融借款合同纠纷［（2020）渝03民终1881号］

2014年6月13日，恒丰银行股份有限公司重庆涪陵支行（以下简称恒丰银行）与冉某刚、游某兰签订《个人授信额度借款合同》；2014年6月13日，周某志、杨某霞作为保证人与恒丰银行签订《个人借款最高额保证合同》。同时，重庆瑞益建筑工程有限公司、李某、毛某贵亦提供连带责任保证担保。2016年6月23日，冉某刚、游某兰与恒丰银行签订《个人经营借款合同》，借款到期，冉某刚、游某兰未按期归还借款本息，恒丰银行于2017年7月20日向重庆市涪陵公证处申请出具执行证书，涪陵公证处于2017年7月25日作出（2017）渝涪证字第3008号执行证书，被申请执行人为冉某刚、游某兰、李某、毛某贵及重庆瑞益建筑工程有限公司。后因被执行人冉某刚、游某兰、李某、毛某贵及重庆瑞益建筑工程有限公司无其他可供执行的财产，故一审法院于2018年11月6日裁定终结本次执行程序。恒丰银行便起诉要求周某志、杨某霞对借款人未清偿的借款承担连带清偿责任。

二审法院认为，本案是同一债务有两个以上保证人，债权人以其已经在保证期间内依法向部分保证人行使权利为由，主张已经在保证期间内向其他保证人行使权利的，人民法院是否应予支持的案件。《担保法》及其司法解释的基本精神是，不论共同担保的形态如何，均允许担保人之间相互追偿。但《物权法》以及《民法典》均未规定承担了担保责任的保证人可向其他保证人追偿。从《物权法》到《民法典》的相关规定看，不论是共同保证人之间、共同抵押人之间还是混合担保的各担保人之间，立法机关似乎都不认可担保人之间可以相互求偿。担保人承担了担保责任，意味着债权人的债权已经实现，债权债务关系消灭，其上的担保也跟之消灭，承担了担保责任的担保人再向其他担保人求偿也缺乏逻辑依据。我国《担保法》并未规定代位求偿权，承担了担保责任的担保人不能代替原债权人，享有原债权债务关系中原债权人的权利。《全国法院民商事审判工作会议纪要》第56条规定："承担了担保责任的担保人向其他担保人追偿的，人民法院不予支持，但担保人在担保合同中约定可以相互追偿的除外。”从以上规定来看，一审法院根据原《担保法》及其司法解释，特别是参照最高人民法院《关于已承担保证责任的保证人向其他保证人行使追偿权问题的批复》① 进行处理，不符合《全国法院民商事审判工作会议纪要》第 56 条精神，且与 2020 年 12 月 25 日通过并于 2021 年 1 月 1 日开始施行的《担保制度司法解释》第 29 条“同一债务有两个以上保证人，债权人以其已经在保证期间内依法向部分保证人行使权利为由，主张已经在保证期间内向其他保证人行使权利的，人民法院不予支持”的规定明显相悖。根据《适用民法典时间效力的规定》第 3 条“民法典施行前的法律事实引起的民事纠纷案件，当时的法律、司法解释没有规定而民法典有规定的，可以适用民法典的规定，但是明显减损当事人合法权益、增加当事人法定义务或者背离当事人合理预期的除外”，本案应当适用《民法典》新的规定。因此，恒丰银行股份有限公司重庆涪陵支行请求周某志、杨某霞承担担保责任于法无据，不应得到支持。

在上述案例中，法院认为，根据《担保制度司法解释》的规定，借款人以其已经在保证期间内依法向部分保证人行使权利为由主张已经在保证期间内向其他保证人行使权利的，法院不应予以支持。

2. 对资管业务的影响

金融机构开展资管业务过程中，如多个保证人提供保证担保，需要主张保证责任时，不再具有仅通知一个保证人即可达到通知所有保证人的效果。《担保制度司法解释》对此予以明确，每个保证人的保证期间分别计算，债权人需分别向保证人主张，方能达到在保证期间主张保证人承担保证担保责任的效果。

---

① **最高人民法院《关于已承担保证责任的保证人向其他保证人行使追偿权问题的批复》**
云南省高级人民法院：

你院云高法［2002］160 号《关于已经承担了保证责任的保证人向保证期间内未被主张保证责任的其他保证人行使追偿权是否成立的请示》收悉。经研究，答复如下：

根据《中华人民共和国担保法》第十二条的规定，承担连带责任保证的保证人一人或者数人承担保证责任后，有权要求其他保证人清偿应当承担的份额，不受债权人是否在保证期间内向未承担保证责任的保证人主张过保证责任的影响。

3. **对金融机构开展资管业务的建议**

（1）金融机构开展资管业务过程中，如存在多个保证人共同担保的，建议金融机构作为债权人不与各保证人约定担保份额，以便可以要求任一保证人承担全部保证责任。

（2）金融机构开展资管业务过程中，如多个保证人共同为同一笔债权提供保证担保的，即使金融机构已按照上款建议明确约定其可向任一保证人主张承担全部保证责任，若出现交易风险时仍应在保证期内向所有保证人均及时主张权利，防止出现因部分保证人的保证期间经过，导致其他承担了保证责任的保证人不能向有关保证期间经过的保证人追偿，从而在其不能追偿的范围内免除保证责任的情况和风险。

三十、借新还旧情形下的担保效力

借新还旧情形下，旧贷担保人原则上不承担担保责任，新贷担保人根据情况不同而有所区别。

（一）新旧法律条文对比

1. **原规定**

《担保法司法解释》

第三十九条 主合同当事人双方协议以新贷偿还旧贷，除保证人知道或者应当知道的外，保证人不承担民事责任。

新贷与旧贷系同一保证人的，不适用前款的规定。

2. **新规定**

《担保制度司法解释》

第十六条 主合同当事人协议以新贷偿还旧贷，债权人请求旧贷的担保人承担担保责任的，人民法院不予支持；债权人请求新贷的担保人承担担保责任的，按照下列情形处理：

（一）新贷与旧贷的担保人相同的，人民法院应予支持；

（二）新贷与旧贷的担保人不同，或者旧贷无担保新贷有担保的，人民法院不予支持，但是债权人有证据证明新贷的担保人提供担保时对以新贷偿还旧贷的事实知道或者应当知道的除外。

主合同当事人协议以新贷偿还旧贷，旧贷的物的担保人在登记尚未注销的情形下同意继续为新贷提供担保，在订立新的贷款合同前又以该担保财产为其他债权人设立担保物权，其他债权人主张其担保物权顺位优先于新贷债权人的，人民法院不予支持。

（二）法条对比、影响及建议

1. 法律条文变化分析

《担保法司法解释》规定债务人与债权人协议约定以新贷偿还旧贷，且新贷保证人与旧贷保证人不同时，如保证人对以新贷偿还旧贷的事实不知道或不应当知道的，则无须承担保证担保责任。上述规定并未明确其中承担责任的担保人是新贷担保人还是旧贷担保人，且仅规定了保证担保的情况。《担保制度司法解释》对此进行明确，并将其扩展至所有担保形式。新贷偿还旧贷情形下，旧贷担保人原则上不再承担担保责任，新贷担保人是否需要承担担保责任则区分为以下两种情形：（1）若新贷担保人与旧贷担保人相同的，则需承担担保责任；（2）若新贷担保人与旧贷担保人不同，或者旧贷无担保、新贷新增担保人的，除债权人能够证明新贷担保人对借新还旧的事实知道或者应当知道的，否则新贷担保人亦无须承担担保责任。如担保人提供物的担保的，在旧贷担保物权并未注销且担保人同意为新贷提供担保时，即使新贷的贷款合同尚未订立，新贷担保物权依然优先于担保人此后设立的担保物权。下面结合一个案例，了解这一规则在司法实务中的适用情况。

案例：中国农业银行股份有限公司香格里拉市支行、香格里拉市华顺种养殖开发有限责任公司金融借款合同纠纷［（2020）云民终1407号］

2013年7月14日，华顺公司向中国农业银行股份有限公司迪庆分行申请贷款。2013年8月27日双方签订2013年《借款合同》，借款金额9,950,000.00元，借款期限自2013年8月27日至2016年8月26日。陈甲、陈乙为该笔贷款提供保证责任。王某芬、安吾某某、章某秀、孙某菊、罗某1、罗某2、洛桑某某、陶某梅、知史某某、农某、央某、鲁茸某某与迪庆农行签订2013年《抵押合同》，以其名下房地产为上述借款设置抵押，陈甲代其他抵押人签名并办理抵押登记手续。在借款合同履行期间，华顺公司因资金回笼困难，于2016年11月4日向香市农行申请贷款展期，双方于2016年11月25日签订《借款展期协议》，将该笔贷款展期至2018年2月26日。在展期内华顺公司未能按期偿还贷款，华顺公司于2016年12月24日提出《贷款期限品种调整申请书》，香市农行对该笔贷款进行债务重组。2017年5月10日，双方签订2017年《借款合同》，借款金额9,950,000.00元，借款用途为风险化解归位贷款，借款按季结息。王某芬、安吾某某、陈某春、洛桑某某为上述贷款设置房地产抵押，与香市农行签订2017年《抵押合同》，并由陈甲一手办理上述抵押人的房屋土地抵押登记手续。2017年5月24日，香市农行按约定发放贷款9,950,000.00元。华顺公司在合同履行期内未按约定履行还款义务。

二审法院认为，抵押是担保的法定方式之一，在以第三人财产设定抵押的情形下，抵押担保法律关系在主体、内容、目的、效果等方面与保证担保的特征相近似。借贷关系的双方关于借款用途的约定，亦是担保人判断其风险责任所考虑的重要因素。一审根据《担保法司法解释》第39条之规定对抵押人的责任进行认定并无不当，且符合《适用民法典时间效力的规定》第3条“民法典施行前的法律事实引起的民事纠纷案件，当时的法律、司法解释没有规定而民法典有规定的，可以适用民法典的规定”及《担保制度司法解释》第16条第1款之规定。香市农行认为，一审判决对抵押适用上述规定属适用法律错误的上诉主张不能成立，本院不予支持。本案中，虽陈某春与香市农行签订2017年《抵押合同》，约定陈某春以名下房地产为2017年《借款合同》项下借款提供抵押担保，并办理了抵押登记，但2017年《抵押合同》载明被担保的主债权为长期一般固定资产贷款而非借新还旧贷款，且2017年《抵押合同》签订及抵押登记办理均在2017年《借款合同》签订之前，香市农行未举证证实陈某春对新贷偿还旧贷的事实知道或者应当知道，故一审依据《担保法司法解释》第39条之规定，对香市农行要求陈某春对案涉借款承担抵押担保责任的诉请不予支持，具有事实及法律依据，本院予以维持。

在上述案例中，因《民法典》实施之前对于借新还旧情形下的抵押担保效力认定并无明确法律规定，一审法院便参照适用了《担保法司法解释》第39条关于保证担保的相关规定。二审法院认为以第三人财产设定抵押的抵押担保法律关系在主体、内容、目的、效果等方面均与保证担保的特征相近似，因此一审法院参照适用《担保法司法解释》第39条的规定并无不妥，且这也符合《担保制度司法解释》第16条第1款之规定。笔者认为，在《民法典》实施之后，此类案件将有了明确的法律依据。

2. 对资管业务的影响

金融机构开展资管业务过程中，经常会有向融资人发放新的贷款并由融资人偿还对其的旧贷的情形发生，若届时为新贷和旧贷提供担保的担保人非同一人的，则旧贷担保人担保责任解除，且存在新贷担保人在不了解担保贷款用途的情形下解除担保责任的风险。

3. 对金融机构开展资管业务的建议

金融机构开展资管业务过程中，若向融资人发放新贷由其偿还旧贷的，应要求旧贷担保人继续为新贷提供保证担保；如需引入新的担保人的，则金融机构应向新的担保人详细说明新贷用途，并在其与新的担保人签署的担保文件中对新贷的贷款用途予以明确，确保新贷担保人明确知悉新贷用途，无法以此为理由拒绝承担担保责任。

三十一、增信文件的性质认定

增信文件根据具体约定可能被认定为保证担保、债务加入，也可能仅根据文件约定被认定为其他的支付义务。

（一）新旧法律条文对比

1. 原规定

为新增内容，法律法规层面并无原规定。《九民纪要》中对此有规定，但不能作为裁判依据进行援引，只可作为人民法院的说理依据。

《九民纪要》

91.【增信文件的性质】信托合同之外的当事人提供第三方差额补足、

代为履行到期回购义务、流动性支持等类似承诺文件作为增信措施，其内容符合法律关于保证的规定的，人民法院应当认定当事人之间成立保证合同关系。其内容不符合法律关于保证的规定的，依据承诺文件的具体内容确定相应的权利义务关系，并根据案件事实情况确定相应的民事责任。

2. 新规定

《担保制度司法解释》

第三十六条 第三人向债权人提供差额补足、流动性支持等类似承诺文件作为增信措施，具有提供担保的意思表示，债权人请求第三人承担保证责任的，人民法院应当依照保证的有关规定处理。

第三人向债权人提供的承诺文件，具有加入债务或者与债务人共同承担债务等意思表示的，人民法院应当认定为民法典第五百五十二条①规定的债务加入。

前两款中第三人提供的承诺文件难以确定是保证还是债务加入的，人民法院应当将其认定为保证。

第三人向债权人提供的承诺文件不符合前三款规定的情形，债权人请求第三人承担保证责任或者连带责任的，人民法院不予支持，但是不影响其依据承诺文件请求第三人履行约定的义务或者承担相应的民事责任。

（二）法条对比、影响及建议

1. 法律条文变化分析

实践中，除保证担保外，交易主体也可能提供差额补足、流动性支持，其出具的承诺应如何认定并无明确规定。《担保制度司法解释》对此给予四条认定路径，分别为：（1）如具有提供保证担保意思表示的，则应认定为保证担保；（2）如具有债务加入意思表示的，则应认定为债务加入；（3）如难以判断是保证还是债务加入的，则认定为保证担保；（4）如与上述三种情形

---

① 《民法典》

第五百五十二条 第三人与债务人约定加入债务并通知债权人，或者第三人向债权人表示愿意加入债务，债权人未在合理期限内明确拒绝的，债权人可以请求第三人在其愿意承担的债务范围内和债务人承担连带债务。

均不符合，则根据相应的承诺、文件约定确定义务方应当承担的责任。

2. 对资管业务的影响

金融机构开展资管业务过程中，有可能会出于不同目的而将增信措施变通地设置为差额补足、流动性支持等方式，《民法典》施行后，此类增信文件的性质认定有了法律依据。但需注意，如被认定为保证担保，则需根据差额补足方或流动性支持方是否经过合法有效的内部决议及金融机构是否进行了相应的合理审查来认定增信方是否应承担相应的保证责任。此外，如果被认定为应当承担保证责任，则对于保证性质的认定、保证期间的确定等具体问题，建议参考上文的相关内容。

3. 对金融机构开展资管业务的建议

（1）建议金融机构在开展资管业务过程中，如遇公司法人提供流动性支持或差额补足的，应综合核查公司工商备案情况及尽职调查情况，充分了解公司章程中对其提供担保及对外负债所需的内部决议程序。若金融机构明确知道该公司法人实际执行的最新公司章程或股东协议与在工商登记部门备案的公司章程约定不一致的，应按工商备案版本与公司最新版本中较严格的标准确定该企业法人应履行的内部决议程序。

（2）如根据此类增信文件的内容能判定其可能被纳入保证担保范畴的，金融机构应要求该主体提供按照公司章程及《公司法》关于公司对外担保的规定出具相应的内部决议文件，上市公司还应履行相应的信息披露义务；如根据此类增信文件的内容能判定为其确属债务加入的，应要求该主体提供按其公司章程中关于公司对外负债、进行借款的规定出具相应的内部决议文件，如公司章程中无明确规定的，则要求该主体提供按其公司章程最严的表决比例出具的股东（大）会决议文件；如根据此类增信文件的内容不能判定为保证担保或债务加入的，则应要求该主体提供按其公司章程最严的表决比例出具的股东（大）会决议文件，且应参考担保所要求履行的相应决策程序和信息披露程序。

第四章　基　　建

第一节　法条沿袭

一、建设工程合同的定义

与《合同法》第269条一致，未修改。

《民法典》

第七百八十八条　建设工程合同是承包人进行工程建设，发包人支付价款的合同。

建设工程合同包括工程勘察、设计、施工合同。

二、建设工程合同应采用书面形式

与《合同法》第270条一致，未修改。

《民法典》

第七百八十九条　建设工程合同应当采用书面形式。

三、建设工程招投标应公开公平公正

与《合同法》第271条一致，未修改。

《民法典》

第七百九十条　建设工程的招标投标活动，应当依照有关法律的规定公开、公平、公正进行。

四、总包与分包的一般规定

仅在《合同法》第272条的基础上进行了文字性调整，未作实质性

修改。

《民法典》

第七百九十一条 发包人可以与总承包人订立建设工程合同，也可以分别与勘察人、设计人、施工人订立勘察、设计、施工承包合同。发包人不得将应当由一个承包人完成的建设工程支解成若干部分发包给数个承包人。

总承包人或者勘察、设计、施工承包人经发包人同意，可以将自己承包的部分工作交由第三人完成。第三人就其完成的工作成果与总承包人或者勘察、设计、施工承包人向发包人承担连带责任。承包人不得将其承包的全部建设工程转包给第三人或者将其承包的全部建设工程支解以后以分包的名义分别转包给第三人。

禁止承包人将工程分包给不具备相应资质条件的单位。禁止分包单位将其承包的工程再分包。建设工程主体结构的施工必须由承包人自行完成。

五、重大建设工程合同的订立

与《合同法》第273条一致，未修改。

《民法典》

第七百九十二条 国家重大建设工程合同，应当按照国家规定的程序和国家批准的投资计划、可行性研究报告等文件订立。

六、勘察、设计合同与施工合同的主要内容

仅在《合同法》第274条、第275条的基础上进行了文字性调整，未作实质性修改。

《民法典》

第七百九十四条 勘察、设计合同的内容一般包括提交有关基础资料和概预算等文件的期限、质量要求、费用以及其他协作条件等条款。

第七百九十五条 施工合同的内容一般包括工程范围、建设工期、中间交工工程的开工和竣工时间、工程质量、工程造价、技术资料交付时间、材料和设备供应责任、拨款和结算、竣工验收、质量保修范围和质量保证期、相互协作等条款。

七、建设工程实行监理的应订立书面监理合同

仅在《合同法》第 276 条的基础上进行了文字性调整，未作实质性修改。

《民法典》

第七百九十六条 建设工程实行监理的，发包人应当与监理人采用书面形式订立委托监理合同。发包人与监理人的权利和义务以及法律责任，应当依照本编委托合同以及其他有关法律、行政法规的规定。

八、发包人检查权

与《合同法》第 277 条一致，未修改。

《民法典》

第七百九十七条 发包人在不妨碍承包人正常作业的情况下，可以随时对作业进度、质量进行检查。

九、隐蔽工程的验收

仅在《合同法》第 278 条的基础上进行了文字性调整，未作实质性修改。

《民法典》

第七百九十八条 隐蔽工程在隐蔽以前，承包人应当通知发包人检查。发包人没有及时检查的，承包人可以顺延工程日期，并有权请求赔偿停工、窝工等损失。

十、建设工程应进行竣工验收，验收合格方可交付使用

与《合同法》第 279 条一致，未修改。

《民法典》

第七百九十九条 建设工程竣工后，发包人应当根据施工图纸及说明书、国家颁发的施工验收规范和质量检验标准及时进行验收。验收合格的，发包人应当按照约定支付价款，并接收该建设工程。

建设工程竣工经验收合格后，方可交付使用；未经验收或者验收不合格的，不得交付使用。

十一、勘察设计人质量责任

与《合同法》第 280 条一致，未修改。

《民法典》

第八百条 勘察、设计的质量不符合要求或者未按照期限提交勘察、设计文件拖延工期，造成发包人损失的，勘察人、设计人应当继续完善勘察、设计，减收或者免收勘察、设计费并赔偿损失。

十二、施工人质量责任

仅在《合同法》第 281 条的基础上进行了文字性调整，未作实质性修改。

《民法典》

第八百零一条 因施工人的原因致使建设工程质量不符合约定的，发包人有权请求施工人在合理期限内无偿修理或者返工、改建。经过修理或者返工、改建后，造成逾期交付的，施工人应当承担违约责任。

十三、质量保证责任

仅在《合同法》第 282 条的基础上进行了文字性调整，未作实质性修改。

《民法典》

第八百零二条 因承包人的原因致使建设工程在合理使用期限内造成人身损害和财产损失的，承包人应当承担赔偿责任。

十四、发包人违约责任

仅在《合同法》第 283 条的基础上进行了文字性调整，未作实质性修改。

《民法典》

第八百零三条 发包人未按照约定的时间和要求提供原材料、设备、场地、资金、技术资料的，承包人可以顺延工程日期，并有权请求赔偿停工、窝工等损失。

十五、发包人原因致工程停建、缓建的责任

与《合同法》第284条一致，未修改。

《民法典》

第八百零四条 因发包人的原因致使工程中途停建、缓建的，发包人应当采取措施弥补或者减少损失，赔偿承包人因此造成的停工、窝工、倒运、机械设备调迁、材料和构件积压等损失和实际费用。

十六、发包人的原因致勘察、设计、返工、停工或修改设计的责任

与《合同法》第285条一致，未修改。

《民法典》

第八百零五条 因发包人变更计划，提供的资料不准确，或者未按照期限提供必需的勘察、设计工作条件而造成勘察、设计的返工、停工或者修改设计，发包人应当按照勘察人、设计人实际消耗的工作量增付费用。

十七、工程价款的支付

仅在《合同法》第286条的基础上进行了文字性调整，未作实质性修改。

《民法典》

第八百零七条 发包人未按照约定支付价款的，承包人可以催告发包人在合理期限内支付价款。发包人逾期不支付的，除根据建设工程的性质不宜折价、拍卖外，承包人可以与发包人协议将该工程折价，也可以请求人民法院将该工程依法拍卖。建设工程的价款就该工程折价或者拍卖的价款优先受偿。

十八、法律对建设工程合同无规定的适用承揽合同的规定

与《合同法》第287条一致，无修改。

《民法典》

第八百零八条 本章没有规定的，适用承揽合同的有关规定。

十九、建设工程施工合同被认定为无效的情形

仅在《原施工合同司法解释一》第1条的基础上进行了文字性调整，未作实质性修改。

《新施工合同司法解释》

第一条 建设工程施工合同具有下列情形之一的，应当依据民法典第一百五十三条第一款的规定，认定无效：

（一）承包人未取得建筑业企业资质或者超越资质等级的；

（二）没有资质的实际施工人借用有资质的建筑施工企业名义的；

（三）建设工程必须进行招标而未招标或者中标无效的。

承包人因转包、违法分包建设工程与他人签订的建设工程施工合同，应当依据民法典第一百五十三条[①]第一款及第七百九十一条第二款、第三款的规定，认定无效。

二十、建设工程施工合同不得与中标合同存在实质性变更

与《原施工合同司法解释二》第1条一致，未修改。

《新施工合同司法解释》

第二条 招标人和中标人另行签订的建设工程施工合同约定的工程范围、建设工期、工程质量、工程价款等实质性内容，与中标合同不一致，一方当事人请求按照中标合同确定权利义务的，人民法院应予支持。

---

① **《民法典》**

第一百五十三条 违反法律、行政法规的强制性规定的民事法律行为无效。但是，该强制性规定不导致该民事法律行为无效的除外。

违背公序良俗的民事法律行为无效。

招标人和中标人在中标合同之外就明显高于市场价格购买承建房产、无偿建设住房配套设施、让利、向建设单位捐赠财物等另行签订合同，变相降低工程价款，一方当事人以该合同背离中标合同实质性内容为由请求确认无效的，人民法院应予支持。

二十一、未取得建设工程规划许可证等审批手续对合同效力的影响

与《原施工合同司法解释二》第2条一致，未修改。

《新施工合同司法解释》

第三条 当事人以发包人未取得建设工程规划许可证等规划审批手续为由，请求确认建设工程施工合同无效的，人民法院应予支持，但发包人在起诉前取得建设工程规划许可证等规划审批手续的除外。

发包人能够办理审批手续而未办理，并以未办理审批手续为由请求确认建设工程施工合同无效的，人民法院不予支持。

二十二、超越资质等级签订的建设工程施工合同的效力

仅在《原施工合同司法解释一》第5条的基础上进行了文字性调整，未作实质性修改。

《新施工合同司法解释》

第四条 承包人超越资质等级许可的业务范围签订建设工程施工合同，在建设工程竣工前取得相应资质等级，当事人请求按照无效合同处理的，人民法院不予支持。

二十三、具有劳务作业法定资质的承包人签署的劳务分包合同的效力

仅在《原施工合同司法解释一》第7条的基础上进行了文字性调整，未作实质性修改。

《新施工合同司法解释》

第五条 具有劳务作业法定资质的承包人与总承包人、分包人签订的劳务分包合同，当事人请求确认无效的，人民法院依法不予支持。

二十四、建设工程施工合同无效后赔偿损失的规定

与《原施工合同司法解释二》第3条一致，未修改。

《新施工合同司法解释》

第六条 建设工程施工合同无效，一方当事人请求对方赔偿损失的，应当就对方过错、损失大小、过错与损失之间的因果关系承担举证责任。

损失大小无法确定，一方当事人请求参照合同约定的质量标准、建设工期、工程价款支付时间等内容确定损失大小的，人民法院可以结合双方过错程度、过错与损失之间的因果关系等因素作出裁判。

二十五、缺乏资质的出借方与借用方承担连带责任的规定

与《原施工合同司法解释二》第4条一致，未修改。

《新施工合同司法解释》

第七条 缺乏资质的单位或者个人借用有资质的建筑施工企业名义签订建设工程施工合同，发包人请求出借方与借用方对建设工程质量不合格等因出借资质造成的损失承担连带赔偿责任的，人民法院应予支持。

二十六、建设工程开工日期的认定

与《原施工合同司法解释二》第5条一致，未修改。

《新施工合同司法解释》

第八条 当事人对建设工程开工日期有争议的，人民法院应当分别按照以下情形予以认定：

（一）开工日期为发包人或者监理人发出的开工通知载明的开工日期；开工通知发出后，尚不具备开工条件的，以开工条件具备的时间为开工日期；因承包人原因导致开工时间推迟的，以开工通知载明的时间为开工日期。

（二）承包人经发包人同意已经实际进场施工的，以实际进场施工时间为开工日期。

（三）发包人或者监理人未发出开工通知，亦无相关证据证明实际开工日期的，应当综合考虑开工报告、合同、施工许可证、竣工验收报告或者竣

工验收备案表等载明的时间，并结合是否具备开工条件的事实，认定开工日期。

二十七、建设工程竣工日期的认定

仅在《原施工合同司法解释一》第14条的基础上进行了文字性调整，未作实质性修改。

《新施工合同司法解释》

第九条 当事人对建设工程实际竣工日期有争议的，人民法院应当分别按照以下情形予以认定：

（一）建设工程经竣工验收合格的，以竣工验收合格之日为竣工日期；

（二）承包人已经提交竣工验收报告，发包人拖延验收的，以承包人提交验收报告之日为竣工日期；

（三）建设工程未经竣工验收，发包人擅自使用的，以转移占有建设工程之日为竣工日期。

二十八、建设工程顺延工期的认定

与《原施工合同司法解释二》第6条一致，未修改。

《新施工合同司法解释》

第十条 当事人约定顺延工期应当经发包人或者监理人签证等方式确认，承包人虽未取得工期顺延的确认，但能够证明在合同约定的期限内向发包人或者监理人申请过工期顺延且顺延事由符合合同约定，承包人以此为由主张工期顺延的，人民法院应予支持。

当事人约定承包人未在约定期限内提出工期顺延申请视为工期不顺延的，按照约定处理，但发包人在约定期限后同意工期顺延或者承包人提出合理抗辩的除外。

二十九、鉴定日期作为顺延日期的规定

与《原施工合同司法解释一》第15条一致，未修改。

《新施工合同司法解释》

第十一条 建设工程竣工前，当事人对工程质量发生争议，工程质量经鉴定合格的，鉴定期间为顺延工期期间。

三十、有关建设工程未经竣工验收发包人即使用的规定

仅在《原施工合同司法解释一》第13条的基础上进行了文字性调整，未作实质性修改。

《新施工合同司法解释》

第十四条 建设工程未经竣工验收，发包人擅自使用后，又以使用部分质量不符合约定为由主张权利的，人民法院不予支持；但是承包人应当在建设工程的合理使用寿命内对地基基础工程和主体结构质量承担民事责任。

三十一、有关因建设工程质量发生争议后，发包人起诉主体的规定

与《原施工合同司法解释一》第25条一致，未修改。

《新施工合同司法解释》

第十五条 因建设工程质量发生争议的，发包人可以以总承包人、分包人和实际施工人为共同被告提起诉讼。

三十二、关于反诉合并审理的规定

与《原施工合同司法解释二》第7条一致，未修改。

《新施工合同司法解释》

第十六条 发包人在承包人提起的建设工程施工合同纠纷案件中，以建设工程质量不符合合同约定或者法律规定为由，就承包人支付违约金或者赔偿修理、返工、改建的合理费用等损失提出反诉的，人民法院可以合并审理。

三十三、关于返还工程质量保证金的规定

仅在《原施工合同司法解释二》第8条的基础上进行了文字性调整，未作实质性修改。

《新施工合同司法解释》

第十七条 有下列情形之一，承包人请求发包人返还工程质量保证金的，人民法院应予支持：

（一）当事人约定的工程质量保证金返还期限届满；

（二）当事人未约定工程质量保证金返还期限的，自建设工程通过竣工验收之日起满二年；

（三）因发包人原因建设工程未按约定期限进行竣工验收的，自承包人提交工程竣工验收报告九十日后当事人约定的工程质量保证金返还期限届满；当事人未约定工程质量保证金返还期限的，自承包人提交工程竣工验收报告九十日后起满二年。

发包人返还工程质量保证金后，不影响承包人根据合同约定或者法律规定履行工程保修义务。

三十四、保修人的保修责任

仅在《原施工合同司法解释一》第 27 条的基础上进行了文字性调整，未作实质性修改。

《新施工合同司法解释》

第十八条 因保修人未及时履行保修义务，导致建筑物毁损或者造成人身损害、财产损失的，保修人应当承担赔偿责任。

保修人与建筑物所有人或者发包人对建筑物毁损均有过错的，各自承担相应的责任。

三十五、当事人对于工程量有争议后的处理方式

与《原施工合同司法解释一》第 19 条一致，未修改。

《新施工合同司法解释》

第二十条 当事人对工程量有争议的，按照施工过程中形成的签证等书面文件确认。承包人能够证明发包人同意其施工，但未能提供签证文件证明工程量发生的，可以按照当事人提供的其他证据确认实际发生的工程量。

三十六、对于竣工结算文件的规定

仅在与《原施工合同司法解释一》第20条的基础上进行了文字性调整，未作实质性修改。

《新施工合同司法解释》

第二十一条 当事人约定，发包人收到竣工结算文件后，在约定期限内不予答复，视为认可竣工结算文件的，按照约定处理。承包人请求按照竣工结算文件结算工程价款的，人民法院应予支持。

三十七、关于按照招标文件、投标文件、中标通知书约定结算工程价款的规定

与《原施工合同司法解释二》第10条一致，未修改。

《新施工合同司法解释》

第二十二条 当事人签订的建设工程施工合同与招标文件、投标文件、中标通知书载明的工程范围、建设工期、工程质量、工程价款不一致，一方当事人请求将招标文件、投标文件、中标通知书作为结算工程价款的依据的，人民法院应予支持。

三十八、利息的计付规定

与《原施工合同司法解释一》第18条一致，未修改。

《新施工合同司法解释》

第二十七条 利息从应付工程价款之日开始计付。当事人对付款时间没有约定或者约定不明的，下列时间视为应付款时间：

（一）建设工程已实际交付的，为交付之日；

（二）建设工程没有交付的，为提交竣工结算文件之日；

（三）建设工程未交付，工程价款也未结算的，为当事人起诉之日。

三十九、关于对工程造价等进行鉴定的规定

与《原施工合同司法解释一》第22条一致，未修改。

《新施工合同司法解释》

第二十八条 当事人约定按照固定价结算工程价款，一方当事人请求对建设工程造价进行鉴定的，人民法院不予支持。

四十、关于工程价款优先受偿权的一般规定

仅在《原施工合同司法解释二》第17条、第19~21条及最高人民法院《关于建设工程价款优先受偿权问题的批复》第1条的基础上进行了文字性调整，未作实质性修改。

《新施工合同司法解释》

第三十五条 与发包人订立建设工程施工合同的承包人，依据民法典第八百零七条的规定请求其承建工程的价款就工程折价或者拍卖的价款优先受偿的，人民法院应予支持。

第三十六条 承包人根据民法典第八百零七条规定享有的建设工程价款优先受偿权优于抵押权和其他债权。

第三十八条 建设工程质量合格，承包人请求其承建工程的价款就工程折价或者拍卖的价款优先受偿的，人民法院应予支持。

第三十九条 未竣工的建设工程质量合格，承包人请求其承建工程的价款就其承建工程部分折价或者拍卖的价款优先受偿的，人民法院应予支持。

第四十条 承包人建设工程价款优先受偿的范围依照国务院有关行政主管部门关于建设工程价款范围的规定确定。

承包人就逾期支付建设工程价款的利息、违约金、损害赔偿金等主张优先受偿的，人民法院不予支持。

四十一、关于实际施工人起诉主体的规定

仅在《原施工合同司法解释一》第26条及《原施工合同司法解释二》第24条的基础上进行了文字性调整，未作实质性修改。

《新施工合同司法解释》

第四十三条 实际施工人以转包人、违法分包人为被告起诉的，人民法院应当依法受理。

实际施工人以发包人为被告主张权利的，人民法院应当追加转包人或者违法分包人为本案第三人，在查明发包人欠付转包人或者违法分包人建设工程价款的数额后，判决发包人在欠付建设工程价款范围内对实际施工人承担责任。

第二节　变化、分析及应对

一、施工合同无效但工程验收合格情况下工程价款的结算

施工合同无效作为民事法律行为无效情形的一种，因工程施工领域的特殊性，所以法律对施工合同无效的处理方式作出了特殊规定，本次《民法典》对于施工合同无效但工程验收合格情况下工程价款结算方式相关规定的修改将对资管业务项下基建类项目产生较大影响。

（一）新旧法律条文对比

1. 原规定

《原施工合同司法解释一》

第二条　建设工程施工合同无效，但建设工程经竣工验收合格，承包人请求参照合同约定支付工程价款的，应予支持。

2. 新规定

《民法典》

第七百九十三条　建设工程施工合同无效，但是建设工程经验收合格的，可以参照合同关于工程价款的约定折价补偿承包人。

建设工程施工合同无效，且建设工程经验收不合格的，按照以下情形处理：

（一）修复后的建设工程经验收合格的，发包人可以请求承包人承担修复费用；

（二）修复后的建设工程经验收不合格的，承包人无权请求参照合同关

于工程价款的约定折价补偿。

发包人对因建设工程不合格造成的损失有过错的，应当承担相应的责任。

（二）法条对比、影响及建议

1. 法律条文变化分析

《民法典》此条将《原施工合同司法解释一》中的“承包人请求参照合同约定支付工程价款的，应予支持”修改为“可以参照合同关于工程价款的约定折价补偿承包人”。首先，这便使这一规范逻辑限定在《民法典》第157条[①]所规定的民事法律行为无效后行为人不能返还财产的情况下应采取折价补偿的体系框架内；其次，折价补偿的标准“参照合同关于工程价款的约定”更加符合当事人的合理预期和真实意思，便于各司法机关实操把握，亦与《原施工合同司法解释一》的规定达到同样的实质效果；最后，由“应予支持”到“可以”的变化亦给予了法官更大的自由裁量权，若个案中法官直接“参照合同关于工程价款的约定折价补偿承包人”将导致各当事人的权利义务出现显著不对等的，则法官亦可采取其他的折价补偿方式。

同时，在建设工程领域，工程验收除竣工验收外，亦包括分项工程验收、分部工程验收等，《民法典》此条款将《原施工合同司法解释一》中的“竣工验收合格”修改为“验收合格”，使条文规定更加灵活，与实务操作亦更加贴合。

2. 对资管业务的影响

在资管业务项下的基建类项目中，项目回款的稳定性一直是金融机构参与该类项目的关注重点，本次《民法典》对于施工合同无效但工程验收合格情况下处理方式的修改给予了法官更大的自由裁判权，法官可以选择是否参照合同关于工程价款的约定折价补偿承包人，同时对于折价比例也存在自由裁量权，将导致这种情形下项目回款金额的不确定性，将影响金融机构对于

---

① **《民法典》**

第一百五十七条 民事法律行为无效、被撤销或者确定不发生效力后，行为人因该行为取得的财产，应当予以返还；不能返还或者没有必要返还的，应当折价补偿。有过错的一方应当赔偿对方由此所受到的损失；各方都有过错的，应当各自承担相应的责任。法律另有规定的，依照其规定。

项目回款金额的测算，扩大了该类项目的风险敞口，同时，进一步提高了金融机构选择项目和施工方的要求和难度。但是如下列案例所示，在尚无司法解释明确具体折价比例，且施工合同约定的工程款计算方式公允的前提下，法院可能仍会按照合同约定的计价方式计算应付工程款金额。

案例：江西中南建设工程集团公司与熊国勇、梁金福建设工程施工合同纠纷民事判决书［（2020）青民终297号］

江西中南建设工程集团公司青海分公司（该公司后续已注销，且其债权债务由江西中南建设工程集团公司承担，以下统称中南公司）中标某棚户区改造项目（以下简称标的项目）的施工承包业务，并与标的项目建设单位青海习康房地产开发有限公司（以下简称习康公司）签署了《建筑工程施工合同》，中南公司后续将部分标的项目转包给熊某勇、梁某福，并签署了《工程项目经营管理责任书》。《工程项目经营管理责任书》因属转包合同而被法院判定为无效，二审法院认为，应按照《民法典》第793条的规定，参照《工程项目经营管理责任书》和《建筑工程施工合同》的约定，由中南公司对熊某勇、梁某福施工完成的转包部分给予折价补偿。同时，根据二审法院的计算过程，其依据《建筑工程施工合同》约定的固定总价和标的项目的建筑面积计算出每平方米的固定单价，然后乘以转包部分对应的建筑面积进而核算出折价补偿工程款数额。

3. 对金融机构开展资管业务的建议

首先，建议在施工合同中明确约定无效后的处理方式，可以在发生合同无效纠纷时给司法机关提供一定的参考依据。

当然，消除此类不确定风险的核心是要避免此类情形的发生，即避免发生合同无效的情形，金融机构需要核查施工单位的资质等级是否符合要求、标的项目的招投标程序是否合法合规等内容，避免出现《民法典》《新施工合同司法解释》等法律法规规定的合同无效情形。

另外，因金融机构在参与该类项目时一般仅提供资金支持，并不实际参与项目的施工建设，通常与施工单位组成联合体一同参与项目的竞标，遂在竞标前或在成功竞标后，金融机构可与施工单位签署相应合作协议，对于这种情形下内部责任承担进行明确划分，尽量化解风险的不确定性，保障资金的顺利退出。

二、建设工程施工合同的解除

因工程施工领域的特殊性，建设工程施工合同的解除，除受合同解除一般规则规制外，亦对其作出了相应的特殊规定，本次《民法典》对于建设工程施工合同解除的特殊规定在沿袭《原施工合同司法解释一》相关规定的基础上，对于发包人与承包人的法定解除权作出了少许调整，这一调整将对资管业务项下基建类项目产生一定影响。

（一）新旧法律条文对比

1. 原规定

《原施工合同司法解释一》

第八条 承包人具有下列情形之一，发包人请求解除建设工程施工合同的，应予支持：

（一）明确表示或者以行为表明不履行合同主要义务的；

（二）合同约定的期限内没有完工，且在发包人催告的合理期限内仍未完工的；

（三）已经完成的建设工程质量不合格，并拒绝修复的；

（四）将承包的建设工程非法转包、违法分包的。

第九条 发包人具有下列情形之一，致使承包人无法施工，且在催告的合理期限内仍未履行相应义务，承包人请求解除建设工程施工合同的，应予支持：

（一）未按约定支付工程价款的；

（二）提供的主要建筑材料、建筑构配件和设备不符合强制性标准的；

（三）不履行合同约定的协助义务的。

第十条 建设工程施工合同解除后，已经完成的建设工程质量合格的，发包人应当按照约定支付相应的工程价款；已经完成的建设工程质量不合格的，参照本解释第三条规定处理。

因一方违约导致合同解除的，违约方应当赔偿因此而给对方造成的损失。

2. 新规定

《民法典》

第八百零六条 承包人将建设工程转包、违法分包的，发包人可以解除合同。

发包人提供的主要建筑材料、建筑构配件和设备不符合强制性标准或者不履行协助义务，致使承包人无法施工，经催告后在合理期限内仍未履行相应义务的，承包人可以解除合同。

合同解除后，已经完成的建设工程质量合格的，发包人应当按照约定支付相应的工程价款；已经完成的建设工程质量不合格的，参照本法第七百九十三条的规定处理。

（二）法条对比、影响及建议

1. 法律条文变化分析

对于发包人的法定解除权：从条文表述上来看，首先，《民法典》此条将《原施工合同司法解释一》中的“非法转包”修改为“转包”，因转包本身即违法，不存在“合法转包”，此处修改属于优化表述；另外，《民法典》对于发包人的法定解除权仅保留了《原施工合同司法解释一》第8条第4项规定的承包人转包、非法分包两种情形，未保留《原施工合同司法解释一》第8条第1项至第3项规定的发包人享有法定解除权的情形，但建设工程施工合同作为一种合同形式，仍受《民法典》合同编通则部分合同解除相关条款的规制，《原施工合同司法解释一》第8条第1项、第2项规定的发包人享有的法定解除权仍可通过《民法典》第563条[①]第1款第2项、第3项的规

① 《民法典》

第五百六十三条 有下列情形之一的，当事人可以解除合同：

（一）因不可抗力致使不能实现合同目的；

（二）在履行期限届满前，当事人一方明确表示或者以自己的行为表明不履行主要债务；

（三）当事人一方迟延履行主要债务，经催告后在合理期限内仍未履行；

（四）当事人一方迟延履行债务或者有其他违约行为致使不能实现合同目的；

（五）法律规定的其他情形。

以持续履行的债务为内容的不定期合同，当事人可以随时解除合同，但是应当在合理期限之前通知对方。

定实现，《原施工合同司法解释一》第8条第3项规定的发包人享有的法定解除权是否可通过《民法典》第563条第1款第4项的规定实现，仍需要根据案件的具体情况及后续司法机关的裁判来判断，笔者认为，若《原施工合同司法解释一》第8条第3项规定的情形达到合同目的无法实现的程度，则发包人可按照《民法典》第563条第1款第4项的规定行使法定解除权。

对于承包人的法定解除权：从条文表述上来看，首先，《民法典》此条将《原施工合同司法解释一》中的“不履行合同约定的协助义务”修改为“不履行协助义务”，将发包人的协助义务不再限制在合同约定范围内，当事人遵循诚实信用原则所应履行的协助义务以及其他相关法定协助义务等亦属于规范范畴；另外，《民法典》对于承包人的法定解除权仅保留了《原施工合同司法解释一》第9条第2项、第3项两种情形，未保留《原施工合同司法解释一》第9条第1项中“未按约定支付工程价款的”之规定，但“支付工程价款”作为发包人在建设工程施工合同项下的主要义务之一，《原施工合同司法解释一》第9条第1项规定的承包人享有的法定解除权仍可通过《民法典》第563条第1款第3项的规定内容实现。

合同解除后的后果：因《原施工合同司法解释一》第3条已被《民法典》吸收并编入第793条①，所以引用条款有所变化；另外，因《民法典》合同编通则部分第566条第2款已规定“合同因违约解除的，解除权人可以请求违约方承担违约责任，但是当事人另有约定的除外”，所以，《民法典》此条未再保留《原施工合同司法解释一》第10条第2款的类似规定。

2. 对资管业务的影响

合同的解除与否将直接影响合同各方权利义务的行使与履行，进而影

① **《民法典》**

第七百九十三条 建设工程施工合同无效，但是建设工程经验收合格的，可以参照合同关于工程价款的约定折价补偿承包人。

建设工程施工合同无效，且建设工程经验收不合格的，按照以下情形处理：

（一）修复后的建设工程经验收合格的，发包人可以请求承包人承担修复费用；

（二）修复后的建设工程经验收不合格的，承包人无权请求参照合同关于工程价款的约定折价补偿。

发包人对因建设工程不合格造成的损失有过错的，应当承担相应的责任。

响各方交易安排与商业目的的实现。在资管业务项下的基建类项目中，金融机构多数情况下作为联合体一方，同时由联合体各方与基建项目业主单位共同签署相应的总承包合同，目前《民法典》实质上扩大了承包人行使法定解除权的情形，对承包人一方有利。但为确保交易的稳定性和对交易安排的实质把控力度，金融机构应确保其对合同解除权的行使保留决定权，避免联合体中施工方等其他成员独自行使合同解除权，造成项目回款金额的不确定。

3. 对金融机构开展资管业务的建议

就金融机构而言，在联合体与业主单位共同签署的总承包合同中，建议明确约定由联合体各方共同行使合同解除权，金融机构外的其他各方不得单独行使合同解除权，另外，在金融机构与联合体其他方的合作协议中，建议明确约定，在未取得金融机构书面同意的情况下，联合体其他方不得行使合同解除权。

同时，在联合体与业主单位共同签署的总承包合同中，建议明确约定合同解除后的处理方式，包括但不限于工程款如何结算、违约责任如何承担等，因为根据《民法典》合同编通则部分第566条第2款的规定，“合同因违约解除的，解除权人可以请求违约方承担违约责任，但是当事人另有约定的除外”，该条款可以由当事人自行约定。

三、建设工程施工合同被认定为无效后的处理规则

《民法典》未保留《原施工合同司法解释一》中有关承包人因转包、违法分包导致合同无效后被收缴非法所得的规定，看似减轻了承包人需要承担的责任，实则不然。

（一）新旧法律条文对比

1. 原规定

《原施工合同司法解释一》

第四条　承包人非法转包、违法分包建设工程或者没有资质的实际施工人借用有资质的建筑施工企业名义与他人签订建设工程施工合同的行为无效。

人民法院可以根据民法通则第一百三十四条①规定，收缴当事人已经取得的非法所得。

2. 新规定

《新施工合同司法解释》

第一条 建设工程施工合同具有下列情形之一的，应当依据民法典第一百五十三条②第一款的规定，认定无效：

（一）承包人未取得建筑业企业资质或者超越资质等级的；

（二）没有资质的实际施工人借用有资质的建筑施工企业名义的；

（三）建设工程必须进行招标而未招标或者中标无效的。

承包人因转包、违法分包建设工程与他人签订的建设工程施工合同，应当依据民法典第一百五十三条第一款及第七百九十一条③第二款、第三款的规定，认定无效。

---

① **《民法通则》**

第一百三十四条 承担民事责任的方式主要有：

（一）停止侵害；（二）排除妨碍；（三）消除危险；（四）返还财产；（五）恢复原状；（六）修理、重作、更换；（七）赔偿损失；（八）支付违约金；（九）消除影响、恢复名誉；（十）赔礼道歉。

以上承担民事责任的方式，可以单独适用，也可以合并适用。

人民法院审理民事案件，除适用上述规定外，还可以予以训诫、责令具结悔过，收缴进行非法活动的财物和非法所得，并可以依照法律规定处以罚款、拘留。

② **《民法典》**

第一百五十三条 违反法律、行政法规的强制性规定的民事法律行为无效。但是，该强制性规定不导致该民事法律行为无效的除外。

违背公序良俗的民事法律行为无效。

③ **《民法典》**

第七百九十一条 发包人可以与总承包人订立建设工程合同，也可以分别与勘察人、设计人、施工人订立勘察、设计、施工承包合同。发包人不得将应当由一个承包人完成的建设工程支解成若干部分发包给数个承包人。

总承包人或者勘察、设计、施工承包人经发包人同意，可以将自己承包的部分工作交由第三人完成。第三人就其完成的工作成果与总承包人或者勘察、设计、施工承包人向发包人承担连带责任。承包人不得将其承包的全部建设工程转包给第三人或者将其承包的全部建设工程支解以后以分包的名义分别转包给第三人。

禁止承包人将工程分包给不具备相应资质条件的单位。禁止分包单位将其承包的工程再分包。建设工程主体结构的施工必须由承包人自行完成。

（二）法条对比、影响及建议

1. 法律条文变化分析

《新施工合同司法解释》除将《原施工合同司法解释一》第4条中“非法转包”修改为“转包”外，同时未保留《原施工合同司法解释一》第4条中“没有资质的实际施工人借用有资质的建筑施工企业名义”的重复表述。另外，《新施工合同司法解释》亦未保留《原施工合同司法解释一》第4条关于“人民法院可以根据民法通则第一百三十四条规定，收缴当事人已经取得的非法所得”的规定内容，主要原因在于《民法典》作为调整平等民事主体之间法律关系的法律，直接删除了涉及行政法律关系方面的规定。

2. 对资管业务的影响

虽然，《民法典》未保留《原施工合同司法解释一》中有关承包人转包、违法分包情形下法院收缴违法所得的规定，但并不意味着这种情形下承包人可以不再对上述处罚措施导致的后果承担责任，按照《建筑法》和住房和城乡建设部《关于印发建筑工程施工发包与承包违法行为认定查处管理办法的通知》等规范性文件的规定，相关行政主管部门仍可对上述违法行为采取罚款、没收违法所得等行政处罚措施。所以，上述条文变化主要是基于立法技术和立法体系的原因而产生，并未减轻所应承担的实质责任。

3. 对金融机构开展资管业务的建议

金融机构在参与资管业务项下的基建类项目中，仍应避免出现转包、违法分包等导致合同无效情形的出现，除谨慎筛选交易对手外，在项目中后期管理中，亦要做到有效把控，特别是在金融机构提供资金支持时，应严格核查相应用款文件，有效把握资金用途及流向，防止出现转包、违法分包等情形。

同时，金融机构在与施工单位等签署的合作协议中，应明确约定出现此类情形时的责任承担事宜，并可约定相应的惩罚性违约金，加大施工单位的违约成本，尽量降低发生此类情形的风险。

四、承包人的原因造成建设工程质量不符合约定属于无过错责任

《民法典》关于承包人对于工程质量承担无过错责任的规定加大了金融

机构参与基建类项目的风险。

（一）新旧法律条文对比

1. 原规定

《原施工合同司法解释一》

第十一条　因承包人的过错造成建设工程质量不符合约定，承包人拒绝修理、返工或者改建，发包人请求减少支付工程价款的，应予支持。

2. 新规定

《新施工合同司法解释》

第十二条　因承包人的原因造成建设工程质量不符合约定，承包人拒绝修理、返工或者改建，发包人请求减少支付工程价款的，人民法院应予支持。

（二）法条对比、影响及建议

1. 法律条文变化分析

《新施工合同司法解释》将《原施工合同司法解释一》中“承包人的过错”修改为“承包人的原因”，承包人承担工程质量责任不以承包人有过错为前提，与合同违约责任属于无过错责任的原则一致。下面结合一个案例，对此问题进行进一步探讨。

案例：郝某勇与李某芳、崔某等农村建房施工合同纠纷［（2021）新40民终926号］

2014年4月，郝某勇以包工包料的方式承建崔某的房屋，当年8月完工。2017年4月25日，经双方结算，崔某向郝某勇出具欠条一份。崔某出具欠条后，共向郝某勇支付建房款13,000元，余67,000元建房款至今未付。2019年11月6日，郝某勇因崔某未付建房款将其诉至法院。其中，二审法院在论证争议焦点之一“案涉工程是否存在质量问题，修复费用应否从工程款中扣减”时，提到“本案中，新疆中远工程检测有限公司作出的新疆中远［2020］鉴字第005号鉴定意见书中多处表述‘不符合规范要求’‘不符合设计要求’‘崔某个人房屋施工工程质量存在的问题’，而非仅仅列明案涉房屋存在墙体裂缝、受潮发霉等客观现象，鉴定意见书已明确表明案涉工程存在质量问题。郝某勇作为包工包料的承包人，应对质量缺陷承担责任。”

在上述案例中，法院并未就承包人是否存在过错进行单独论证。

2. 对资管业务的影响

在资管业务项下的基建类项目中，金融机构多数情况下会与施工单位组成联合体参与基建项目的竞标，中标后，联合体各方与基建项目的业主单位共同签署相应的总承包合同，虽然，金融机构在此类项目中仅提供资金支持，不实际参与基建项目的施工建设，但作为联合体一员，金融机构就工程质量需要与其他联合体成员单位共同对业主单位承担连带责任，所以，《民法典》此条修改内容亦加大了金融机构承担工程质量责任的风险。

3. 对金融机构开展资管业务的建议

在资管业务项下的基建类项目中，金融机构应重视过程管理，可聘请相应监理单位等机构对工程质量定期检查，另外，金融机构与施工单位等联合体成员单位签署合作协议时，应明确约定因工程质量问题导致联合体需要承担责任和风险（包括但不限于不能获得发包人支付合同价款的风险）的，此类责任和风险均应由施工单位承担，若对金融机构造成损失的，施工单位亦应赔偿金融机构产生的全部损失。

五、建设工程施工合同有效但建设工程竣工验收不合格的处理规则

《新施工合同司法解释》将建设工程施工合同有效，但建设工程竣工验收不合格情形下的处理方式调整为承担违约责任的方式，增加了合同各方的选择空间，使合同各方的权利义务更加均衡。

（一）新旧法律条文对比

1. 原规定

《原施工合同司法解释一》

第十六条 当事人对建设工程的计价标准或者计价方法有约定的，按照约定结算工程价款。

因设计变更导致建设工程的工程量或者质量标准发生变化，当事人对该部分工程价款不能协商一致的，可以参照签订建设工程施工合同时当地建设

行政主管部门发布的计价方法或者计价标准结算工程价款。

建设工程施工合同有效，但建设工程经竣工验收不合格的，工程价款结算参照本解释第三条①规定处理。

2. **新规定**

《新施工合同司法解释》

第十九条 当事人对建设工程的计价标准或者计价方法有约定的，按照约定结算工程价款。

因设计变更导致建设工程的工程量或者质量标准发生变化，当事人对该部分工程价款不能协商一致的，可以参照签订建设工程施工合同时当地建设行政主管部门发布的计价方法或者计价标准结算工程价款。

建设工程施工合同有效，但建设工程经竣工验收不合格的，依照民法典第五百七十七条②规定处理。

（二）法条对比、影响及建议

1. 法律条文变化分析

对于建设工程施工合同有效，但建设工程竣工验收不合格情形的处理方式，《原施工合同司法解释一》规定参照建设工程施工合同无效，且建设工程经竣工验收不合格的处理方式，目前《新施工合同司法解释》调整为按照《民法典》第 577 条规定的合同违约的处理方式，由违约方承担继续履行、采取补救措施或者赔偿损失等违约责任。按照《原施工合同司法解释一》的原规定，出现此类情形时需要被动等待承包人进行修复工作，根据工程修复结果采取不同的处理方式，而现在按照《新施工合同司法解释》的规定，发包人可以采取包括要求承包人修复在内的各项措施，给了发包人更多的选择

---

① **《原施工合同司法解释一》**

第三条 建设工程施工合同无效，且建设工程经竣工验收不合格的，按照以下情形分别处理：

（一）修复后的建设工程经竣工验收合格，发包人请求承包人承担修复费用的，应予支持；

（二）修复后的建设工程经竣工验收不合格，承包人请求支付工程价款的，不予支持。

因建设工程不合格造成的损失，发包人有过错的，也应承担相应的民事责任。

② **《民法典》**

第五百七十七条 当事人一方不履行合同义务或者履行合同义务不符合约定的，应当承担继续履行、采取补救措施或者赔偿损失等违约责任。

权，这一调整与《民法典》体系相衔接，逻辑性更强，使合同各方的权利义务更加均衡。

2. **对资管业务的影响**

在资管业务项下的基建类项目中，若金融机构选择的作为合作方的施工单位资质较差或者施工经验不够丰富或者出现疫情等各种不可控因素，则很可能出现工程竣工验收不合格情形，所以，这类情形下各方的处理方式和回款来源成为金融机构需在合同中事先确定的重要内容，目前《新施工合同司法解释》从违约责任的角度出发，相比于原来的规制路径，给了合同各方更多的可能性。

3. **对金融机构开展资管业务的建议**

为避免这种情形的发生，金融机构首先应谨慎选择施工单位，尽量挑选资质高、品牌强、经验丰富的施工单位，另外，加强项目的中后期管理，有效监督工程施工进度情况，避免出现无法竣工验收的情形。

另外，在联合体与项目业主单位签署的总承包合同中，应明确约定出现合同有效但建设工程竣工验收不合格的情形时的处理方式，明确约定联合体应当承担的违约责任，同时，在金融机构与施工单位等联合体签署的合作协议中，应明确约定出现此类情形时各方的责任划分以及金融机构的回款来源，尽量将责任承担转移至施工方并确保金融机构的资金退出安全。

六、关于垫资利息的规定

《新施工合同司法解释》根据目前最新的利率政策将垫资利息的上限计算标准进行了相应调整，对于可能被认定为垫资建设的基建项目的回款将产生一定影响。

（一）新旧法律条文对比

1. **原规定**

《原施工合同司法解释一》

第六条 当事人对垫资和垫资利息有约定，承包人请求按照约定返还垫资及其利息的，应予支持，但是约定的利息计算标准高于中国人民银行发布的同期同类贷款利率的部分除外。

当事人对垫资没有约定的，按照工程欠款处理。

当事人对垫资利息没有约定，承包人请求支付利息的，不予支持。

2. 新规定

《新施工合同司法解释》

第二十五条 当事人对垫资和垫资利息有约定，承包人请求按照约定返还垫资及其利息的，人民法院应予支持，但是约定的利息计算标准高于垫资时的同类贷款利率或者同期贷款市场报价利率的部分除外。

当事人对垫资没有约定的，按照工程欠款处理。

当事人对垫资利息没有约定，承包人请求支付利息的，人民法院不予支持。

（二）法条对比、影响及建议

1. 法律条文变化分析

本条主要变化在于将垫资利息的上限计算标准由“中国人民银行发布的同期同类贷款利率”调整为“垫资时的同类贷款利率或者同期贷款市场报价利率”，变化主要原因在于，根据《中国人民银行公告［2019］第15号——关于中国人民银行决定改革完善贷款市场报价利率（LPR）形成机制的公告》的规定，自2019年8月20日起，中国人民银行授权全国银行间同业拆借中心于每月20日（遇节假日顺延）9时30分公布贷款市场报价利率，各银行应在新发放的贷款中主要参考贷款市场报价利率定价。这种变化不仅体现在《新施工合同司法解释》中，在《新买卖合同司法解释》《新民间借贷解释》等规范性法律文件中亦有相应调整。

对于调整后仍保留“同类贷款利率”计算标准的原因，目前多数观点认为，根据调整后的规定，应根据“垫资时”的政策进行选择适用，若垫资时间在2019年8月20日前的，因无有效的“贷款市场报价利率”，仍应以“同类贷款利率”作为计算标准。下列案例在一定程度上印证了上述观点。

案例：长青建设集团有限公司、长青建设集团有限公司陕西分公司与刘某生、马某梅、胡某波等建设工程施工合同纠纷一审民事判决书［（2018）陕民初110号］

在该案中，陕西省高级人民法院认为，关于利息计算标准问题。双方协议约定的垫资工程款利息为月息2.5%，视为双方就逾期支付工程款利息标准达成一致，但是该标准明显过高，陕西长宏地产开发有限公司洛川分公司已经抗辩称该约定过高其不应承担利息等，结合案涉工程施工中长青公司陕西分公司未经陕西长宏地产开发有限公司洛川分公司同意变更负责人意图控制案涉项目，导致双方合作终止，也存在过错等因素，本院综合考虑在合同履行中双方的违约和过错以及长青公司陕西分公司损失举证等因素，依法对逾期支付工程款的利息调整为2019年8月19日前按照同期中国人民银行贷款利率计算为宜，2019年8月20日之后依据全国银行间同业拆借中心公布的市场报价利率计算为宜，计算至实际偿付之日止。

2. 对资管业务的影响

目前在资管业务项下的基建类项目中，金融机构的主要工作便是筹集资金，尤其是在目前开展的F+EPC等创新业务模式中，在项目建设期，都是由金融机构募集资金并向施工单位支付相应比例的施工款项，待到项目竣工验收后，再由业主单位分期支付相应的施工款项及相应的投资收益，若业主单位主张合同约定的投资收益的计算标准大于上述垫资利息计算标准上限的，则超出部分存在法院不予支持的风险，进而造成项目回款金额变小，最终导致资金端投资者收益的减少。

3. 对金融机构开展资管业务的建议

为避免上述不利情形的发生，首先，金融机构可在与业主单位签署的合同中明确约定此类投资收益属于联合体参与项目所获得的必要投资收益，而非垫资所产生的垫资利息。但需要指出的是，虽然金融机构可以尽量在合同中弱化垫资属性，而强调投资收益的属性，但这种安排在司法实践层面仍存在一定风险。其次，金融机构在建设期内向施工单位支付的施工款项时可保留部分比例的施工款项不予支付，在业主单位支付全部施工款项及相应投资收益后再行支付，以此作为金融机构全部资金退出的安全垫。

七、装饰装修工程行使工程价款优先受偿权的前提

《新施工合同司法解释》对承包人就装饰装修工程折价或者拍卖价款所享有的优先受偿权前提的调整，扩大了承包人的行权范围，对资管业务项下基建类项目的开展具有利好影响。

（一）新旧法律条文对比

1. 原规定

《原施工合同司法解释二》

第十八条 装饰装修工程的承包人，请求装饰装修工程价款就该装饰装修工程折价或者拍卖的价款优先受偿的，人民法院应予支持，但装饰装修工程的发包人不是该建筑物的所有权人的除外。

2. 新规定

《新施工合同司法解释》

第三十七条 装饰装修工程具备折价或者拍卖条件，装饰装修工程的承包人请求工程价款就该装饰装修工程折价或者拍卖的价款优先受偿的，人民法院应予支持。

（二）法条对比、影响及建议

1. 法律条文变化分析

对于装饰装修工程的承包人对装饰装修工程折价或者拍卖的价款所享有的优先受偿权的前提，《新施工合同司法解释》删除了《原施工合同司法解释二》中所规定的“装饰装修工程的发包人不是该建筑物的所有权人”的除外条款，新增“装饰装修工程具备折价或者拍卖条件”的一般性要求。这种调整扩大了装饰装修工程的承包人对装饰装修工程折价或者拍卖的价款行使优先受偿权的范围，比如，在承租人取得出租人同意的情况下，承租人通过招投标的方式确定承包人对建筑物进行装饰装修，若承租人未按约定支付装饰装修价款的，按照《原施工合同司法解释二》的规定，承租人因为不是建筑物的所有权人，承包人对装饰装修工程折价或者拍卖的价款是无法行使优

先受偿权的，但是按照《新施工合同司法解释》的规定，在装饰装修工程具备折价或者拍卖条件的前提下，承包人对装饰装修工程折价或者拍卖的价款可以行使优先受偿权。但是，因装饰装修工程一般情况下均属于主体建筑物的添附物，无法单独进行折价或拍卖，对于“装饰装修工程具备折价或者拍卖条件”如何进行判定目前未有明确的标准，仍需司法实践的进一步明确。下面这个案例便与此问题有关。

案例：陈某钟与广东宝贝儿婴童用品股份有限公司装饰装修合同纠纷［（2021）粤05民终106号］

在该案中，就陈某钟对涉案装修工程价款是否享有优先受偿权事宜，二审法院认为，根据2021年1月1日起施行的《新施工合同司法解释》第37条的规定，装饰装修工程具备折价或者拍卖条件，装饰装修工程的承包人请求工程价款就该装饰装修工程折价或者拍卖的价款优先受偿的，人民法院应予支持。而在本案当中，虽然陈某钟与宝贝儿公司确认了本案装饰装修工程包括宝贝儿公司办公楼一层区域的大门、大堂、通道、总经理办公室、其他房间及水电安装等项目，但在一审法院要求陈某钟提供本案装饰装修工程所用的大理石、合板、电线、水管等建材的进货依据的情况下，陈某钟均无法提供。而陈某钟提供的微信转账记录也无法证明是瓷砖的购置款。就本案而言，陈某钟的起诉证据也无法证明本案装饰装修工程具备了折价或者拍卖的条件。因此，根据上述司法解释关于装饰装修工程承包人对装饰装修工程享有优先受偿权前提条件的规定，陈某钟诉讼请求对涉案装修工程价款享有优先受偿权的主张缺乏事实依据，本院不予以支持。

2. 对资管业务的影响

装饰装修工程因工程量较小，所需资金相对较少，并且装饰装修工程一般与主体工程分开发包，所以，目前在资管业务项下的基建类项目中，装饰装修工程项目还比较少。但是，随着后续基建项目的范围不断扩大，装饰装修工程亦可能成为各家金融机构新的业务发展方向，目前扩大承包人对装饰装修工程折价或者拍卖的价款行使优先受偿权的范围，对于金融机构后续业务的开展具有利好影响。

3. 对金融机构开展资管业务的建议

随着市场的逐步扩大以及各家金融机构竞争的逐渐加剧，资管业务项下的基建项目势必会向细分领域发展，在目前阶段，金融机构可适机选择规模较大的装饰装修工程作为未来业务拓展试点，为以后在行业竞争中抢占先机做好铺垫。但在实操中，建议金融机构要求其他联合体成员单位保留装饰装修工程所花费资金的全部证明材料，以确保“装饰装修工程具备折价或者拍卖的条件”。

八、承包人行使工程价款优先受偿权的期限

目前《新施工合同司法解释》对于承包人行使工程价款优先受偿权期限的规定，相较于《原施工合同司法解释二》更加灵活，但也带来了一定的不确定性，对于金融机构作为联合体成员参与的基建业务将产生实质性影响。

（一）新旧法律条文对比

1. 原规定

《原施工合同司法解释二》

第二十二条 承包人行使建设工程价款优先受偿权的期限为六个月，自发包人应当给付建设工程价款之日起算。

2. 新规定

《新施工合同司法解释》

第四十一条 承包人应当在合理期限内行使建设工程价款优先受偿权，但最长不得超过十八个月，自发包人应当给付建设工程价款之日起算。

（二）法条对比、影响及建议

1. 法律条文变化分析

《新施工合同司法解释》将承包人行使建设工程价款优先受偿权的期限由《原施工合同司法解释二》规定的6个月调整为“合理期限”，同时规定最长不超过18个月。“合理期限”相对于原6个月的规定显然更加灵活，个案中需要从合同履行情况、各方交易习惯、行业惯例等多个方面进行考量，同时，为了避免“合理期限”的无限扩大，造成交易安排的长期不确定，

《新施工合同司法解释》亦给出了交易各方的合理预期，即最长不超过 18 个月。下面这一案例便适用了上述规定。

案例：江苏国恒建设发展有限公司与新疆麦达森房地产开发有限公司建设工程施工合同纠纷二审民事判决书［（2021）新民终 114 号］

在该案中，关于主张优先受偿权的期限，法院认为根据 2021 年 1 月 1 日施行的《新施工合同司法解释》第 41 条规定，优先受偿权主张期限为 18 个月，根据本案确定的事实，从更好保护施工人合法权益的角度考虑，本案关于优先受偿权的处理应适用《新施工合同司法解释》的规定。

2. 对资管业务的影响

目前司法实践中已基本认可承包人转让工程价款债权时，优先受偿权一并转让的安排，承包人所享有的建设工程价款优先受偿权实质上属于具有担保性质的民事财产权利。在资管业务项下的某些基建类项目中，金融机构虽然在联合体项下仅承担资金筹集责任，但在业主单位未能按约定支付工程价款时，其亦可与其他联合体成员一同行使工程价款优先受偿权以保障资金回款，目前对于承包人行使工程价款优先受偿权期限的调整，对于金融机构作为联合体成员参与的基建业务将带来实质性影响，在目前的规则体系下应尽量扩大联合体所享有的工程价款优先受偿权的期限利益，最大限度排除因“合理期限”不确定带来的工程价款优先受偿权行权期限不确定的风险。

3. 对金融机构开展资管业务的建议

在资管业务项下的基建类项目中，首先，在与业主单位签署的总承包合同中，应明确承包人所享有的工程价款优先受偿权的期限，为后续司法审判中司法机关对“合理期限”的认定提供重要依据；其次，在金融机构与相关施工单位等签署的合作协议中，应明确在业主单位未按约定支付工程价款时，由施工单位或者联合体在总承包合同所约定的期限内向司法机关提起诉讼并主张工程价款优先受偿权，以确保联合体所享有的工程价款优先受偿权不超期。

九、实际施工人行使代位权的前提

《新施工合同司法解释》对于实际施工人行使代位权前提的规定，与

《民法典》对于代位权的规定内容基本一致，实质上扩大了实际施工人行使代位权的范围。

（一）新旧法律条文对比

1. 原规定

《原施工合同司法解释二》

第二十五条　实际施工人根据合同法第七十三条①规定，以转包人或者违法分包人怠于向发包人行使到期债权，对其造成损害为由，提起代位权诉讼的，人民法院应予支持。

2. 新规定

《新施工合同司法解释》

第四十四条　实际施工人依据民法典第五百三十五条②规定，以转包人或者违法分包人怠于向发包人行使到期债权或者与该债权有关的从权利，影响其到期债权实现，提起代位权诉讼的，人民法院应予支持。

（二）法条对比、影响及建议

1. 法律条文变化分析

本条规定的调整内容其实与《民法典》对代位权规则的调整内容基本一致，首先，《新施工合同司法解释》将引用法条变更为《民法典》第535条；其次，增加转包人或者违法分包人怠于向发包人行使与到期债权有关的从权利的规定，实质上扩大了实际施工人行使代位权的范围；最后，将转包人或者违法分包人怠于行权的后果，由对实际施工人造成损害调整为影响实际施

---

① **《合同法》**

第七十三条　因债务人怠于行使其到期债权，对债权人造成损害的，债权人可以向人民法院请求以自己的名义代位行使债务人的债权，但该债权专属于债务人自身的除外。

代位权的行使范围以债权人的债权为限。债权人行使代位权的必要费用，由债务人负担。

② **《民法典》**

第五百三十五条　因债务人怠于行使其债权或者与该债权有关的从权利，影响债权人的到期债权实现的，债权人可以向人民法院请求以自己的名义代位行使债务人对相对人的权利，但是该权利专属于债务人自身的除外。

代位权的行使范围以债权人的到期债权为限。债权人行使代位权的必要费用，由债务人负担。

相对人对债务人的抗辩，可以向债权人主张。

工人到期债权实现，一定程度上减轻了实际施工人的证明责任。上述修改内容体现了对实际施工人保护的理念。

2. 对资管业务的影响

根据《民法典》第537条①规定，若司法机关认定代位权成立的，则会产生发包人直接向实际施工人支付相应合同价款的法律后果。在资管业务项下的基建类项目中，多数情况下，金融机构最终的回款来源为发包人所支付的工程价款，若实际施工人成功行使代位权，将直接切断金融机构的最终回款来源，进而导致金融机构的资金无法顺利退出。

3. 对金融机构开展资管业务的建议

为避免上述不利情形的发生，金融机构在参与资管业务项下的基建类项目时，应避免出现转包、违法分包的情形，正如本书上述提及的相关建议，应加强项目中后期管理，在金融机构提供资金支持时，应严格核查相应用款文件，有效把握资金用途及流向，防止出现转包、违法分包等情形。另外，在金融机构与施工单位等签署的合作协议中，亦应明确施工单位等不得进行转包或者违法分包，并明确相应的违约责任，降低此类风险。

---

① **《民法典》**

第五百三十七条 人民法院认定代位权成立的，由债务人的相对人向债权人履行义务，债权人接受履行后，债权人与债务人、债务人与相对人之间相应的权利义务终止。债务人对相对人的债权或者与该债权有关的从权利被采取保全、执行措施，或者债务人破产的，依照相关法律的规定处理。

第五章　个人信息保护

第一节　法条沿袭

个人信用信息的更正、删除权

仅在《征信业管理条例》第 17 条及第 25 条基础上进行了文字性调整，未作实质性修改。

《民法典》

第一千零二十九条　民事主体可以依法查询自己的信用评价；发现信用评价不当的，有权提出异议并请求采取更正、删除等必要措施。信用评价人应当及时核查，经核查属实的，应当及时采取必要措施。

第二节　变化、分析及应对

一、细化隐私的定义及新增隐私权侵害行为的界定

《民法典》细化了隐私的定义及新增对隐私权侵害行为的界定，进一步规范金融机构使用金融消费者私密信息的使用规则，对金融机构合法合规处理金融消费者个人金融信息提出了更为明确的要求。

（一）新旧法条对比

1. 原规定

《宪法》

第三十九条　中华人民共和国公民的住宅不受侵犯。禁止非法搜查或者

非法侵入公民的住宅。

第四十条 中华人民共和国公民的通信自由和通信秘密受法律的保护。除因国家安全或者追查刑事犯罪的需要，由公安机关或者检察机关依照法律规定的程序对通信进行检查外，任何组织或者个人不得以任何理由侵犯公民的通信自由和通信秘密。

《民法总则》

第一百一十条 自然人享有生命权、身体权、健康权、姓名权、肖像权、名誉权、荣誉权、隐私权、婚姻自主权等权利。

法人、非法人组织享有名称权、名誉权、荣誉权等权利。

《侵权责任法》

第二条 侵害民事权益，应当依照本法承担侵权责任。

本法所称民事权益，包括生命权、健康权、姓名权、名誉权、荣誉权、肖像权、隐私权、婚姻自主权、监护权、所有权、用益物权、担保物权、著作权、专利权、商标专用权、发现权、股权、继承权等人身、财产权益。

2. 新规定

《民法典》

第一千零三十二条 自然人享有隐私权。任何组织或者个人不得以刺探、侵扰、泄露、公开等方式侵害他人的隐私权。

隐私是自然人的私人生活安宁和不愿为他人知晓的私密空间、私密活动、私密信息。

第一千零三十三条 除法律另有规定或者权利人明确同意外，任何组织或者个人不得实施下列行为：

（一）以电话、短信、即时通讯工具、电子邮件、传单等方式侵扰他人的私人生活安宁；

（二）进入、拍摄、窥视他人的住宅、宾馆房间等私密空间；

（三）拍摄、窥视、窃听、公开他人的私密活动；

（四）拍摄、窥视他人身体的私密部位；

（五）处理他人的私密信息；

（六）以其他方式侵害他人的隐私权。

（二）法条对比、影响及建议

1. 法律条文变化分析

在《民法典》颁布之前，我国对于隐私权的保护相对滞后并且缺乏较为系统及全面的法律规定，涉及“隐私权”的相关表述散见于各类法律法规之中，缺乏系统全面的法律规则。此前颁布的法律法规中，例如《宪法》第39条、第40条分别规定了公民的人格尊严、住宅、通信秘密不受侵犯，体现了对公民隐私权保护的理念，虽然《宪法》条文中并没有出现“隐私权”的表述，但是仍然可以视为《宪法》对公民隐私权保护的基本原则性规定；《民法总则》和《侵权责任法》明确了公民享有隐私权，但却没有对何为公民隐私、隐私权以及隐私、隐私权的内涵及外延进行明确界定。

本次《民法典》的颁布，在前述法律基础之上对个人隐私有了更进一步明确的定义，同时也对隐私权保护提出了更加明确完善的参照体系。例如，本次《民法典》增加了如“私人生活安宁”“私密空间”“私密活动”“私密部位”“私密信息”等特征表述，对隐私权作出了清晰的定义，个人隐私权覆盖了自然人的私人生活安宁、不愿为他人知晓的私密空间、私密活动、私密部位、私密信息五要素。关于私人生活安宁、私密空间、私密活动部分，在《民法典》之前，《关于进一步规范金融营销宣传行为的通知》第3条①以

---

① **《关于进一步规范金融营销宣传行为的通知》**

三、金融营销宣传行为规范

本通知所称金融营销宣传行为，是指金融产品或金融服务经营者利用各种宣传工具或方式，就金融产品或金融服务进行宣传、推广的行为。

……

（九）不得利用互联网进行不当金融营销宣传。利用互联网开展金融营销宣传活动，不得影响他人正常使用互联网和移动终端，不得提供或利用应用程序、硬件等限制他人合法经营的广告，干扰金融消费者自主选择；以弹出页面等形式发布金融营销宣传广告的，应当显著标明关闭标志，确保一键关闭；不得允许从业人员自行编发或转载未经相关金融产品或金融服务经营者审核的金融营销宣传信息。

（十）不得违规向金融消费者发送金融营销宣传信息。未经金融消费者同意或请求，不得向其住宅、交通工具等发送金融营销信息，也不得以电子信息方式向其发送金融营销信息。以电子信息方式发送金融营销信息的，应当明确发送者的真实身份和联系方式，并向接收者提供拒绝继续接收的方式。

及《消费者权益保护法》第29条第3款[①]均已有相关规定，而对于个人信息中私密信息的保护，《民法典》与《个人信息保护法》具有共通之处，但侧重点有所不同。《民法典》中将个人信息划分为私密信息与非私密信息，其中，个人信息中属于私密信息部分的，适用隐私权的相关规定，[②] 而《个人信息保护法》中采取了敏感个人信息[③]与非敏感个人信息的分类，私密信息与敏感个人信息的范围具有重合之处但并不完全等同，保护目的亦存在差异。敏感信息与非敏感信息系从规范个人信息处理行为角度进行的重要分类，即一旦敏感个人信息被泄露或非法使用，会使自然人人格尊严、人身、财产受到危害，因此，更为强调信息处理者在处理敏感个人信息过程中应当遵守的规范；而《民法典》从保护个人隐私权角度出发，将个人信息分为私密信息与非私密信息，一旦私密信息被刺探、侵扰、泄露以及公开，将会影响自然人的私人生活安宁，因此，更为强调私密信息如未经过自然人明确同意或法律另有规定，信息处理者不得擅自处理私密信息。[④]

2. 对资管业务的影响

《民法典》对隐私权的明确规定，对金融机构资管业务的影响集中体现在金融机构如何正确处理金融消费者的私密信息，以及金融机构如何向金融消费者进行产品推介、营销等方面。

关于金融机构对于金融消费者私密信息的处理，金融机构在业务开展过程中可能涉及处理金融消费者的个人财产信息、个人生物识别信息、个人身份信息及其他个人信息，其中，可能包括金融消费者不愿为他人知晓的私密

---

① **《消费者权益保护法》**

第二十九条第三款 经营者未经消费者同意或者请求，或者消费者明确表示拒绝的，不得向其发送商业性信息。

② **《民法典》**

第一千零三十四条第三款 个人信息中的私密信息，适用有关隐私权的规定；没有规定的，适用有关个人信息保护的规定。

③ **《个人信息保护法》**

第二十八条第一款 敏感个人信息是一旦泄露或者非法使用，容易导致自然人的人格尊严受到侵害或者人身、财产安全受到危害的个人信息，包括生物识别、宗教信仰、特定身份、医疗健康、金融账户、行踪轨迹等信息，以及不满十四周岁未成年人的个人信息。

④ 程啸：《论我国个人信息保护法中的个人信息处理规则》，载《清华法学》2021年第3期。

信息。何种情形下可以使用金融消费者私密信息，如何正确、合法地使用金融消费者的私密信息，哪些信息将被认定为私密信息，金融机构在金融业务活动中所取得的金融消费者的授权是否能够被视为权利人明确同意等细节均需予以关注。

关于金融机构如何进一步规范金融产品推介、营销过程中的行为，《民法典》第1033条明确列出了侵害隐私权的具体行为，其中与金融机构进行营销、推介行为相关的，如“骚扰电话”“骚扰短信”“骚扰邮件、传单”“垃圾邮件、垃圾广告”等行为，均需金融机构在展业过程中予以规避，避免因此被认定为侵犯金融消费者隐私权。

3. 对金融机构开展资管业务的建议

（1）在涉及处理金融消费者个人信息之前，应当向金融消费者明确其个人信息处理规则，针对金融消费者的私密信息，应当获得金融消费者明确的同意及授权。关于明确同意的认定，一方面，要求金融消费者所作出的同意的意思表示具体、明确且不存在其他歧义，其意思表示的作出应是真实且自愿的，不存在欺诈、胁迫、乘人之危的情形；另一方面，强调了金融机构对金融消费者的告知义务，金融机构应当具体、明确地告知金融消费者其私密信息将被进行处理的方式、范围、目的，该种处理方式将会对金融消费者产生哪些影响以及金融消费者行使权利的方式和程序，告知的过程应该清晰且不会让金融消费者产生歧义。

（2）金融机构在开展资管业务营销宣传过程中，应注意不得违反《民法典》第1033条的禁止性规定，包括但不限于以电话、短信、即时通讯工具、电子邮件、传单等方式侵扰他人的私人生活安宁，侵害他人的隐私权等。具体表现为金融机构在开展资管业务或者产品推广过程中，避免在未有效获取金融消费者明确授权的前提下或者在金融消费者已明示拒绝接收推送的情况下仍向其推送宣传信息，否则可能引发金融消费者诉讼和舆情风险。金融机构亦可在资管产品合同文本中与金融消费者明确约定金融机构向金融消费者推送相关产品信息的相关规则。比如，可以在资管产品合同中明确约定并以加粗标黑等方式提示“投资者同意金融机构可以通过电子邮件或短信等合同约定的方式随时向投资者披露关于金融机构各类资管产品的信息，如投资者拟不再接收产品推送信息的，则投资者应及时向金融机构发送申请并要求停止推送相关信息”。并可在不同资管产品合同版本中给予投资者选择权。

（3）金融机构应注意完善财富 App 平台或者与第三方合作平台相关隐私政策保护文件、客户授权文件、信息披露文件及其他相关业务文件，厘清合作各方信息收集和使用的范围，明确在发生个人私密信息安全事件时的责任承担主体，确保自身以及合作机构收集、使用个人私密信息的合法合规性并且拥有足够的客户隐私保护能力，并尽职履行尽职调查、审慎管理等义务。

二、新增个人信息定义、处理原则与条件以及免责事由

《民法典》对个人信息定义、处理原则以及免责事由的明确界定，给金融机构如何处理（包括收集、存储、使用、加工、传输、提供、公开等）金融消费者的个人信息以及在何种情况下可予以免责指明了方向，便于金融机构展业过程中进一步规范个人消费者数据合规工作。

（一）新旧法条对比

1. 原规定

《民法总则》

第一百一十一条 自然人的个人信息受法律保护。任何组织和个人需要获取他人个人信息的，应当依法取得并确保信息安全，不得非法收集、使用、加工、传输他人个人信息，不得非法买卖、提供或者公开他人个人信息。

《网络安全法》

第七十六条 本法下列用语的含义：……（五）个人信息，是指以电子或者其他方式记录的能够单独或者与其他信息结合识别自然人个人身份的各种信息，包括但不限于自然人的姓名、出生日期、身份证件号码、个人生物识别信息、住址、电话号码等。

第四十一条 网络运营者收集、使用个人信息，应当遵循合法、正当、必要的原则，公开收集、使用规则，明示收集、使用信息的目的、方式和范围，并经被收集者同意。

网络运营者不得收集与其提供的服务无关的个人信息，不得违反法律、

行政法规的规定和双方的约定收集、使用个人信息，并应当依照法律、行政法规的规定和与用户的约定，处理其保存的个人信息。

《消费者权益保护法》

第二十九条 经营者收集、使用消费者个人信息，应当遵循合法、正当、必要的原则，明示收集、使用信息的目的、方式和范围，并经消费者同意。经营者收集、使用消费者个人信息，应当公开其收集、使用规则，不得违反法律、法规的规定和双方的约定收集、使用信息。

经营者及其工作人员对收集的消费者个人信息必须严格保密，不得泄露、出售或者非法向他人提供。经营者应当采取技术措施和其他必要措施，确保信息安全，防止消费者个人信息泄露、丢失。在发生或者可能发生信息泄露、丢失的情况时，应当立即采取补救措施。

经营者未经消费者同意或者请求，或者消费者明确表示拒绝的，不得向其发送商业性信息。

《信息安全技术个人信息安全规范》

附录A：个人信息是指以电子或者其他方式记录的能够单独或者与其他信息结合识别特定自然人身份或者反映特定自然人活动情况的各种信息，如姓名、出生日期、身份证件号码、个人生物识别信息、住址、通信通讯联系方式、通信记录和内容、账号密码、财产信息、征信信息、行踪轨迹、住宿信息、健康生理信息、交易信息等。

最高人民法院、最高人民检察院《关于办理侵犯公民个人信息刑事案件适用法律若干问题的解释》

第一条 刑法第二百五十三条之一规定的“公民个人信息”，是指以电子或者其他方式记录的能够单独或者与其他信息结合识别特定自然人身份或者反映特定自然人活动情况的各种信息，包括姓名、身份证件号码、通信通讯联系方式、住址、账号密码、财产状况、行踪轨迹等。

2. 新规定

《民法典》

第一千零三十四条 自然人的个人信息受法律保护。

个人信息是以电子或者其他方式记录的能够单独或者与其他信息结合识

别特定自然人的各种信息，包括自然人的姓名、出生日期、身份证件号码、生物识别信息、住址、电话号码、电子邮箱、健康信息、行踪信息等。

个人信息中的私密信息，适用有关隐私权的规定；没有规定的，适用有关个人信息保护的规定。

第一千零三十五条 处理个人信息的，应当遵循合法、正当、必要原则，不得过度处理，并符合下列条件：

（一）征得该自然人或者其监护人同意，但是法律、行政法规另有规定的除外；

（二）公开处理信息的规则；

（三）明示处理信息的目的、方式和范围；

（四）不违反法律、行政法规的规定和双方的约定。

个人信息的处理包括个人信息的收集、存储、使用、加工、传输、提供、公开等。

第一千零三十六条 处理个人信息，有下列情形之一的，行为人不承担民事责任：

（一）在该自然人或者其监护人同意的范围内合理实施的行为；

（二）合理处理该自然人自行公开的或者其他已经合法公开的信息，但是该自然人明确拒绝或者处理该信息侵害其重大利益的除外；

（三）为维护公共利益或者该自然人合法权益，合理实施的其他行为。

（二）法条对比、影响及建议

1. 法律条文变化分析

在《民法典》颁布之前，关于“个人信息”的规定散见于各类法律法规、规范及司法解释之中，如上文列示的《民法总则》《网络安全法》《消费者权益保护法》《信息安全技术个人信息安全规范》以及最高人民法院、最高人民检察院《关于办理侵犯公民个人信息刑事案件适用法律若干问题的解释》等，在不同规范性法律文件中，“个人信息”的定义各有差异。此次《民法典》的颁布以及对个人信息的细化规定，从法典的高度将个人信息保护的定义、处理原则以及免责事由予以确定，足见国家将个人信息保护事宜提升到了前所未有的高度。《民法典》关于个人信息保护的规定主要体现在：(1) 扩张了个人信息的内涵，即其不仅包括身份识别信息，而且包括行为识别信息（如行踪信息），且采取具体列举和兜底规定相结合的方式，保持了个人信息范围的开放性。(2) 扩大了个人信息的范围，包括生物识别信息和健康信息、行踪信息等。(3) 借鉴欧盟《通用数据保护条例》相关规定，将《民法总则》所列举的七种行为统一用“处理”这一表述来概括，更加准确。①

从《民法典》第1034条第2款规定来看，个人信息主要包括以下两个关键特征：(1) 个人信息保护的对象是“自然人”，不包括法人、非法人组织；(2) 个人信息是可以识别特定自然人的信息。《民法典》第1034第2款有限列举了部分个人信息，但并未能穷尽，个人信息的核心特征在于“可识别性”，即能够识别特定自然人的个体特征并聚焦于该特定自然人。

在个人信息处理原则方面，《民法典》第1035条首次对“个人信息的处理”作出了明确界定，依据该规定，个人信息的处理包括个人信息的收集、存储、使用、加工、传输、提供、公开等。同时，《民法典》亦再次强调了个人信息的处理应当遵循合法、正当和必要的原则，这三项原则在全国人民代表大会常务委员会《关于加强网络信息保护的决定》第2条、《网络安全法》第41条和《个人信息保护法》第5条中也有明确的规定。

《民法典》第1036条是关于处理个人信息民事责任的免责事由的规定。在此类免责事由项下，行为人处理个人信息不承担民事责任。

2. 对资管业务的影响

《民法典》对个人信息定义、处理原则以及免责事由的明确界定，给金融机构如何处理（包括收集、存储、使用、加工、传输、提供、公开等）金融消费者的个人信息以及在何种情况下可予以免责指明了方向。

首先，《民法典》对个人信息的界定有助于金融机构进一步区分个人信息的具体种类，并可结合《信息安全技术个人信息安全规范》《个人金融信

---

① 王利明：《民法典的中国特色、实践特色、时代特色》，载《法治现代化研究》2020年第4期。

息保护技术规范》《个人信息保护法》中关于“个人信息”“个人敏感信息”“个人金融信息”的界定，对客户信息进行进一步分类管理，确保个人信息的有效保护。

其次，《民法典》要求金融机构处理金融消费者个人信息时应当严格遵守“合法、正当、必要”的原则，无论是资金端收集和处理客户个人信息还是资产端获取如自然人借款人等主体的个人信息都应当注意取得自然人的有效授权，特别是在收集客户敏感信息时（包括个人身份证件号码、财产信息、生物识别、特定身份、医疗健康、金融账户等信息）均应注意取得信息主体的明示同意，并应在取得信息主体的授权同意后方可对这类数据进行进一步使用。需要关注的是，根据WEMONEY研究室于2021年7月7日报道，中国人民银行征信管理局向国内网络平台机构下发通知，要求网络平台实现个人信息与金融机构的全面“断直连”，按照个人征信业务整改工作要求，平台机构在与金融机构引流、助贷、联合贷等业务合作中，不得将个人主动提交的信息、平台内产生的信息或从外部获取的信息以申请信息、身份信息、基础信息、个人画像评分信息等名义直接向金融机构提供，须实现个人信息与金融机构的全面“断直连”。① 自2022年1月1日实施的《征信业务管理办法》（第4号）亦明确了金融机构不得与未取得合法征信业务资质的市场机构开展商业合作获取征信服务的规定。

最后，《民法典》中关于处理个人信息免责事由的规定，为金融机构在展业过程中有效识别侵权红线指明了方向。

需特别注意的是，如金融机构违规侵害消费者信息安全权的，除了需要向消费者承担相应的民事责任之外，还可能面临监管机构的行政处罚。如下述处罚案件就为金融机构如何正确处理客户个人金融信息敲响了警钟，金融机构除应当注意严格遵守《民法典》《个人信息保护法》的规定之外，还需注意落实《银行业金融机构数据治理指引》《个人金融信息保护技术

① 刘双霞：《央行要求网络平台的个人信息与金融机构全面“断直连”》，载https：//baijiahao.baidu.com/s?id=1704675134170080746&wfr=spider&for=pc。

规范》《信息安全技术个人信息安全规范》《个人信息安全规范》等行业标准的要求。

案例：某银行因对客户敏感信息管理不善致其流出至互联网等问题而被处高额罚款

2020 年 5 月 9 日，中国银保监会官网发布通报称，某银行在未经客户本人授权的情况下，向第三方提供个人银行账户交易明细，违背为存款人保密的原则，涉嫌违反《商业银行法》和银保监会关于个人信息保护的监管规定，严重侵害消费者信息安全权，损害了消费者合法权益。银保监会消费者权益保护局将按照相关法律法规，启动立案调查程序，严格依法依规进行查处。

2021 年 3 月 19 日，中国银保监会官网公布对该银行的处罚决定，该银行因客户信息保护体制机制不健全、客户信息收集环节管理不规范、对客户敏感信息管理不善致其流出至互联网、违规存储客户敏感信息等案由，被银保监会罚款 450 万元。

3. 对金融机构开展资管业务的建议

现阶段，金融机构在金融消费者个人金融信息保护方面主要存在以下问题：（1）个人金融信息保护意识不足。金融机构从业者对个人金融信息保护意识的缺失以及未能意识到个人金融信息保护的重要性是导致该问题发生的重要原因。例如，在一些金融业务合同中并未对个人金融信息保护进行规范性约定或约定不明，相关条款设置存在瑕疵。（2）金融机构内部保护制度不够完善或执行力度欠缺。金融机构都建立了内部信息管理制度，但可能存在制度条款不够完善以及制度执行力一般的问题，未能结合消费者权益保护全链条体系予以执行。此外，部分金融机构自身网络安全管理上的漏洞也很容易成为外部不法分子攻击的目标。

因此，在金融消费者个人金融信息保护方面，建议金融机构注意以下事项：

（1）注意在收集金融消费者个人信息之前取得金融消费者的有效授权

（收集、使用、共享个人生物特征、医疗健康、金融账户、个人行踪等敏感信息的，都应当逐项取得金融消费者的明确同意）并在相关产品文件中明确约定授权条款。以信托文件为例，金融机构应在信托文件中明确“委托人授权受托人依法收集，合理使用、加工、传输委托人和/或受益人的相关个人信息”或“委托人同意受托人根据合法、正当、必要原则收集、存储、使用、加工、传输、提供、公开与委托人相关的、必要的个人信息”，具体信息收集范围可根据实际交易情况设定，包括个人身份信息、财产信息、账户信息、信用信息、金融交易信息及其他与购买、使用金融产品或服务信息；且应明确约定“委托人授权受托人在信托利益分配、信息披露、纠纷解决等实现信托目的、合同目的、满足日常管理需求过程中使用和对外提供必要的个人信息”。同时，应对具体收集使用信息的目的进行阐释。金融机构需注意，除非法律另有除外规定，金融机构向其他关联方或者第三方合作机构提供或分享个人信息时应取得权利人的同意。

（2）金融机构应当对收集的个人金融信息等敏感信息予以严格保密，建立健全内部控制制度，加强风险排查，完善信息安全技术防范措施，加强从业人员培训，强化个人金融信息安全意识。金融机构在展业过程中应关注免责事由，合法合规处理，合理使用客户个人信息。

三、新增信息处理者的信息安全保障义务

金融机构在收集、使用金融消费者的个人金融信息以及对金融消费者个人金融信息进行其他形式的处理时，应注意取得金融消费者的同意，不得泄露、篡改、毁损其收集的个人信息，履行个人信息安全保障义务。

（一）新旧法条对比

1. 原规定

《网络安全法》

第四十二条 网络运营者不得泄露、篡改、毁损其收集的个人信息；未经被收集者同意，不得向他人提供个人信息。但是，经过处理无法识别特定

个人且不能复原的除外。

网络运营者应当采取技术措施和其他必要措施，确保其收集的个人信息安全，防止信息泄露、毁损、丢失。在发生或者可能发生个人信息泄露、毁损、丢失的情况时，应当立即采取补救措施，按照规定及时告知用户并向有关主管部门报告。

2. 新规定

《民法典》

第一千零三十八条 信息处理者不得泄露或者篡改其收集、存储的个人信息；未经自然人同意，不得向他人非法提供其个人信息，但是经过加工无法识别特定个人且不能复原的除外。

信息处理者应当采取技术措施和其他必要措施，确保其收集、存储的个人信息安全，防止信息泄露、篡改、丢失；发生或者可能发生个人信息泄露、篡改、丢失的，应当及时采取补救措施，按照规定告知自然人并向有关主管部门报告。

（二）法条对比、影响及建议

1. 法律条文变化分析

《民法典》第1038条第1款确立了信息处理者不得泄露或者篡改其收集、存储的个人信息的义务，该义务的确立也为界定相关主体的民事责任、刑事责任和行政责任提供了前提。基于《民法典》该条的明确规定，信息处理者的安全保障义务是法定义务，不因当事人的约定而发生改变。至于如何履行安全保障义务，则具体由《民法典》第1038条第2款以及《网络安全法》等相关法律法规具体规定。同时《民法典》第1038条第1款亦规定了一种例外情形，即“但是经过加工无法识别特定个人且不能复原的除外”，这一规定与个人信息的定义相呼应，即个人信息的核心特征在于能够识别特定自然人的个体特征并聚焦于该特定自然人，如已对个人信息进行匿名化处理并达到“无法识别特定个人”且“不能复原”的程度则不属于非法提供个人信息。

2. **对资管业务的影响**

金融消费者个人金融信息被收集后要加以存储和保管，除了禁止信息处理者泄露、篡改或非法提供个人信息外，就金融机构而言，重要的是，给金融机构提出更为具体的要求，强制金融机构在收集、使用金融消费者个人信息时应注意采取相应措施，保护个人金融信息安全。收集、使用金融消费者的个人金融信息以及对金融消费者个人金融信息进行各种形式的处理时，应注意取得金融消费者的同意，不得泄露、篡改、毁损其收集的个人信息，并从制度制定和执行层面充分履行个人信息安全保障义务。

此外，《民法典》明确了信息处理者的信息报告义务，在出现个人信息泄露等不良事件后应及时采取补救措施并及时向主管部门报告。

3. **对金融机构开展资管业务的建议**

金融机构应注意从如下方面切入并切实履行个人信息安全保障义务：

（1）金融机构处理个人金融信息（如因业务需要而向他人提供有关信息的）应取得金融消费者的同意，注意在取得同意的方式上，不得通过采用一次概括授权、默认授权、与其他授权捆绑、停止安装使用等方式，强迫或者变相强迫金融消费者同意收集、使用与经营活动无直接关系的信息，或未对金融消费者进行充分、有效提示。金融机构处理个人生物特征、医疗健康、金融账户、个人行踪等敏感信息的，都应当逐项取得金融消费者单独同意。

（2）金融机构应从产品设计、文件起草、产品推介、管理存储、删除销毁等各环节实现个人信息全链条保护。在与合作机构的交易中应注意对交易对手的筛选，厘清合作各方信息收集范围，明确在发生个人信息安全事件时的责任承担主体，确保自身以及合作机构收集、使用个人信息的合法合规性以及拥有足够的数据保护能力。同时，金融机构应当注意，《民法典》的规定是针对所有主体的普适性规定，对于金融机构而言在对金融消费者的信息保护方面还需执行《个人金融信息保护技术规范》等监管部门制定的规范性文件的要求。

（3）金融机构与外包服务供应商签订服务协议时，应当事先对外包服务供应商进行安全检查和评估，在协议中明确其保护个人金融信息的职责和保密义务，并采取必要措施保证外包服务供应商履行上述职责和义务，确保个人金融信息安全。金融机构应要求外包服务供应商在外包业务终止后，及时销毁因外包业务而获得的个人金融信息，或根据相关法律法规规定将其妥当移交至金融机构。

（4）建立健全合规内控制度。金融机构应建立健全规范的合规内控制度，并制定具体应对措施，在出现个人信息泄露等不良事件后，应按照相关合规内控制度的要求及时采取补救措施并及时向主管部门报告。

第六章　其　　他

第一节　法条沿袭

一、夫妻共同财产的范围

仅在《婚姻法》第17条的基础上进行了文字性调整，未作实质性修改。

《民法典》

第一千零六十二条　夫妻在婚姻关系存续期间所得的下列财产，为夫妻的共同财产，归夫妻共同所有：

（一）工资、奖金、劳务报酬；

（二）生产、经营、投资的收益；

（三）知识产权的收益；

（四）继承或者受赠的财产，但是本法第一千零六十三条第三项规定的除外；

（五）其他应当归共同所有的财产。

夫妻对共同财产，有平等的处理权。

二、夫妻共同债务的范围

在《夫妻债务司法解释》的基础上进行了文字性调整，未作实质性修改。

《民法典》

第一千零六十四条　夫妻双方共同签名或者夫妻一方事后追认等共同意思表示所负的债务，以及夫妻一方在婚姻关系存续期间以个人名义为家庭日常生活需要所负的债务，属于夫妻共同债务。

夫妻一方在婚姻关系存续期间以个人名义超出家庭日常生活需要所负的债务，不属于夫妻共同债务；但是，债权人能够证明该债务用于夫妻共同生活、共同生产经营或者基于夫妻双方共同意思表示的除外。

三、家事代理权

吸收了《原婚姻法司法解释一》第 17 条的规定，在此基础上进行了完善与文字调整。

《民法典》

第一千零六十条 夫妻一方因家庭日常生活需要而实施的民事法律行为，对夫妻双方发生效力，但是夫妻一方与相对人另有约定的除外。

夫妻之间对一方可以实施的民事法律行为范围的限制，不得对抗善意相对人。

第二节 变化、分析及应对

一、新增“家庭成员”的定义

《民法典》新增“家庭成员”的定义，对家族信托受益人最小范围的认定、资管业务中合格投资者的界定等方面均产生了较大影响。

（一）新旧法律条文对比

1. 原规定

系新增内容，无原规定。

2. 新规定

《民法典》

第一千零四十五条 亲属包括配偶、血亲和姻亲。

配偶、父母、子女、兄弟姐妹、祖父母、外祖父母、孙子女、外孙子女为近亲属。

配偶、父母、子女和其他共同生活的近亲属为家庭成员。

（二）法条对比、影响及建议

1. 法律条文变化分析

家庭成员，是指同居一家共同生活并互有权利义务的亲属。亲属与家庭成员的区别是，家庭成员仅仅是亲属中的极少部分，亲属的范围要广泛得多。因此，家庭成员一定是亲属，而亲属不一定是家庭成员。[①]《民法典》通过明确范围的方式对亲属、近亲属及家庭成员进行界定，同时明确近亲属被纳入家庭成员范畴需要以“共同生活”为前提。

同时值得关注的是，亦有理论认为，对家庭成员应作适当宽泛的理解，“家庭成员界定应当尽可能地同社会公众的基本认知和通常观念保持一致”，从而更好地解决社会实践中出现的法律问题。[②]

2. 对资管业务的影响

本条明确了家庭成员包括配偶、父母、子女和其他共同生活的近亲属。对于信托业务的影响主要体现在：一是通过明确家庭成员的定义，明确了家族信托受益人的最小范围；二是通过明确家庭成员的范围，从而为大家理解中国人民银行、中国银行保险监督管理委员会、中国证券监督管理委员会、国家外汇管理局《关于规范金融机构资产管理业务的指导意见》（以下简称《指导意见》）等监管政策中在“合格投资者”定义中所述的“家庭金融资产”及“家庭金融净资产”的含义提供参考。

（1）明确了家族信托受益人的最小范围。

于2018年8月17日施行的中国银行业监督管理委员会信托监督管理部《关于加强规范资产管理业务过渡期内信托监管工作的通知》（以下简称37号文）规定：“公益（慈善）信托、家族信托不适用《指导意见》相关规定。家族信托是指信托公司接受单一个人或者家庭的委托，以家庭财富的保

① 杨立新：《中华人民共和国民法典释义与案例评注》，中国法制出版社2020年版。

② 中国审判理论研究会民事审判理论专业委员会编著：《民法典婚姻家庭编条文理解与司法适用》，法律出版社2020年版，第33页。

护、传承和管理为主要信托目的，提供财产规划、风险隔离、资产配置、子女教育、家族治理、公益（慈善）事业等定制化事务管理和金融服务的信托业务。家族信托财产金额或价值不低于1000万元，受益人应包括委托人在内的家庭成员，但委托人不得为唯一受益人。单纯以追求信托财产保值增值为主要信托目的，具有专户理财性质和资产管理属性的信托业务不属于家族信托。”

37号文从家族信托是什么和家族信托不是什么正反两个方面说明了家族信托的内涵和外延。从正面看，家族信托的委托人是单一个人或者家庭，受托人为信托公司，受益人应包括委托人在内的家庭成员，但委托人不得为唯一受益人；主要信托目的为家庭财富的保护、传承和管理，提供财产规划、风险隔离、资产配置、子女教育、家族治理、公益（慈善）事业等定制化事务管理和金融服务的信托业务；信托财产金额或价值不低于1000万元；就法律适用而言，不适用《指导意见》。从反面看，第一，单纯以追求信托财产保值增值为主要信托目的，具有专户理财性质和资产管理属性的信托业务不属于家族信托，实践中很多信托公司所从事的家族信托业务实质上是资产管理业务，仅是为客户提供更优质的财富管理活动，其应当适用《指导意见》；第二，家族信托不能是纯粹的自益信托，家族信托应当具备财产转移功能，应有委托人以外的其他受益人存在。37号文多处涉及家庭的表述，但《民法典》颁布之前大家对于家庭范围的理解并不明确，在实践中往往较难把握边界，《民法典》此次明确了家庭成员的范围，从而在一定程度上为大家理解37号文规定的家族信托受益人的最小范围（家庭成员）提供了法律基础。

（2）合格投资者标准认定：家庭金融资产/净资产。

根据《指导意见》的规定：“合格投资者是指具备相应风险识别能力和风险承担能力，投资于单只资产管理产品不低于一定金额且符合下列条件的自然人和法人或者其他组织：（一）具有2年以上投资经历，且满足以下条件之一：家庭金融净资产不低于300万元，家庭金融资产不低于500万元，或者近3年本人年均收入不低于40万元……”但银保监会层面并未明确定义家庭金融资产、家庭金融净资产。根据《证券期货经营机构私募资产管理计划运作管理规定》第43条的规定：“本规定下列用语的含义：……（二）家庭金融总资产，是指全体家庭成员共同共有的全部金融资产，包括银行存款、股票、债券、基金份额、资产管理计划、银行理财产品、信托计划、保险产品、期货及其他衍生产品等。家庭金融净资产是指家庭金融总资产减去全体家庭成员的全部负债……”

根据上述规定，可以将家庭金融资产理解为全体家庭成员共同共有的全部金融资产，将家庭金融净资产理解为家庭金融总资产减去全体家庭成员的全部负债。《民法典》明确了家庭成员的范围，有助于金融机构在审查合格投资者过程中对于家庭成员范围的理解，并提供了法律层面的依据。

3. 对金融机构开展资管业务的建议

一方面，金融机构在家族信托文本中对于家庭成员的定义可参考《民法典》的相关规定，就涉及“共同生活”范围内的“类家庭成员”范围应在相关信托文件中予以明确约定，避免产生争议；另一方面，金融机构在 KYC（了解你的客户）程序中，可进一步通过《民法典》的规定判断投资者是否具备合格投资者的条件，并可要求其提供符合相关规定要求的证明文件和资料。

二、在法典层面明确规定了遗嘱信托

《民法典》首次在法典层面明确规定了遗嘱信托，但《民法典》未对遗嘱信托设立和生效的条件、遗嘱信托执行的监管等进行细化规定，也未涉及遗嘱信托与物权变动规则、税收等相关法律问题的衔接，因此遗嘱信托在国内“落地”很大程度仍需依赖于司法实践中相关操作规则的细化。

（一）新旧法条对比

1. 原规定

系新增内容，无原规定。

2. 新规定

《民法典》

第一千一百三十三条第四款 自然人可以依法设立遗嘱信托。

（二）法条对比、影响及建议

1. 法条变化分析

遗嘱信托包含两项法律行为，即订立遗嘱行为和设立信托行为，也就是立遗嘱人在遗嘱中将设立信托作为遗产处置的方式。以遗产有效设立信托的前提是遗嘱行为有效。《信托法》第 13 条第 1 款规定："设立遗嘱信托，应当遵守继承法关于遗嘱的规定。"《民法典》第 1141 条、第 1143 条①规定的遗嘱生效的要件包括遗嘱人应当为具有完全民事行为能力的自然人及遗嘱人真实意思表示；《信托法》第 6 条至第 13 条②规定的信托设立的要件包括：

---

① **《民法典》**

第一千一百四十一条 遗嘱应当为缺乏劳动能力又没有生活来源的继承人保留必要的遗产份额。

第一千一百四十三条 无民事行为能力人或者限制民事行为能力人所立的遗嘱无效。

遗嘱必须表示遗嘱人的真实意思，受欺诈、胁迫所立的遗嘱无效。

伪造的遗嘱无效。

遗嘱被篡改的，篡改的内容无效。

② **《信托法》**

第六条 设立信托，必须有合法的信托目的。

第七条 设立信托，必须有确定的信托财产，并且该信托财产必须是委托人合法所有的财产。

本法所称财产包括合法的财产权利。

第八条 设立信托，应当采取书面形式。

书面形式包括信托合同、遗嘱或者法律、行政法规规定的其他书面文件等。

采取信托合同形式设立信托的，信托合同签订时，信托成立。采取其他书面形式设立信托的，受托人承诺信托时，信托成立。

第九条 设立信托，其书面文件应当载明下列事项：

（一）信托日的；

（二）委托人、受托人的姓名或者名称、住所；

（三）受益人或者受益人范围；

（四）信托财产的范围、种类及状况；

（五）受益人取得信托利益的形式、方法。

除前款所列事项外，可以载明信托期限、信托财产的管理方法、受托人的报酬、新受托人的选任方式、信托终止事由等事项。

第十条 设立信托，对于信托财产，有关法律、行政法规规定应当办理登记手续的，应当依法办理信托登记。

未依照前款规定办理信托登记的，应当补办登记手续；不补办的，该信托不产生效力。

第十一条 有下列情形之一的，信托无效：

（一）信托目的违反法律、行政法规或者损害社会公共利益；

（二）信托财产不能确定；

（三）委托人以非法财产或者本法规定不得设立信托的财产设立信托；

（四）专以诉讼或者讨债为目的设立信托；

在遗嘱中准确描述设立遗嘱信托的意愿；采取书面形式；信托目的合法，不违反法律、行政法规或者损害社会公共利益，不得专以诉讼或者讨债为目的；信托财产（遗产）确定、合法，依法办理信托登记；受益人或受益人范围可确定；受托人承诺信托；设立信托不损害委托人债权人利益等。

2. 对资管业务的影响

信托公司可根据《民法典》及《信托法》作为受托人开展遗嘱信托业务，但目前遗嘱信托在实践中仍面临一些风险和问题，例如，遗嘱信托在生效前，其不具有债务隔离、破产隔离的功效，如立遗嘱人设立遗嘱信托后陷入债务危机，其债权人仍有权要求执行遗嘱信托项下的财产；此外，目前财产登记部门尚无法办理基于信托的法律关系导致的财产权属变更登记，因此办理财产权属变更登记可能会遇到障碍。

3. 对金融机构开展资管业务的建议

建议在开展遗嘱信托业务中关注遗嘱信托在实践中面临的一些风险和问题，切实履行受托人审慎管理义务，尽职履责，落实《信托法》项下各项规定，确保遗嘱信托依法有效设立。在实际操作中，应特别关注信托财产转移登记制度的更新，从强化遗嘱信托的遗嘱属性的角度，参考遗嘱继承办理财产变更登记的解决方案，并留意在未来其可能存在的操作空间。

三、首次确立了遗产管理人制度

《民法典》对于遗产管理人的产生方式、职责、民事责任、报酬请求权

（五）受益人或者受益人范围不能确定；

（六）法律、行政法规规定的其他情形。

第十二条 委托人设立信托损害其债权人利益的，债权人有权申请人民法院撤销该信托。

人民法院依照前款规定撤销信托的，不影响善意受益人已经取得的信托利益。

本条第一款规定的申请权，自债权人知道或者应当知道撤销原因之日起一年内不行使的，归于消灭。

第十三条 设立遗嘱信托，应当遵守继承法关于遗嘱的规定。

遗嘱指定的人拒绝或者无能力担任受托人的，由受益人另行选任受托人；受益人为无民事行为能力人或者限制民事行为能力人的，依法由其监护人代行选任。遗嘱对选任受托人另有规定的，从其规定。

等进行了规定，填补了我国继承领域立法长期以来对于遗产管理人制度的空白。

（一）新旧法条对比

1. 原规定

系新增内容，无原规定。

2. 新规定

《民法典》

第一千一百四十五条　继承开始后，遗嘱执行人为遗产管理人；没有遗嘱执行人的，继承人应当及时推选遗产管理人；继承人未推选的，由继承人共同担任遗产管理人；没有继承人或者继承人均放弃继承的，由被继承人生前住所地的民政部门或者村民委员会担任遗产管理人。

第一千一百四十六条　对遗产管理人的确定有争议的，利害关系人可以向人民法院申请指定遗产管理人。

第一千一百四十七条　遗产管理人应当履行下列职责：

（一）清理遗产并制作遗产清单；

（二）向继承人报告遗产情况；

（三）采取必要措施防止遗产毁损、灭失；

（四）处理被继承人的债权债务；

（五）按照遗嘱或者依照法律规定分割遗产；

（六）实施与管理遗产有关的其他必要行为。

第一千一百四十八条　遗产管理人应当依法履行职责，因故意或者重大过失造成继承人、受遗赠人、债权人损害的，应当承担民事责任。

第一千一百四十九条　遗产管理人可以依照法律规定或者按照约定获得报酬。

（二）法条对比、影响及建议

1. 法条变化分析

《民法典》对于遗产管理人的产生方式、职责、民事责任、报酬请求权等进行了规定，填补了我国继承领域立法长期以来对于遗产管理人制度的空白。

2. 对资管业务的影响

信托公司可根据《民法典》规定作为遗产管理人开展业务。根据公开新闻报道，2020 年 12 月 3 日，浙江省杭州市杭州互联网公证处公示遗产管理人数据库首批入库机构名单中，就包括浙商金汇信托股份有限公司。

3. 对金融机构开展资管业务的建议

建议金融机构在开展遗嘱信托业务时关注遗产管理人在实际履行相应职责时可能会遇到的阻碍或挑战，例如可能存在继承人、存有遗产的人或相关机构（例如遗产的保管银行）不配合的情况，以及金融机构能否独立地以遗产管理人的身份参与诉讼等问题，由于《民事诉讼法》及相关司法解释对此尚未进行规定，《民法典》亦未予以明确，这或将对遗产管理人履行职责造成一定的障碍。